JN118832

唐代の禅僧 8

田中良昭・椎名宏雄・石井修道 監修

臨済

外に凡聖を取らず、内に根本に住せず

衣川賢次 著

臨川書店

目　次

第一章　「你(なんじ)は祖師を識(し)らんと欲得(ほっ)すや」

——臨済の画像

第一節　臨済の頂相(ちんそう)

「你(なんじ)は祖師を識(し)らんと欲得(ほっ)すや?」(きみは祖師に会ってみたいと思うか?〔『臨済録』「示衆」の語〕)——『臨済録』を読むと、その気迫に圧倒されて、臨済義玄(?〜八六六)という人はどんな人だったのか、いちどその顔を見てみたいものだと思うが、歴代の読者も同じであったと見え、多くの臨済禅師画像が今にのこされている。二〇一六年は臨済義玄禅師の圓寂一千百五十年にあたり、さまざまの遠諱記念事業がおこなわれた。そのひとつ、京都と東京の国立博物館において開かれた「禅——心をかたちに」に出展された臨済禅師の画像(頂相(ちんそう))はやはり人目を引いた。京都大徳寺塔頭真珠庵に蔵する曾我蛇足筆、一休宗純賛の「臨済禅師像」は日本におけるもっとも有名なものである。【画像①一休賛】

【画像①】大徳寺真珠庵蔵一休賛頂相
(『禅—心をかたちに』日本経済新聞社)

荒武者のごときいかつい体躯、膝に置いた握り拳、カッと怒目を剥(む)き、空の一点を睨む鋭いまなざしの形相(ぎょうそう)、剛者の意志を表わす太い鼻柱、黒々と簇生した鬚髯(ひげ)、一文字に強く結ん

【画像②】妙心寺蔵大慧賛頂相
（『禅―心をかたちに』日本経済新聞社）

だ口からは、今にも「喝！」という怒声を発しそうな、その直前の緊張感が全体にみなぎった、まことに恐ろしい絵だ。同じく大徳寺塔頭養徳院に蔵するもう一幅のよく似た画像は、徳山宣鑑の像と対になって伝承され、「臨済の喝、徳山の棒」と称される厳しい禅の宗風を表わすものとされてきた。

「禅――心をかたちに」に出展されたもう一幅は妙心寺に蔵する、これとは対照的な柔和温厚な表情をたたえた晩年の臨済像で、大きな禅牀に坐し、背には禅板、拳を握ってはいるが、おだやかにだれかと対話しているように見える。【画像②大慧賛】

この妙心寺蔵「臨済禅師像」は宋代の大慧宗杲（一〇八九～一一六三）の賛を配した頂相である。もしもこれが大慧の真筆ならば、現存頂相の最古のものとなるのであるが、まず賛を読解しておこう。

色如淋了灰堆，
喝似旱天怒雷。

色は淋了せる灰堆の如く
喝は旱天の怒雷に似たり

雖有麁麁慥慥，
且無隈隈毸毸。
咄！咄！咄！是甚麼！
若不得這箇道理，
定作一枚渠魁。
　　戊寅解制日妙喜比丘宗杲贊

麁麁慥慥たること有ると雖も
且く隈隈毸毸たること無し
咄！　咄！　咄！　是れ甚麼ぞ！
若し這箇の道理を得ずんば
定めて一枚の渠魁と作らん

こいつの顔色は濾過して乾いた灰の塊りのようだ
口から発する喝声は旱天にとどろく雷鳴を思わせる
言葉はがさつではあるが
ごたごたしたところがない
おいっ！　何だ！
もしもこの道理を会得しなかったならば
さだめし盗賊の親分になっていたことであろう
　　戊寅解制の日　妙喜比丘宗杲贊

【注釈】
○本賛は紹熙元年（一一九〇）編二巻本『大慧普覚禅師語録』巻下「佛祖賛」（続蔵所収）に「臨済和尚」（三首之一）として収録され、文字に若干の異同がある。押韻は「灰」、「雷」、「毸」、「魁」（『広韻』平声灰韻)。

○色如淋了灰堆　「色」は顔色。「淋了灰堆」は水を注ぎ濾過して乾いた灰の塊り。黒ずんだ灰色を呈する。

○喝似旱天怒雷　怒鳴り声は旱天にとどろく雷鳴のごとき恐ろしい大音声。「臨済の一喝」として後世に名高い。大慧も「臨済の喝は雷の奔(はし)るに似たり」と言っている(『大慧語録』巻八「蔡郎中請示衆」)。

○雖有麁麁糙糙，且無隈隈㲪㲪　「麁麁糙糙」は荒々しいさま。『六祖壇経』に慧能を大庾嶺まで追いかけた慧明のことを、軍人くずれの「性行麁糙」と形容し、また佛眼禅師(龍門清遠、一〇六七〜一一二〇)は黄龍悟新(一〇四三〜一一一四)を「口頭(くち)は麁糙なるも、肚裏(はら)は柔和なり」と評している(『古尊宿語録』巻二九、「黄龍山死心和尚遺書至上堂」)。「隈隈㲪㲪」はごたごたと乱れてしまりのないさま。『枯崖漫録』巻三 西巌恵禅師の示衆に布袋和尚のことを引いて、「布袋頭(ずだぶくろ)開くや、隈隈陮陮、骨骨董董」(「骨骨董董」はガラクタがごたごた)。『断橋妙倫禅師語録』巻上に、「山僧(わたし)は生まれ下(お)ちてより来(このかた)、双耳は聾、両眼は瞎、推すも去らず、托(の)するも来(きた)らず、隈隈㲪㲪、儱儱侗侗」(「儱儱侗侗」はぼんやりもっさり)。いずれも畳韻聯綿詞の形容語。二句は、臨済の問答説法は荒っぽい言葉を雑えるが、言わんとするところは明確であることをいう。

○咄！咄！咄！是甚麼！　「咄！」は警覚の声。「是甚麼！」は相手の本分事(佛性)を直接喚起する手段として馬祖、百丈、雪峯らが接化に用いた作略である。

○若不得這箇道理，定作一枚渠魁　「這箇道理」とは上句にいう「是甚麼！」という作略の求めるもの、すなわち禅僧の本分事。「禅僧にならなかったら、泥棒の親分になったことだろう」。これは大慧が臨済の画像を見て評した語として有名であった。朱子もいう、「嘗て画底し諸祖師を見るに、其の人物皆な雄偉なり。故に杲老師は謂えり、『臨済は若し僧と為らずんば、必ず一の渠魁と作らん』と。又た嘗て廬山に在て帰宗の像を見たり。尤も畏る可しと為す。若し僧に為らずんば、必ず賊と作らん」（『朱子語類』巻一二六）。朱子もおそらく熱喝型の臨済像を見て、かく評したのである。「枚」はもと道具などを数える量詞であったが、魏晋南北朝時代に用法が拡大し（劉世儒『魏晋南北朝量詞研究』、中華書局、一九六五年）、ついには人（ただし特殊な人に限る）にまで広がったが、モノ扱いのニュアンスがある。「渠魁」は首領をいう。臨済の「無位の眞人」の上堂を伝え聞いた雪峯義存が「臨濟は大いに白拈賊（素手で奪う白昼強盗）に似たり」と評したことをふまえて称したもの。

○戊寅解制日妙喜比丘宗杲賛　戊寅は紹興二八年（一一五八、大慧七〇歳）で、その正月に育王山から径山に遷住した（釈祖詠撰『大慧普覚禅師年譜』、『宋編宋人年譜選刊』、巴蜀書社、一九九五年）。この紀年は『雲臥紀譚』（後掲）に記す時期と合致する。

この妙心寺蔵の「臨済禅師像」は、禅牀に端坐したいわゆる高僧の祖師像型頂相で、義玄晩年の風貌を偲ばせるものであるが、その沈著にして思慮深く柔和な慈愛のまなざしの面貌に、この熱喝型臨済像に着けられるべき賛を配するのはふさわしくない。したがって、賛が大慧自身の真筆たることを疑わせるものである。そのことは日本に遺存する大慧の墨蹟と照合してみれば明らかである。好都合なことに、同じ戊寅年（紹興二八年）正月二十一日の尺牘が伝わっている（個人蔵、図版は田山方南『禅林墨蹟拾遺』中国、第二四六に収録)。「臨済禅師像」賛は楷書、同年の尺牘は行書で、直接の比較はできないが、一見して両者は別筆であることがわかる。個別の文字について見れば、大慧の書く「道」字は「首」をたて長に延ばす特徴があり、「得」字の行草体は右旁のつくりが圓い。「妙喜」の署名は豁達な運筆である。大慧という人はまことに雄弁で、生涯に厖大な著作をのこした。その性格も勇猛豁達で、「字は其の人の如し」と言われるように、晩年の七〇歳にたとい楷書でも妙心寺蔵「臨済禅師像」賛の如き小心翼々たる稚拙な文字を書いたとは到底思われないのである。美術史家の推測ではこれを元明時代の原画の模写としているが、ならば大慧賛も当然大慧真筆ではありえない理で、おそらくは賛の意味を充分に解さなかった日本人の手にかかる書写ということになるであろう。

第二節　祖師像型と熱喝型

周知のように、臨済禅師の画像には祖師像型と熱喝型のふたつの型がある。その熱喝型画像の由来をつたえる資料が、かつて島田修二郎氏によって報告された『雲臥紀譚』巻上「雪竇持禅師」条と『古林清茂禅師語録』巻五「臨済祖師賛序」の記述である(「養徳院の臨済像について」、『造形藝術』第九号、一九四〇年)。これは基本資料であるから、以下に訳出しておこう。

雪竇行持禅師は象田梵卿の法を嗣いだ。東林照覚(常総、一〇二五~一〇九一)の孫弟子である。
……大慧宗杲老師がさきに径山の住持であったとき、法席ははなはだ盛んであったが、諸山の住持たちにはすすんでこの門に拝登しようという者はなかった。ひとり行持禅師だけは気兼ねなく訪問すると、大慧はかれのために上堂し、法類の礼をもって接した。そこでともに画工に臨済像を画かせるのを見に行ったとき、行持は粉本どおりに描かせようとしたが、大慧は画工に指示して、肘をまくりあげて拳を突く姿勢の臨済像を描かせた。行持はそこで大慧に命じて賛を作らせた。その賛は「…」（上掲）というものであった。その後、あちこちで画かれる臨済の頂相は、肘を露わにして拳を握る姿をまねるようになったのであるが、これでは識者の誹りを免れまい。（『雲臥紀譚』巻上）

雪竇行持禅師（臨済宗黄龍派、臨済下第十二世法孫）は明州の人。滑稽を好んだ人で、その逸話が陸游『老学庵筆記』巻三に見える。大慧宗杲（臨済宗楊岐派、臨済下第十二世法孫）は紹興一一年（一一四一）に対金和議派の秦桧（しんかい）が陥れた主戦派の張九成に連坐して湖南衡州、さらに広東梅州に流罪、十六年後にようやく許され、径山に再住したのは紹興二八年（一一五八）、大慧七〇歳のことであった。そうした経歴から、周囲に敬遠されていたのであるが、気さくな行持禅師は大慧を径山に訪問したのである。

賛は大慧が作ったのである。したがって当然その人の語録（三巻本）に掲載されている。島田修二郎氏はこの賛をなぜか行持の作だと誤読し、のち竹内尚次「臨済義玄像図説」（『禅文化』第三七号四三頁、一九六五年）もそれを引き、さらには福島恒徳「臨済禅師肖像雑考」（『禅文化』第二三五号二八頁、二〇一五年）も同じ誤りを引き継いでいる。『雲臥紀譚』二巻は暁瑩仲温（ぎょうえいちゅうおん）による宗門随筆で、南宋淳熙一〇年（一一八三）頃に書かれた。

臨済禅師の画像を、わたしはかつて両浙地方である禅僧の所蔵品を見たことがあるが、くすんだ顔で眼を怒らせ、眉をつりあげて拳を奮う、まことに近寄りがたい姿であった。その描かれた意図は、祖師たるもの、日頃の機用険しく、棒喝を用いること、まるで雷が轟き稲妻が奔るごとくで、見る者を震えあがらせ、その人となりを髣髴させようとするのである。わたしは鄱陽（江西）に来て、済寧路（山東）所伝の真本を北山の安国寺の方丈で見ることができた。豊かな頤に広い顙、丹い唇から見える珂い歯、日月精華のごときまなざし、さながら人天の師表である。さればこそ佛法を荷い、宗旨の綱要を建立して、天下後世に佛陀が霊鷲山で説かれた正法の綿綿と絶えざることを知らしめるものである。それゆえ禅僧がたが争うようにこの祖師像を模写させて、わたしに賛を求めてきた。筆を走らせ、若干首の賛ができた。［以下に十一首の賛を録す。］（『古林清茂禅師語録』巻五「臨済祖師賛序」）

古林清茂は臨済下第十八世法孫（一二六二～一三二九）。鄱陽北山は今の江西省進賢県の北。鄱陽湖（彭蠡湖）の南にあり、湖に面した地である。安国寺は未詳。

臨済禅師の頂相にふたつの型――祖師像型と熱喝型が生れた経緯とその流行を、この二資料は生き生きと伝えている。宗祖としての高僧の姿を写す伝統的な頂相のほかに、「臨済の喝」と称される激しい機鋒の熱喝型の像を――それは宋代における臨済義玄のイメージの一面であるが――大慧は描かせたのであり、賛はみずから指示して画かせた熱喝型の頂相に著けられたのである。ところが、上記二資料では、いずれもこれに批判的なのである。古林清茂の十一首の賛は「棒喝」や「大機大用」に言及するが、大慧の賛とは明らかに趣きが異なるのは、伝統的な、そして主流であった祖師像型に著けられたものだったからである。

現在、日本で臨済禅師の頂相といえば、むしろ大徳寺真珠庵所蔵の頂相を代表とする熱喝型のほうが有名であって、近代においても橋本雅邦画「臨済一喝」の制作が知られており、「生誕一五〇年・没後一〇〇年記念　空前絶後の岡倉天心展」に出展された（福井県立美術館、二〇一三年）。この大慧好みの熱喝型は中国では一時の流行に過ぎなかったらしいのであるが、それが日本に伝わって強い影響を与え制作されたと思われる。臨済宗寺院には宗祖としての祖師像型頂相が所蔵され、「臨済忌」（四月十日）にはこれを掛けて法要がおこなわれる。河北正定臨済寺にかつて安置されていた臨済禅師塑像も、上記の古林清茂の見た「真本」の「豊かな頤に広い額、丹い唇から見える珂い歯、日月精華のごときまなざし、さながら人天の師表である」を彷彿させる形象である（拙稿「河北正定に臨済禅師の遺跡を訪ねる」（三）の図版参照、『禅文化』第二三六号、二〇一五年）。

臨済の画像のふたつの型は、じつは『臨済録』のテクストと対応しており、「示衆」の部分が祖師像型に、「行録」、「勘弁」、「上堂」の部分が熱喝型にそのイメージを提供したと思われる。『臨済録』テクストの「示衆」部分は比較的早い時期（十世紀中葉）に定型ができあがるが、「行録」、「勘弁」、「上堂」部分は臨済歿後の第三世南院慧顒（生卒年未詳）——第四世風穴延沼（八九六～九七三）——第五世首山省念（九二六～九九三）のころ（十世紀後半から末）に、児孫による宗派形成の過程において一則ごとに附加されていったと考えられる。すなわち、臨済禅師の説法は早い時期に編纂されてまとまっていたのに比べ、伝記的事実がほとんど知られなかったため、歿後に時を経てから、宗祖の事蹟として附加され、「行録」、「勘弁」、「上堂」として編輯された部分には、右の児孫時代の宗祖像が反映している。画像におけるふたつの型が示すイメージの違いは、所拠の『臨済録』のテクスト形成と関わっているのである。

第三節　虚舟普度賛頂相

さらにもうひとつの型の臨済禅師像が、久松真一記念館（岐阜市）に存する【画像③】。痩せたやや前かがみの老僧が沈んだおももちで、笏を手に視線を落として一点を見つめる横面の画が小幅に描かれ、上部に虚舟普度（一一九九～一二八〇）の賛「誰か知らん、吾が正法眼蔵、此の瞎驢辺に向いて滅却せんとは！」（ああ、わが正法眼蔵がこのドメクラ驢馬のところで絶えることになろうとは！）十四字がある。むろんこれは臨済が遷化に臨んで弟子の三聖慧然に向って放った絶望の言葉であり、これからすると、老僧はまさしく臨済の落胆の姿であることが知られる。これは上記ふたつの型のいずれにも属さない。久松氏がかつて主宰された雑誌『F・A・S』第五九、六〇合併号（一九六六年。これは臨済禅師千百年忌の記念号であった。）の表紙に掲載され、久松氏の解説がある。それには、

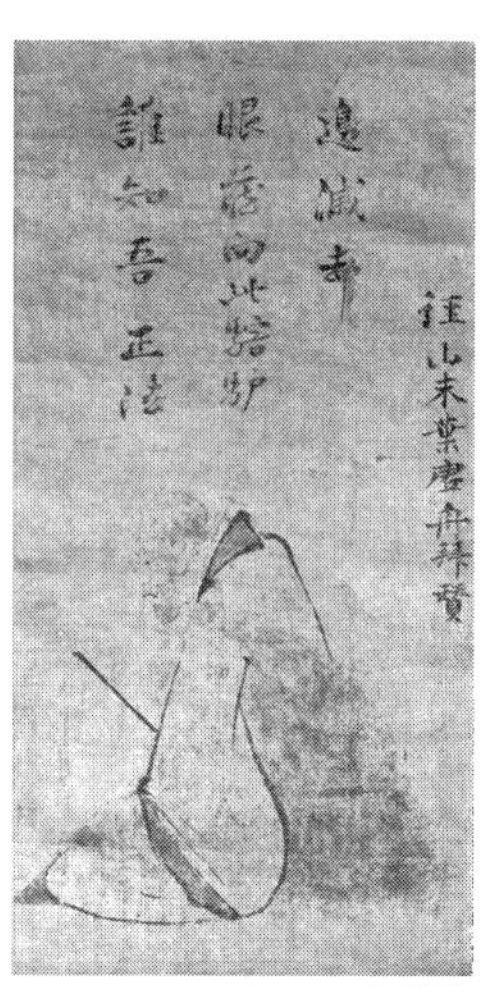

【画像③】久松真一記念館蔵
臨済像

一點、よく龍蛇(りゅうだ)を定める眼睛(がんぜい)を表はし、一線、よく語黙ともに打する底の竹篦(しっぺい)をあらはし、簡潔、強靱な線と幽玄なる破墨で描き出した前かがみの坐相は、一触即発の宗風を遺憾なく表現して居る。筆者が誰であるかは未詳であるが、この絵の描法や、高い格調や年代から推して、梁楷とするも必ずしも不当ではあるまい。ことに臨済の画像としては、現存中最古のものであらう。

という。一触即発の緊張か落胆の姿か、『臨済録』末尾の遷化の一段の解釈にかかわる問題で、久松氏は伝統的な「抑下(よくげ)の托上(たくじょう)」(けなした表現で実は褒めた)という見かたに立っておられたようである。いずれにしても、臨済の最晩年を写した画像は異例であるには違いない。南宋末の老臨済図に虚舟普度の「誰知吾正法眼藏，向此瞎驢邊滅却！」という寂しい賛が著けられているのは、当時にあって臨済宗が衰微していたことと関わりがあるかもしれない。そのことは日本の雪村友梅(せっそんゆうばい)禅師(一二九〇～一三四六)が河北臨済寺の澄霊塔に詣でて書いた詩からもうかがわれる。禅師は十八歳で元国に渡り、都の大都(今の北京)で二年を過ごしたあと、嵩山へ向う途次、至元二年(一三〇九)の冬十月一日に臨済塔を拜し、臨済寺に投宿して三首の詩を書いている(『岷峨集』巻下、『五山文学新集』第三巻、東京大学出版会、一九六九年)。まず「臨済塔を拜す」詩には、

三玄戈甲禍鍾門　　三玄を説いた戦将の門には災禍が集まり
家破誠難得孝孫　　その家は絶えて再興する孝孫もいなくなった
來遶浮圖伴展拜　　わたしは臨済塔を行道し坐具を展べて礼拜した
滹沱流恨不流恩　　ああ　滹沱河(こだが)は恩を流さず恨みを流すばかりだ

「臨済の住持に寄す」詩にいう、

大法下衰眞歎訝　大いなる佛陀の教えが衰微したのはまったく驚くばかりだ
要光祖道須作者　祖師の道を顕彰するには勝れた手腕の人でなくてはならない
少林種草獨英靈　達磨の法統を継ぐ禅宗だけは傑物を輩出した
梅溪秀出其人也　黄梅弘忍のもとに出た慧能がその人だった
濟北之宗瞎驢邊　臨済の宗旨はドメクラ驢馬で絶えたのだし
三玄三要敲門瓦　三玄三要の教理は門を敲く方便にすぎない
驅耕奪食活關機　耕牛を追いはらい食物を奪う凄まじい接化こそが
凛凛清風千歳下　千年後までも清風を吹き送るのだ

これは全二十六句から成る一韻到底の堂々たる詩（引用は初八句）であるが、元代に佛教も臨済宗も衰微していたことをくりかえし歎じている。

虚舟普度の署名は「径山末葉虚舟拜賛」。虚舟が径山興聖万寿禅寺の住持となるのは『虚舟普度禅師語録』末尾に附す行端撰「行状」によると至元丁丑（十四年、一二七七）で、一七年（一二八〇）に八二歳で遷化した。日本に遺存する墨蹟は二種あるが、「跋語」として伝わる一幅の書が田山方南『続禅林墨蹟』（図版第二九、禅林墨蹟刊行会、一九六五年）に収録されている。これは行書で、臨済禅師像賛と対応する文字は見いだせないが、その落款は一致し、真筆の可能性が高い。もしそうならば、久松氏の言われるように、現存最古の臨済禅師画像ということになろう。

第四節　無準師範賛頂相

またやはり晩年を写したとおもわれる、竹製の禅牀に端坐し、禿頭に白髪をまじえた顎鬚の、眼光炯炯たる臨済像も、祖師像型のなかの特異な作であろう。これも『F・A・S』第五九、六〇合併号に掲載された。無準師範（ぶじゅんしぱん）（一一九九〜一二八〇）作とされる著賛がある。もと紹鷗、利休、織部旧蔵のものであったという。これにも久松氏のやや饒舌な解説が附せられているが、いまそれは引くに及ばず、むしろ、山田無文提唱『臨済録』（禅文化研究所、一九八四年）の河野太通「あとがき」がふるっているので、それを引いておこう。

【画像④】無準師範賛頂相（『F・A・S』第59・60合併号）

誰の手になるのか、中国渡来の臨済禅師の頂相がある。従来想像されていた「臨済将軍」の面影ではない。なで肩で、圓頂蓬髪、眉毛はその末尾をわずかに残し、寸余のあごひげをたくわえていて、太い竹組の簡素な坐床に拠っている。写真で見るだけだから、その法衣と袈裟の色彩はわからぬが、それはピタリと身について定まっている。左手は握って膝に置き、右手はゆるやかに開いて膝頭にかぶせて、竹篦（しっぺい）は持たぬ。口もとがわずかにほころびて破顔説法するが如く、やや八の字に開いたまなざしは、見据えて鋭いものがあり、やはり臨済であろう。

なんとこれは無文老漢さながらではないかと思ったのは小子だけではないだろう。はじめてこの写真にお目にかかったのは禅文化研究所であったと思う。どなただったか老漢のところに持参され、老漢は熟視して呵々大笑されていた。

この画像の面部をもう少し大きくした写真が『F・A・S』第六一、六二合併号（一九六七）に掲載されている【画像④】。見るとまことに優しく穏やかな眼差しのなかに、一種神秘的な気品さえただよう臨済像で、これは頂相中の逸品というべきか。この画像が秋月龍珉『臨済録』（禅の語録、筑摩書房、一九七二年）の口絵として掲載され、「久松真一蔵」と記すのは、上掲の『F・A・S』の同じ号にとりあげてあった虚舟普度賛のものと混同しているのである。久松氏はこの画像を所蔵者から特に拝借して書斎に掛け、臨済禅師千百年遠諱の記念とされたのであった（いまは所在不明）。二〇一四年秋に「臨済録を読む会」でこの無準師範賛の臨済像を拝見しようと久松真一記念館を訪問したところ、掛かっていたのは虚舟普度賛の臨済像であって、驚くと同時に新しい臨済の頂相に出逢った望外の収穫に感激したものだった。

第二章　禅僧となる——臨済義玄の生涯

第一節　伝記資料

臨済義玄の生涯を叙するにあたって、伝記資料がきわめて少ないのには驚かざるを得ない。後世の中国においては、「天下の寺院、三分は曹洞、七分は臨済」、すなわち明清時代に到ると、中国の佛教はほぼすべて禅宗となり、そのうち三割は曹洞宗、七割が臨済宗であった、と言われるほどの隆盛をきわめた臨済宗の、その宗祖にまともな伝記が残されていないのである。

晩年の義玄は長引く唐末河北の戦乱の影響を受け、鎮州真定の臨済院を離れ、河北を転々としたあと、大名府（河北省南部、大名県）で咸通七年（八六六）に遷化した。唐王朝（六一八〜九〇六）が今にも滅びんとする混乱の時代で、弟子たちも各地へと散り去った。平時であれば、通常は師が遷化するや、火葬の後は守塔の僧が三年間侍し、また弟子が行状（ぎょうじょう）を作り、能文家に潤色を請うて碑銘を書かせ、これを立てるのであるが、南宋の陸游（りくゆう）の随筆『老学庵筆記（ろうがくあんひっき）』巻一〇に、臨済の弟子保寿禅師（慧沼）の書いた「臨済塔銘」の短い一節が引用されて残るのみである（後述）。

いまは現存の材料から臨済義玄の生涯を構成してみるほかはない。まず第一の資料は、いうまでもなく自叙（本人の回想）、すなわち『臨済録』に記録された自身の追憶部分（わずかに三個所にすぎないが）である。第二に、宋代初期に書かれた高僧伝と灯史所載の伝記。賛寧『宋高僧伝』巻一二「唐真定府臨済院義玄伝」、『祖堂集』巻一九「臨済和尚章」、『景徳伝灯録』巻一二「鎮州臨済義玄禅師章」である。第三に、宋代に編纂された公案集や随筆の類。大慧宗杲（一〇八九〜一一六三）編『正法眼蔵』、悟明『聯灯会要』、陸游『老学庵筆記』など。ここでは臨済義玄自身の肉声の回想をもとに、第二・第三の資料によって補いつつ、臨済の生涯を構成してみよう。

臨済義玄禅師（?～八六六）の伝記資料のもっとも古いものは『祖堂集』巻十九に載せる、以下のようなきわめて短い記述である。

> 臨済和尚は黄檗に嗣ぎ、鎮州に在り。師、諱は義玄、姓は邢、曹南の人なり。黄檗の鋒機に契いてより、乃ち化を河北に闡く。提綱は峻速、示教は幽深なり。其の枢秘に於けるや、示誨を陳ぶること難ければ、略して少分を申べん。

臨済和尚は黄檗希運禅師の法を嗣ぎ、河北鎮州にいた。師は僧諱を義玄といい、俗姓は邢氏、曹州南華の人である。黄檗禅師の機鋒に契ってから、河北に教化を開いた。綱要を提示することすばやく、教えかたはふところが深かった。禅の核心となることがらは、言葉で示すことはほんらい困難であるから、ここではほんの少しだけ紹介しよう。

このあと、『祖堂集』は説法と対話を六則ならべ、さいごに、

> 自余の応機対答は広く別録に彰わる。咸通七年丙戌歳、化を示す。諡して慧照大師、澄虚之塔と号す。

その他の言行問答は語録に詳しく書かれている。咸通七年丙戌の歳（西暦八六六年）に遷化した。

慧照大師と諡され、墓は澄虚之塔と呼ばれた。

わずかこれだけである。のちの臨済宗の宗祖となる人にしては、まったく驚くほど簡単で、これが禅師圓寂後百年のころの情況であった。以下に少し肉付けをして、千百五十年前のその人に近づいてみよう。

『祖堂集』という禅僧の伝記集は、完存するもっとも古い南宗禅（なんしゅうぜん）の、すなわち慧能（えのう）派の系譜の禅僧たちの思想をつたえる記録である。インドにまで遡る淵源は釈迦を第七代、達摩を第三十五代、慧能を第四十代とし、そこからさらに八代の法孫、すべて二百五十六人の伝記を収録している。むろんこうしたインドに始まる系譜は唐代の中国人の捏造と編集による虚構に相違ない。漢訳された佛典が伝える佛陀と弟子の伝記、説法の記録やインドの断片的な記載などしか資料を持ち合わせていなかった当時のひとびとにとって、「西天二十八祖」から「唐土六祖」に至るという系譜に、いったいどれだけのリアリティがあったか？　しかしそれしか存在しないのであるから、その基礎の上で思考するほかはなかったであろう。

『祖堂集』はもと福建泉州の招慶寺（しょうけいじ）に身を寄せていた浄（じょう）、筠（いん）というふたりの禅僧が手近にあった『宝林伝』やその他の資料を編集して作った、禅の系譜を伝える一巻本のハンドブック的な伝記集である。序文は招慶寺の寺主文僜（ぶんとう）禅師が五代の南唐の保大一〇年（九五二年）に書いた。その後十巻に増広されたが、中国では宋代に失われ、高麗に伝わったこの十巻本が若干の増補を経て、高麗大蔵経（再雕本）雕造の時期、高宗三五年（一二四五）に二十巻に調整して刊行された。このときの版木が今も韓国の国宝として慶尚南道の伽耶山海印寺に保存されており、近年には世界文化遺産にも登録された。

『祖堂集』とはそういう書物であるが、この本の中国禅宗史における特徴は、一〇世紀福建で編纂された記録であるから、直近の九・一〇世紀の南方の禅宗の動向を最もくわしく伝えているところにある。もとの十巻のうち前一巻（現行二十巻本の前二巻）が南唐の保大一〇年に書かれた部分で、あとの九巻はその後ほぼ一〇年間に増広され、さらに高麗においても新羅・高麗禅師の章が若干増補された。したがって、現行本巻十九の「臨済章」は南方福建に伝承された伝記の内容と形態なのである。

これに対して、ほぼ同時期の資料に依拠して編纂された『景徳伝灯録』三十巻がある。撰者道原は蘇州の禅僧であるが、北宋の首都汴京（河南省開封市）へ上って資料収集を終え、『佛祖同参集』という名の二十巻本として撰述を完成し、皇帝に献上された。真宗皇帝は当時の文臣楊億、李維、王曙ら三人に命じて改訂を施し、『景徳伝灯録』と名づけて大中祥符二年（一〇〇九）刊刻宣布され、二年後には勅命によって大蔵経に編入され、このことによって、『景徳伝灯録』は権威をもって広く読まれた北方系資料と言いうる。『祖堂集』と『景徳伝灯録』の両書は禅研究の基本資料であって、『景徳伝灯録』は『祖堂集』を見ていないから、ほぼ同時代の編纂であっても、対照し相い補いつつ検討することが不可欠であり、またそのことによって断片的な記述を立体的にとらえうる可能性が生れる。

『景徳伝灯録』は巻一二に臨済の伝記を載せるが、その冒頭にはつぎのように言う。

鎮州臨済義玄禅師は曹州南華の人なり。姓は邢氏。幼くして出塵の志を負い、落髪進具するに及んで便ち禅宗を慕う。

鎮州臨済義玄禅師は曹州南華の人である。俗姓は邢氏。子どものころから俗世を厭う心がつよく、出家して具足戒を受け正式な僧となってからは、禅宗にひかれた。

もう一種は賛寧（さんねい）『宋高僧伝』三十巻である。南北朝梁代の慧皎（えこう）『高僧伝』十四巻、唐代の道宣（どうせん）『唐高僧伝』三十巻を継いで撰述し、北宋端拱（たんきょう）元年（九八八）に上進された。賛寧は伝記を記述するさいに、多くはその僧の碑銘に拠って書いたので、一般的には信頼できるとされて評価は高いのであるが、それは出身や生没年、事跡、交友関係（特に権力関係）などについて言われることで、碑銘がそうであるように、立伝された僧の思想についてはほとんど言及しないので、思想の研究にはたいして役には立たないのである。さらに賛寧は神異（不思議な伝承）に異常な興味を抱いて、この類の話を多く収めており、特殊な性格の伝記集と言うべきである。

その巻一二に「唐真定府臨済院義玄伝」があるが、これも至って簡単な記述であるのは、依拠すべき碑銘がなかったからであろう。

釈義玄、俗姓は邢。曹州南華の人なり。諸方に参学し、艱苦（かんく）を憚（はばか）らず。

釈義玄、俗姓は邢。曹州南華の人である。各地を行脚して学び、労苦を厭わなかった。

以上の基本資料を並べてみてわかるのは、禅師の伝記の詳細はほとんど何も知られていなかったということである。圓寂は唐末の咸通七年（八六六）であるが（『古尊宿語録』巻六『興化語録』に載せる「臨済慧照禅師塔記」は咸通八年［八六七］とする）、年寿が記されていないから、生年は知られず、どういう家柄であったかも、また出家した寺院の名も、出家を受け入れて佛教の初歩知識を授けた授業師の僧の名も、さらには受戒した戒壇の場所も、したがって授戒師の名も、これら通常の伝記に書かれる事跡は一切知られない。『宋高僧伝』には、臨済歿後百年、十世紀末のころのことを、

言教頗る世に行われ、今、恒陽に臨済禅宗と号す。

臨済禅師の教えは広く世に行きわたり、現在恒陽の人々は「臨済禅宗」と称している。

と記し、没後百年ごろの臨済下三、四世のころになると、北方では「臨済宗」が形成され、その系譜につらなる僧らが活潑に活動していたとしているが、禅師じしんの詳しい経歴はすでにわからなくなっていたのである。恒陽は五岳の一、北岳恒山の南の地、恒州一帯を指す。恒州の名は唐元和一五年（八二〇）に穆宗の諱（恒）を避けて鎮州に改められた。『宋高僧伝』のいう「唐真定府」は、さらに五代後唐のときに改められた地名である。またさらに清朝の雍正元年（一七二三）に雍正帝の諱（胤禛）と同音の字（真と禎は同音）を避けて正定府と改められた。現在の河北省石家荘市正定県にあたる。

第二節　出家

さて、義玄の出身地曹州南華県は、唐代では河南道に属し、治所は黄河の南、現在の山東省菏沢市にあたるが、黄河は歴代にわたって氾濫をくりかえし、下流の河道にあたる南華県は金の時代に黄河に水没して廃された。

俗姓すなわち出家前の姓は邢氏であった。その家はどういう家柄であったか？　唐代には氏族志というものがあって、地方の名家であれば、各地の有力氏族の姓とその地におけるランクが記され、時代によって変化交替していることもわかる。敦煌で発見された文書のなかにこの時代の氏族志『新集天下姓望氏族譜一巻并序』（S．二〇五二）という写本があり、八世紀末の姓望（有力氏族）が列せられていて、「曹州済陽郡は八姓を出す」として「丁、卞、江、左、蔡、単、曹、郁」を挙げているが、ここに邢氏は見えない（鄭炳林『敦煌地理文書滙輯校注』甘粛教育出版社、一九八九年）。義玄の生家は士大夫の家柄であれば寒門と呼ばれる下級士族、そうでなければ庶民であったらしい。

そこで思いあわされるのが、同時代の泉州南安県（今の福建省南安市）出身の雪峯義存（八二二～九〇八）である。雪峯は唐末の禅界に「北に趙州、南に雪峯あり」と謳われ、福建の地で閩王の王氏の援助を得て修行者千七百衆という大叢林を構えた。『祖堂集』巻七の雪峯章の伝記には「泉州南安県の人なり。俗姓は曽」とだけしか記されず、『雪峯語録』に載せる「雪峯年譜」にも「父の諱は勉。師の家は世よ佛を奉ず」とあるのみである。ところが『祖堂集』の「雪峯章」には、禅問答のあいだに、禅と関係のない妙な詩が三首挿入されている。

師初めて出家せし時、儒假大徳、三首の詩を送る。

（一）光陰輪謝又逢春　光陰輪謝して又た春に逢う
池柳亭梅幾度新　池柳亭梅　幾度か新たなる
汝別家郷須努力　汝　家郷に別る　須らく努力すべし
莫将辜負丈夫身　将て丈夫の身に辜負する莫れ

月日はめぐり、また春が来た。池の柳もあずまやの梅もいくたび芽ぶいたことか。きみはいま家郷を離れるのだね。しっかり努力しなさい。あたら丈夫の身を無駄にしてはならぬ。

（二）鹿羣相受豈能成　鹿羣相い受くるは豈に能く成さんや
鸞鳳終須萬里征　鸞鳳は終に　須らく万里を征くべし
何況故園貧與賤　何ぞ況んや故園は貧にして賤なるをや
蘇秦花錦事分明　蘇秦の花錦は　事分明なり

鹿のように群れて平穏に暮らすようでは、功を成すことができようか。鸞鳳はかならずやはるか万里を飛ぶものだ。ましてきみの家は貧しく地位も低いのだから。蘇秦が故郷に錦を飾った事は知っているね。

（三）原憲守貧志不移　原憲は貧を守りて　志　移さず
顔回安命更誰知　顔回は命に安んぜしこと　更に誰か知らん

嘉禾未必春前熟　　嘉禾は未だ必ずしも春前に熟さず
君子従來用有時　　君子は従来より用いらるるに時有り

原憲は貧しくとも志を変えなかった。顔回は人に知られず、一生を貧困の運命に甘んじて生きた。よき穀物は春にならねば熟さない。君子は昔より時機が来れば必ずや任用されて能力を発揮できるものだ。

これは雪峯義存が出家する時に「儒假大徳」から贈られた詩らしいのであるが、僧になるのを励ます詩にしては、やや場違いな励ましかたで、使用している典故も『論語』や『史記』など童蒙書（塾で子どもに教える教科書）の範囲にあり、措辞も巧みとは言えない。おそらく雪峯が村の塾で勉強していたときの塾師（先生）が、かれの出家に際し見送りに来て、激励し与えた送別詩なのであろう。「儒假大徳」というのも見慣れない言葉であるが、雪峯が無名の塾師をかりにこう名づけて、贈られた詩をたいせつに持っていたから、今にのこったのにちがいない。第二首に「何ぞ況んや故園は貧にして賤なるをや」とあるのを見れば、出身は庶民であったらしいことが想像される。

臨済義玄の出家は「幼くして出塵の志を負う」と『景徳伝灯録』に記しているが、唐末の乱世の時代には、貧しい者にとって出家がひとつの出路でもあったのである。

当時の出家をかんがえるために、唐詩を一首読んでみたい。張喬の「頭陀僧に贈る」という七律詩である（『文苑英華』巻二二四、『全唐詩』巻六三九）。

自説年深別石橋
遍遊靈跡熟南朝
已知世路皆虛幻
不覺空門是寂寥
滄海附船浮浪久
碧山尋塔上雲遙
如今竹院藏衰老
一點寒燈弟子燒

自ら説う　年深くして石橋に別れ
霊跡を遍遊して　南朝を熟る
已に知る　世路は皆な虚幻なるを
空門は是れ寂寥なりとは覚えず
滄海に船に附して浪に浮かぶこと久しく
碧山に塔を尋ねて雲に上ること遥かなり
如今　竹院に衰老を蔵し
一点の寒灯　弟子焼す

老僧はみづから語る、「もうだいぶ昔のことだ。天台の石橋を出発してから
江南の祖師の遺跡は、あまねく訪ねて知りつくした
世間の出来事はすべて虚妄だと知って出家したのだ
空を教える佛門が寂しいとはおもわぬ
久しいあいだ船に乗って果てしない滄海に浮かんだこともあり
青山に祖師の塔を尋ねて遥か雲の上まで登ったものだ
そして今は、この竹藪のなかの寺でひっそりと
弟子がともしてくれる孤灯のもと、衰老の身を養っている」と

張喬は晩唐の詩人。池州青陽（今の安徽省池州青陽県）の人で、咸通一一年（八七〇）の京兆府試に

応じた時の詩で有名になったが、科挙には登第せず、黄巣の乱に遭遇（広明元年、八八〇）して帰郷し、官途をあきらめて九華山（安徽省）に隠棲した。京兆府試のとき、挙子（受験生）はみな馬に乗って行ったが、この人だけは貧乏で驢馬に跨っていたと言われる（『唐才子伝校箋』巻一〇、中華書局、一九九〇年）。いまにのこる詩は少ないが、「詩句は清雅にして、迥かに其の倫少し」と評された。禅僧仰山慧寂（八〇七～八八三）とも交流があり、僧侶や道士に贈った詩には、方外の世界への憧憬が色濃くあらわれている。海東（新羅）の人への送別詩が数首のこされているのも注目される。

この「頭陀僧に贈る」七律詩は、すべて竹院で出逢った老僧の語りを詩に写したもの（押韻は橋、朝、寥、遥、焼。平声蕭宵韻同用）。「わしは若いときに〈世上は虚妄〉と見定めて天台山で出家し、江南の祖師の遺跡をめぐって、頭陀行（行脚）で一生を過ごし、いまは年老いてひとりの弟子の世話になって、竹藪のなかの寺でひっそりと衰老の時をすごしている」と。

この老僧は出家の動機を「已に知る 世路は皆な虚幻」（世間は虚妄なものだと知った）と語っているのであるが、晩唐時代の気風をうかがわせる述懐で、歴史家も禅宗史書の解題に唐代禅宗の興起の原因を以下のように記述している。『景徳伝灯録』三〇巻という書物は禅の思想をかんがえるのに重要な資料であるが、中国の歴史家陳垣（一八八〇～一九七一）による下記の解題は注目すべきである。

> 景徳は北宋真宗の年号（一〇〇四～一〇〇七）。灯は暗闇を照らすものであり、法を人に伝えることは灯を伝えるごとくであるから、こう名づけられた。晁公武『郡斎読書志』釈書類『景徳伝灯録』の項にはつぎのようにいう、

この書は祖師代々の系譜にそって各人の語録をあつめ、過去七佛から法眼（八八五～九五八）の弟子に至るまで、およそ五十二世、一千七百一人を記述して朝廷に献上し、真宗の命によって楊億、李維、王曙が裁定を加えた。楊億らが文章を潤色し、誤謬を是正したことによって、ひろく一般に読まれることとなり、後世禅学の淵源となったものである。禅学というものは、達磨が中国に来てより五代をへて慧能に伝わり、慧能は行思と懐譲に伝えて、行思と懐譲ののちに五宗が生れた。その学徒は中国全土に満ち、今に至るまで数百年、臨済・雲門・洞下（曹洞）の宗派がますます隆盛をきわめている。その時代背景をかんがえてみるに、これらの宗派はみな唐末五代の戦争がうちつづく混乱を極めた時世に輩出したのであるが、世の趨勢を見きわめた優れたひとびとは、乱世にあって、その能力を生かす場がなかったため、世相を憤り邪党を憎んで、この世ときっぱりと縁を切る意を固めたのであろう。そうしてかれらののこした珠宝のごとき言行の数々は、僻陬の地にあってもその輝きが覆われることなく、人々によって記録され、余すところなく伝えられたのである。

晁氏の『郡斎読書志』は南宋紹興二一年（一一五一）に成った蔵書目録の解題集であるが、『景徳伝灯録』の解題でかれが言いたかったのは、政治の混乱期にあって、気概をもった精英が事業をおこし発言するのは極めて困難であり、やむなく出家して和尚となるしかなかった、これが五代の時期に禅宗が盛んとなった理由だということである。『景徳伝灯録』という書物は、ただに唐末五代の高逸人士の伝記集たるにとどまるものではない。（『中国佛教史籍概論』、一九四二年稿、一九六二年刊、中華書局）

陳垣が『中国佛教史籍概論』を書いたのは北京淪落（日本軍による北京占領）時期であった。晁公武の「世相を憤り邪党を憎む」という説を引いてさら復説しているところに、かれの共感があらわれている。いわゆる「歴史の内面的理解」（増淵龍夫『歴史家の同時代史的考察について』岩波書店、一九八三年）というものである。晁公武がこの解題において略説した禅学の系譜は、『景徳伝灯録』に書かれている祖統説（禅宗の系譜）なのであるが、唐末五代（九・十世紀）という時代に禅宗が隆盛をきわめた原因を、「乱世にあたって、世の趨勢を見きわめた精英は、その能力を生かす場がなかったため、世相を憤り邪党を憎んで、この世ときっぱりと縁を切る意を固めた」ところに見い出し、陳垣はそこに注目し共感を寄せたのである。さきに引用した頭陀僧の言葉で言えば、「世路は皆な虚幻」、当路にある人間どもが作り出した世間のすべてのものは、そのようでなければならないという確実な根拠は実は何もない、世に存在するもの、人が作りだしたことがらには実体がなく、それらが動かしがたく牢固不変に見えるのは、人間の誤った観察である。このように制度・権力を空無化し否定するよりどころが佛教の「空」という考え方で、すなわち「一切の存在は空」と看破した人士が出家者となったというわけである。現実世界で挫折し、絶望し悲歎にくれて、世を憎むことから、一歩抜け出て、覚醒した眼で「現実」なるものをまるごと反転させて、「世間は虚仮」と諦観し、自己の探究に人生の意義を見出したひとたちだったのである。

第三節　時代閉塞の状況

唐朝（六一八〜九〇七）は中国の歴史において三百年つづく空前の繁栄を誇った大帝国で、政治経済的にも文化的にも中世のさいごを飾る発展をとげたが、その後半は安史（あんし）の乱（七五五〜七六三）を契機に体制の崩壊が始まる。中盤からは戦乱がうちつづき、乱世の時代となった。隋（五八一〜六一八）に始まる科挙制度は唐代に整備されて、従来の貴族出身官僚による政治から儒教的教養を身につけた新興の士大夫階級による政治への移行をめざしたが、唐中期から中央では両派の政争（党争と呼ばれる）がはげしくなり、地方では軍閥が割拠し、また吐蕃（チベット）、回鶻（ウイグル）、南詔（なんしょう）との戦争がひんぱんに起こり、士大夫らは希望を失い、社会不安の時代相が濃厚となった。そうした社会閉塞の時代の気分は、詩人李商隠の作品の一節にも現われている（高橋和巳『李商隠』中国詩人選集、一九五八年、岩波書店）。

爺昔好讀書　　爺（ちち）は昔　読書を好み
懇苦自著述　　懇苦（こんく）して自ら著述するも
顦顇欲四十　　顦顇（しょうすい）して四十に欲（なんなん）とし
無肉畏蚤虱　　肉無くして蚤（のみ）と虱（しらみ）を畏（おそ）る
兒愼勿學爺　　児（こ）よ　慎（つつし）んで爺（ちち）を学び
讀書求甲乙　　読書して甲乙を求むること勿（なか）れ

【李商隠「驕児（きょうじ）の詩」】

お父さんは昔から読書を好み、苦心惨憺、ひとりで著述にはげんできたものだ。だが、その結果は齢はもう四十、不惑の年に手がとどこうというのに、一向うだつがあがらず、憔悴し切っている。

暮らしは貧しく、食膳に肉をつけられず、五体は痩せて蚤や虱にくわれるのも人一倍こたえる有様だ。児よ、お前はこころして父の轍をふまぬよう心掛けよ。書物に埋れ、科挙試験の準備に精力をすりへらしたりするでない。（高橋和巳訳）

巍巍政事堂　　巍巍（ぎぎ）たる政事の堂
宰相厭八珍　　宰相は八珍に厭（あ）く
敢問下執事　　敢えて下執事に問う
今誰掌其權　　今　誰か其の権を掌（つかさど）るや
瘡疽幾十載　　瘡疽（そうそ）　幾十載
不敢抉其根　　敢えて其の根を抉（えぐ）らず
國感賦更重　　国感（おとろ）えて賦（ふ）は更に重く
人稀役彌繁　　人稀にして役は弥（いよ）いよ繁し　【李商隠「行きて西郊に次（やど）る一百韻」詩】

高くいかめしい行政の殿堂では、なに一つ実際の政治の討論もされず、大臣たちはただ八種の珍味に満腹しているだけである。あえて私は書記官に問いたく思う。為政の権は一体誰が掌握しているのか、いま天子の下にいて政事をつかさどる大臣諸氏は、一体何をしているのか、と。

できものが膿み、潰瘍となって国家を苦しめる状態は、もう何年続いたことか。にも拘らず、勇気をふるって、禍の根をその根底からえぐろうとする者もいない。このようにして、国家の版図は年を追って縮小し、勢い、残った土地に課せられる税は一層重くならざるを得ない。人民が原籍をはなれて流亡し、死亡するにつれ、残った者への労役義務はますます比重を増す。賦税徴収の回数が頻繁になるのもむしろ当然のことだ。（高橋和巳訳）

あとの詩は開成二年（八三七）、李商隠二十八歳の作で二百句から成る長篇詩の一節。前の詩からうかがわれるように、科挙試験は受験生にとってははなはだ過酷な試練であり、合格者は極端に少ない狭き門であった。しかも科挙は一種の資格試験であったから、地方・中央試験に合格して任官有資格者となったあと、さらに採用試験（制科）をへて、ようやく任官候補者となり上級官吏となる道が開けるのだった。したがって、最後の関門まで行かずに、そのコースをあきらめ中途放棄して、地方軍閥の幕僚に就職する者も多かったのである。また唐末の黄巣の乱は首謀者黄巣と王仙芝が科挙に失敗した果てに塩の密売人となって起こした叛乱であったと言われている。南宋の人王楙の随筆『燕翼詒謀録』に言う、

唐末、進士に第せざる、王仙芝の輩の如きは乱を唱え、而して敬翔・李振の徒は皆な進士の志を得ざる者なり。蓋し四海九州の広きも、歳ごとに上第する者は僅かに一二十人、苟も才学の倫輩に超出するに非ずんば、必自ず意を功名の塗に絶ちて、復た顧藉する無し。故に聖朝は広く科挙の門を開いて、人人を俾て皆な覬覦の心有らしめ、盗賊奸宄に自棄するに忍びざらしむ。（巻一、

唐宋史料筆記叢刊、中華書局、一九八一年）

　唐末の時代に叛乱を起こした王仙芝の連中は科挙進士科の落第者であり、敬翔・李振らも進士科の失敗者だった。というのも、広い中国で一度の試験に合格する者はわずか十人、二十人にすぎず、並外れた才能学識の持ち主でなければ、あっさりと功名への道をあきらめるしかなかった。ゆえにわが宋朝は科挙の門を広げて、ひとびとに希望を持たせ、自棄を起こして盗賊悪事に走らせぬようにはからったのである。

　こういう時代背景をかんがえると、張喬の詩の頭陀僧が語るように、「世間は虚妄」と見て一切をうち捨て、世俗の埒外に身を置く選択をし、またつぎのような政治家志望から出家して禅僧になるという転向がおこりうることも理解できるであろう。丹霞天然（七三八～八二三）は「丹霞木佛を焼く」という逸話で知られる、もっとも唐代の禅僧らしい人であるが、その伝記につぎのようにいう。龐蘊（龐居士、?～八〇八）と連れ立って都長安へ科挙を受けに行く途中、漢水の南の宿でひとりの行脚僧に出逢い、茶を喫しながら話したおりのことである。

> 丹霞和尚は石頭に嗣ぐ。師、諱は天然。少くして儒墨に親しみ、業は九経を洞く。初め龐居士と同侶たりて、京に入り選を求む。因りて漢南に在り、道に寄宿せし次、忽と夜に白光の室に満つるを夢む。鑑者有りて云く、「此れは是れ解空の祥なり。」又た行脚僧に逢う。与に茶を喫せし次、僧云く、「秀才、何処にか去く？」曰く、「選官を求め去く。」僧云く、「可惜許の功夫！　何

ぞ選佛し去かざる？」秀才曰く、「佛は当た何処にか選ぶ？」其の僧、茶埦を提起して曰く、「会するや？」秀才曰く、「未だ高旨を測らず。」僧曰く、「若し然らば、江西に馬祖、今現に世に住して法を説く。道を悟る者、勝げて記すべからず。彼は是れ真の選佛の処なり。」二人は宿根猛利なり、遂て秦遊を返して大寂に造れり。（『祖堂集』巻四「丹霞和尚章」）

丹霞和尚は石頭禅師の法を嗣いだ。師の諱は天然。若いときから儒家・墨家の古典に親しみ、その学業を広く窮めていた。はじめ、龐居士とともに科挙に応ずるために長安へ旅立った。途中漢水の南で旅館に泊ったおり、白光が部屋に満ちる夢を見た。夢占いをしてくれた者が「それは空を解する瑞兆ですぞ」という。さらに行脚僧に出逢い、いっしょにお茶を飲んでいたとき、僧が尋ねた、「秀才どの、どこへ行かれるのか？」「選官の試験を受けに都へまいります。」「ああ、なんと残念な努力をしておられることか！ なぜ佛に選ばれる所へ行きなさらぬか？」「選佛はいったいどこでおこなわれるのですか？」その僧は茶碗をもちあげて問う、「おわかりかな？」「高旨をはかりかねます。」「この意味を知りたいなら、いま江西の馬祖大師が世に出て説法をなさっておる。道を悟る者は数知れない。そここそが真の選佛道場だ。」ふたりはもともと機根が優れていた。それを聞くや、都への道を引き返し、ただちに大寂禅師（馬祖道一）のもとへ至った。

「秀才」は未だ仕官せぬ知識人（処士）をいう。官人と処士とは服装で区別がつくのである。行脚僧が茶碗を持ち上げて「会するや？」（わかるか？）と問うたのは、馬祖道一が宣揚した「性は作用に在り」（佛性は人の動作に発揮される）という示唆である。この出逢いによっておこった転換は、一見はなはだ唐突に見えるが、二人には積年の疑問があり、それが行脚僧のことばによって一挙に氷解する予感を見出し、人生の転機を迎えることになったのである。およそ官人の家に生まれた者は、幼い時から塾師について厖大な儒教の経典を暗唱し、作詩作文の訓練に明け暮れ、科挙合格への道をひたすら歩むことが運命づけられていた。しかも挙試は難関で、官僚コースの進士科は受験者がほぼ千人いて、合格者は百人にわずか一、二人、学者コースの明経科は受験者が二千人、合格者は十人に一、二人。「三十老明経、五十少進士」（明経科の合格者は三十歳でも年寄り、進士科の及第者は五十歳でも若いほう）と称された。科挙に合格して役人の出世コースを歩むことが、果して人生の唯一の道であるのか、疑問なきを得なかったのであろう。「宿根猛利（しゅっこんみょうり）」の二人は、ここで劇的な人生の転換を迎えた。のち龐居士は馬祖との問答で開悟したとき、一偈を作った。

十方同一會　　十方より一会（いちえ）を同じくし
各各學無爲　　各各（おのおの）無為（むい）を学ぶ
此是選佛處　　此（こ）こは是れ選佛の処
心空及第歸　　心空（くう）じ及第して帰る

ここ馬大師の処には十方から修行者が集まり、共に道を求めるという縁に結ばれて、めいめい無為の理を学んでいる。ここここそはまさに佛子を選考する試験場だ。いま私は心を空無ならしめたことで合格の喜びを得て〔本来の家郷に〕帰りゆくのだ。（入矢義高『龐居士語録』筑摩書房 禅の語録七、二〇頁）

行脚僧の「選佛」の一言で、科挙受験をやめて禅僧になったという劇的な転向について、伝記では「宿根猛利」、もともと機根が優れていたとか、「解空」の人となる夢を見たという伏線を記しているが、丹霞じしん当時の世相を見、人生の岐路に立って、かねてから考えるところがあったのであろう。行脚僧（禅僧）の示した〈茶碗を持ち上げる動作〉の意味するところを知ろうとして、ただちに江西馬祖道一（七〇九～七八八）のもとに参じた。ここから、馬祖の新宗教が当時世間にも影響をもち始めていたことが知られる。「茶碗を持ち上げる」動作とは、馬祖の説法のつぎの話を指している。

一切の衆生は無量劫より来た法性三昧を出でずして、長に法性三昧中に在りて著衣喫飯、言談祇対す。六根の運用、一切の施為は尽く是れ法性なり。源に返ること解わずして、名に随い相を逐い、迷情妄起して種種の業を造る。若し能く一念して返照せば、全体聖心なり。汝等諸人よ、各おの自心に達せよ。吾が語を記ゆる莫れ。（『天聖広灯録』巻八）

京都天寧寺藏馬祖龐居士問答図（『禅―心をかたちに』日本経済新聞社）

すべてのひとびとは、久遠の昔より今に至るまで、法性三昧（ひらかれた悟りの世界）からはみ出たことはない。つねに法性三昧のただ中で服を着け、飯を喰らい、人と語り、応対しているのだ。六根のはたらき、あらゆる行為のひとつひとつが法性に適っている。しかるにこの根源に立ち返ることができないで、表面的な名前や形を追い求め、むやみに迷いを起こしては、さまざまな業を造る。しかしもし一瞬でも気づき返り見たなら、そのとたんにまるごと聖人の心である。諸君よ、わたしの言葉に従うのではなく、ひとりひとりがみずからの心に立ち至るのだ。（『天聖広灯録』巻八）

まことにあっけらかんとした性善説で、佛教語で言えば「衆生本来清浄心」、禅宗で言う「性は作用に在り」という説を説いているのであるが、馬祖は「即心即佛」（そなたの心こそが佛だ）の語を愛用した。これを人々に説いたのであるが、世情不安の濃厚な時代に、はなはだ強い吸引力をもったようである。人間の本性はなにか、本来性に目覚めるに至る修行はいかにすべきか、悟りの境涯はいかなるものか（悟った人はいかに生きているか）という問いに、簡明直截（かんめいちょくせつ）に答えたのであった（第四章参照）。

第四節　受戒

臨済義玄の出家と受戒について、さきに引いた『景徳伝灯録』巻十二の伝記には、「落髪進具（らくはつしんぐ）するに及んで便ち禅宗を慕う」と記すのみで、出家した寺院の名も授業師の名も知られず、受戒の地も戒師の名も記されていない。「進具」とあるが、ほんとうに具足戒を受けたのか、徴すべき資料がなく、じつはわからないのである。というのも、当時は正規の受戒をへずに僧となった私度僧が多かったからである。

　唐代の出家は国家の管理下に置かれ、一般に出家希望者はまず父母の許可を得て、師となる僧の寺に入門し修行する、これを童男といい、法名が与えられる。一定期間の修行・経典学習ののち、経典読誦と暗誦の試験に合格して（あるいは皇帝の特恩度僧によって）、はじめて得度剃髪して沙弥となり、僧としての証明書たる度牒（公験）が国家（祠部）から給せられ、これによって戸籍を離れて僧籍に入り、賦税を免れ、徭役が免除されるのである。

　受戒について、同時代の資料を見てみよう。

『入唐求法巡礼行記』四巻は、日本の天台宗の僧圓仁（七九四〜八六四）の唐末の中国での九年七ヶ月（八三八〜八四七）にわたる旅行と滞在の日記である。平安朝承和五年（八三八、唐開成三年）の第十七次遣唐使の請益僧（一年）として弟子の唯正、唯暁、従者丁雄万とともに渡唐。目的は延暦寺より託された「未決三十条」を天台山に呈して教義上の決釈を得ることであった。だが揚州からの天台行きは許可されず、大使一行が長安での皇帝謁見を終えて、翌年楚州へ戻り、残留組と合流し帰国の途に就くのに同行するに際して、熟慮の末、唐国留住（不法滞在）を決意した。一行が新羅船で山東半島から渡海するとき、赤山で船を降り、新羅寺の法華院に駐留して一冬を過ごし、さいわい巡礼の許可を得て、翌年（開成五年、八四〇）に五台山へ出発した。五台山で決釈を得るためであった。二月十九日から四十四日間かかって、二千三百余里、徒歩での旅であった。五台山には六月まで二ヶ月滞留して巡拝し、講経を聴聞し、五台山僧の修行ぶりを見学したが、「未決三十条」はすでに天台山で決釈がなされたはずだと言われ、目的はかなわなかった。ついで七月一日、長安へ密教を修めるため南下、二千余里を歩いて八月二二日に長安城に入った。長安には開成五年から会昌五年（八四五）まで滞在し、大徳僧に就いて密教の修学に励み、胎蔵界・金剛界灌頂を受け、講経儀式に参加し、密教経典や曼荼羅等の仏具の収集に専念した。この間に特筆すべきは、会昌二年（八四二）から六年（八四六）にかけて断行された武宗の廃仏毀釈の開始から収束に至るまでの具体相を、長安および帰途における見聞として記録していることである。この未曽有の廃仏の嵐に遭遇した圓仁自身も、外国僧として還俗を強要されたうえ擯斥されて、会昌五年（八四五）五月には帰国を余儀なくされたのであった。帰国に際してはまた新羅人の協力を得て、曲折をへて大中元年（八四七）九月、ようやく博多に帰着した。『入唐求法巡礼行記』は唐末中国の宗教事情、政治、地理、風俗、物価経済などの第一級資料として貴重であり、また圓仁の漢文日記そのものも当時の外国人による漢語資料として高い価値をそなえている。

その最初の年、揚州滞在中に圓仁は日本から連れてきたふたりの弟子を正式に受戒させた。開成三年一〇月一九日の日記につぎのように記している。

> 唯正、唯暁をして受戒せしめんが為に牒もて判官録事に報ず。大唐は太和二年以来、諸州多く密かに受戒せしむること有るが為に、符を諸州に下して、百姓の剃髪して僧と為ることを許さず。唯だ五台山戒壇一処、洛陽終山（嵩山）琉璃壇一処のみ有り。此の二の外は皆悉く禁断す。玆れに因りて所由に請報して処分を取るなり。

唯正、唯暁を受戒させるために申請書を判官録事に提出した。大唐国は太和二年（八二六、正しくは元和二年、八〇七）以来、諸州で非公認の受戒（私度）が横行していたため、布告を諸州に下して、人々が剃髪して僧となるのを禁じた。ただ五台山戒壇一処、洛陽嵩山琉璃壇一処のみを認め、これ以外は一律に禁止していた。それで当局に許可を申請したのである。

このときは沙弥（しゃみ）となるための十戒の受戒であった。正式な僧となるにはさらに政府公認の戒壇において具足戒を受ける必要があるが、得度して沙弥となり僧と認められてはじめて度牒が給付され、かつ徭役が免除される特典があった。したがって政府は出家受戒をきびしく制限、管理する必要があり、圓仁が記すように戒壇は天下に二箇所のみと定められた。のち開成五年（八四〇）五台山に到って、圓仁は五月十四日に竹林寺の万聖戒壇でふたりの弟子に具足戒（比丘二百五十戒、比丘尼五百戒）を受けさせたのである。

第五節　回想（一）禅僧となる

これ以後のことは、義玄自身の語る回想がのこされている。『臨済録』中に語られた自身の追憶の第一は、教学から禅への転向である（以下、『臨済録』の引用は「新国訳大蔵経中国撰述部」『六祖壇経 臨済録』大蔵出版、二〇一九年による）。

（1）道流（どうる）よ！〈出家児（しゅっけじ）は且（しば）らく道を学ばんことを要（よう）す〉と。秖（た）だ山僧の如きも往日曽（おうじつかつ）て毗尼（びに）中に向（お）いて心を留むること数十年、亦た曽て経論に於いて尋（たず）ね討（もと）む。後に方（はじ）めて是れ済世（さいせい）の薬方（やくほう）、表（ひょう）

顕の説なりと知り、遂乃て一時に抛て却り、即ちに道を訪ね禅に参ず。後に大善知識に遇い、方乃めて道眼分明にして、始めて天下の老和尚を識り、其の邪正を知れり。娘生下にして便ち会するに不是ず、還是って体究錬磨して一朝に自ら省れり。（『臨済録』【七四】示衆九（1））

諸君！「出家者はまずは道を学ばねばならぬ」といわれるので、わたしなども以前は数十年も熱心に律に関心を持ち、また経論に道を追究したものだ。そうしてのち、経論は道そのものではない、ただの病気の処方箋、薬の効能書きにすぎぬ、とやっとわかり、そこですべて捨て去って、ただちに禅僧となって行脚に出たのだ。のち大善知識に出逢い、ようやく真理を見る眼が開いて、始めて天下の老師がたを見分け、正しいか誤っているかの判断がつくようになった。おっかさんが産んでくれたときから分かっていたのではない、自らの身体をもって心を究明して、ある日自らのことが分かったのである。

この述懐は出家後の教学から禅宗への転向を叙べている。

冒頭の「道流」は臨済が来参した行脚僧に呼びかけた、かれ独特の語（「学道流」の略）。「出家児は且らく道を学ばんことを要す」は世間一般に言われている通念を持ち出しているのであって、「出家学道」は伝統的な言い方である。この一句を臨済が大衆に「道を学べ」と勧めた意に誤解してはならない。『臨済録』一書には「道を学べ」とは一切説かれていない。臨済はつぎのように言うだけである。

大徳よ！　時光惜しむ可し。秖だ傍家に波波地として禅を学び道を学び、名を認め句を認め、佛を求め祖を求め、善知識の意度るを求めんと擬す。錯まる莫れ！　道流よ。你らには秖だ一箇の父母有り、更に何物をか求む？你ら自らを返照し看よ！」（『臨済録』【四九】示衆一（6））

禅師がたよ！　時を大切にされよ。諸君は行脚を事としてあちこちの叢林を巡り、あたふたと禅を学ぼうとし、語句を覚えこみ、自己をおざなりにして佛祖を求め、師友に教えてもらおうとばかりしている。誤解してはならぬ！　諸君よ、きみたちにはちゃんとした父母があるではないか。それだけで十分なのに、そのうえ何を求めようというのか？　おのれ自身をとくと顧みよ！

「你らに秖だ一箇の父母有り、更に何物をか求む？」とは、父母が生んでくれた自己の身心に欠けたるところはなく、佛と同じく完全であること。人は生まれながらに佛性を授かっているのだという確信は、唐代禅の基調で、日本の江戸初期の盤珪禅師（一六二二～一六九三）が播州弁で説いた「人々皆親のうみ附てたもつたは、佛心ひとつで、よのものはひとつもうみ附はしませぬわいの」という「不生の佛心」のことである（『盤珪禅師語録』九頁、鈴木大拙編校、岩波文庫）。「你ら自ら返照し看よ！」の「返照」は「回光返照」、沈んだ太陽が夕空を照らし、その余暉でこちら側が明るい状態を言い、そこから佛教語として、外を見ていた眼を転じて内に向ける自己省察の意が派生した。これが臨済の立場である。したがって臨済はまた、

如今の学道人は且らく自ら信ぜんことを要す。向外に覓むる莫れ！（『臨済録』【六二】示衆四（1））

いま、道を学ばんとする人は自らを信ぜよ。自己の外に道を求めてはならぬ。

若し是れ真正の学道人ならば、世間の過を求めず。切急に真正の見解を要求めよ。（『臨済録』【五六】示衆三（5））

ほんものの修行人なら、他人の過ちなど捜すのでなく、みづからが正しい見かたを持つことこそが、本当に必要なのだ。

夫の真の学道人の如きは、並えて佛を取めず、菩薩、羅漢を取めず、三界の殊勝を取めずして、迥然として独脱し、物の与に拘せられず。（『臨済録』【七二】示衆七）

ほんものの修行人は、けっして佛とならんことを求めず、菩薩・羅漢とならんことを求めず、解脱しようと求めたりせずとも、超然として三界を脱け出て、何物にも拘束されぬ。

などと言うように、「学道人」（道を学ぼうとしている人）に対して、学ぶのではなく、「真正の見解を求めよ」、「自らを信ぜよ」と言うのである。「出家児は且らく道を学ばんことを要す」（「且らく」は勧奨の義）は臨済のいう「人惑」（他人から受けるかどわかし）の語なのである（第四章参照）。

以下は自叙である。「毗尼に向いて心を留むること数十年」は長年律学を専門としていたことをいう。「毗尼」は律蔵の音訳語（旧訳。新訳は毗奈耶）。「留心」は心を寄せる、関心を持つこと。通常熱心に打ち込んだことを控えめに言ういい方。僧に三類あり、律師・法師・禅師である。中晩唐時代にはそれぞれの長短比較論もおこなわれ（大珠慧海『頓悟要門』巻下）、律師は外律の規定に拘泥して内戒を識らずと批判される（『宗鏡録』巻四四引『像法決疑経』）。禅僧の経歴にはしばしば戒律への疑問から、教学との決別にいたったことへの言及が見られる。石頭希遷（七〇〇～七九二）は、

開元十六年、羅浮山に具戒し、略ぼ律部を探るに、得失の紛然たるを見、乃ち曰く、「自性清浄、これを戒体と謂う。諸佛は無作、何ぞ生ずること有らん！」（『祖堂集』巻四「石頭和尚章」）

開元十六年（七二八）羅浮山の戒壇で具足戒を受けた。戒律を学んだが、得失是非ばかり規定しているのを見て言った、「人は本来的に清浄なのであって、それが戒の主体である。まして佛となった人は作為しないのであるから、是非得失など起こりようがないではないか！」

と言い、また薬山惟儼（七五一～八三四）も、

大丈夫は当に法を離れて自ら浄かるべし。焉んぞ能く屑屑と細行を布巾に事とせんや！（『祖堂集』巻四「薬山和尚章」）

大丈夫たる者は戒法に依存せずとも、おのずから清浄なのだ。細々とした規則に縛られるなど、もってのほかだ。

と言い、また羅漢桂琛（八六七～九二八）は、

披削して戒に登り、毘尼を学ぶ。一日衆の為に台に升りて、戒本を宣べ布薩し已り、乃ち曰く、「持犯は但だ身を律する而已。真の解脱に非ざるなり。文に依りて解を作すは、豈に聖を発さんや！」（『景徳伝灯録』巻二十一「漳州羅漢院桂琛章」）

出家して僧衣をつけ、剃髪して戒を受け、律蔵を学んだ。ある日、大衆の前で台に昇って戒本を読み上げ、布薩の儀式を終えたとき、言った、「戒を守る、戒を犯すなどの規則は身を律するだけのことだ。真の解脱と何の関係もない。戒の文言をあれこれ解釈することが、佛となる修行であろうか！」

出家は俗世間の束縛を脱して自由になることであったが、僧になると戒律によって却って自由を拘束される。律蔵の煩瑣な細則は「清浄という病」だと、かれらは見たのである。

「経論に於いて尋討す」は経論中に道（真理）を探し求めたこと。『祖堂集』巻一九「臨済章」には、大愚を訪問して瑜伽・唯識を論じたと言い、示衆にはそのほかに華厳学の素養もうかがえる。「済世の薬方、表顕の説」は世の病人を救う薬の処方箋、その文字の書きつけ。「佛教学の研鑽を積んだが、じつは〈済生の薬方、表顕の説〉にすぎないと知った」とは、佛教学は病人を救う薬の処方箋だった、つまり薬そのものではない、薬の説明ばかりしているにすぎない、これをいくら読んでも救われることはない、悟れないということである。べつの示衆でもこのことを説明している。

道流よ！　佛の得可き無し。乃至い三乗、五性、圓頓の教迹なるとも、皆な是れ一期の薬病相治にして、並えて実法無し。設い有るも、皆な是れ相似の表顕、路布の文字、差排して且らく是の如く説きしのみ。（『臨済録』【九二】示衆一六）

諸君！　外から手に入れる佛などありはしない。たといれいれいしく説かれた三乗、五性、圓頓の教理であろうとも、みなかりそめの方便であって、本当の中味などありはしない。あるのはそのものでないただの説明、大仰な宣伝の文句であって、指示する言葉にすぎないのだ。

「三乗、五性」は人の根性の優劣、悟りの遅速を論じ、凡夫位から佛位に至るまでの位階を細かく規定し、人の根性を種々に差別しランクづけをした佛教学の理論。これを読んで修行の手引きとすれば、佛位をめざす指標が与えられる。「圓頓」は利根の人が初発心にして正覚を成ずる最高の教えといわれるが、要するに相対的な遅速の位置づけにすぎない。唐代の佛教教理学は、佛教がもたらされてより五百年を経て高度な発達をとげ、中国佛教の精緻な理論を構築した。教理学は成佛の理論であるが、成佛に至る理論が精緻になればなるほど、皮肉にも成佛はますます遠く設定されることとなった。学僧は上掲の論を他の諸経論と会通して整合性をはかり、つまりはつじつま合わせに腐心するもので、いくら学んでもせいぜい宗論において偽学を論破し、論弁の優秀を誇る結果、はなはだしくは他人を軽蔑するだけの、却って煩悩を増長させるわざ（増上慢）に堕していた。印度・西域・中国の数百年にわたって営々と構築されてきた壮大な佛教学の体系は、ここに到って、もはや人々を悟りから遠ざける桎梏と化していることに、臨済は気づき警告を与えるのである。

「一時に抛て却り、即ちに道を訪い禅に参ず」、教学から転じて禅僧となって行脚に出た。「一時」

はいっぺんにすべてを。「道を訪ね禅に参ず」は永嘉玄覚の「証道歌」にもとづく。「江海に遊び、山川を渉り、師を尋ね道を訪うを禅に参ずると為す」(『景徳伝灯録』巻三〇 永嘉真覚大師「証道歌」)。

第六節　行脚

行脚僧とはどんなものであったか？ まずは行脚する禅僧の心意気を歌う作品を見てみよう。汾陽善昭(九四七～一〇二四)の「行脚の歌」(『汾陽無徳禅師語録』巻下)である。押韻によって十五段に分けて読んでみる。

(一) 志を発して親を辞し、意欲して何をか能くせんとす？
佛に投じて出家し、俗と異なるに心を専らにす。
法を慕いて僧と為り、既に尸羅を得て具備し、又た能く法服もて身を霑す。
父母には甘旨を供せず、王侯には侍せず臣たらず。
潔白に修持すること、氷の如く玉に似たり、
名のためならず利のためならず、垢を去り塵を去り、
人天の瞻敬を受け、釈梵の恭勤を承く。

志を立てて親族に別れを告げたのは、何をするためだったたか
佛のもとに身を寄せて出家し、俗世間と異なる生き方をしたかったのだ

教えに心ひかれて僧となり、受戒して戒律を身に持し、僧服で身をつつみ
父母に美味しい食事を供することもせず、王侯に臣として仕えもせぬ
戒律に従った修行生活は、氷のごとく玉のように清潔で
自己の名利のためにせず、身心の垢塵を除くことによってこそ
世間のみならず天界の尊敬を受け、帝釈梵天王の奉仕を得るのである

（二）徳業を忖り、来処を量り、
何を将てか報答し門戸の為にする？
何の行をか専精せば即ち能く消いん？　唯だ参尋のみ有りて別に路無し。

供養を受けてはおのれの徳業を顧み、供物の出所を考え
何によって施主の恩に報いるべきか？
いかなる修行をすればいただく資格があるか？　ただ行脚に出て良き師を求めるしかない

（三）身心を苦しめ、山水を歴て、
白眉を伴と作して参礼を為す。
雪を冒し霜を衝いて寒きを避けず。水を渡り雲を穿ち龍鬼を伏す。

身体的にも精神的にも苦しいが、山河を越え
一生涯良師を求め参ずる行脚の生活

霜雪の寒さにもめげず、河を渡り山を越え悪龍（煩悩）を降伏する

（四）鉄錫飛び、銅瓶満ち、
世間の長と短を問わず、
叢林の道侶と商量せんと要し、四句百非を一斉に覊る。

鉄の錫杖をたずさえて行き、銅の浄瓶に水を満たし
世間の人の善悪には関わらず
修行道場の道友と問答商量するのは、言語を超えた消息をおのれのものとするため

（五）玄機を探り、道眼を明らめんと、
室に入りて針を投ずるは須らく鍛錬すべし。
邪を駆い正を顕わすは自ら応に知るべし。身心を使て散乱有らしむ勿れ。

悟りの契機を見逃さず、道眼を明るく開き
入室商量には経験が必要だ
宗師の正邪を見分ける心を保ち、身心を慎重に調えよ

（六）道は行い難く、塵は漫り易し。
頭頭物物に須らく明らかに見よ。

区区役役として東西に走くこと、今古に看来れば忙しきこと限り無し。

正しい道は行ない難く、心の塵ははびこり易い
ひとつひとつにおいて検証せよ
行脚して齷齪と歩きまわるだけに終わるのは、古今にその例を欠かぬ

（七）我が今の行、勤自めて辨じて、
来時の伴を失却わしむ莫れ。
足を挙げ歩を動かすごとに分明なるを要す。切に忌む他に虚しく使喚せらるるを。

わたしの今生の行脚を、しっかり行おう
来世に人の世に生まれる因を失わぬように
一歩一歩に主体性を確認し、他人の言いなりになってはいけない

（八）叢林に入り、大道を行なわん。
世間の虚しく浩浩たるに著われず。
堅く至理を求めて労を辞せず、繁華を剪り去り作造を休めよ。

修行道場では、大道を践み行なおう
俗世間の中身のないやりかたに染まらず

真理を得るためには労苦を厭わぬ。派手な行ないをやめ人まねをせぬ

（九）百衲(ひゃくのう)の衣(ころも)、雲水(うんすい)の襖(ふすま)。
万事に無心にして煩悩を離る。
千般の巧妙の功を施さずして、直(ただ)ちに輪廻生死の道を出(い)づ。

糞掃衣(ふんぞうえ)を着て、雲と水をわが室となし
万事において求める心はなく、煩悩とは無縁だ
こうあってこそ様々の無駄な努力をなくして、一挙に生死輪廻を脱するのだ

（十）同袍に勧む、正見を求めよ。
愚夫の頻りに改変するに似る莫れ。
巌に投じ雪に立つ猛身心(もうしんじん)ありて、方(はじ)めて得たり法王の常に照現(てら)すを。

道友に勧める、正しい見解を求めよ
あれこれ考えを変えるのは愚人だ
飢えた虎に捨身し雪中に立って道を求める勇猛心を持って、初めて心の法王が光を放つのだ

（十一）勧めて請益(しんえき)し、速やかに恭敬(くぎょう)をなし、寒喧(かんけん)を避けざるも常に足らざるは、
只だ心地(こころ)の未だ安然(やす)からざるに縁(よ)る。栄華を羨まず辱しめを怕れず。

直ちに見性せしむるは他に従らず、自家ら解く唱う還郷の曲。

勤めて師に請益し、尊敬して仕え、寒さ暑さを厭わず仕えてなお気が済まぬのは
わが心が未だ安からぬため。他人の栄華を羨まず卑下もせぬ
直ちに本性に気づかせるのは他人の力ではない、みずからが還郷の曲を歌えるのだ

（十二）平生を度ること、実に安楽。
蕩蕩と縦横にして依托無し。
四方八面に機縁に応じ、万象森羅の寛廓なるに任す。

わが行脚の生涯は、まことに安楽だ
気ままで自由、誰の世話にもならぬ
四方八方いづこにも縁に応じて行き、ひろびろとした世界に遊ぶ

（十三）四恩に報じ、三有を抜く。
問答は機に随い口を開くこと易し。
五湖四海に乍ち相い逢わば、一撃の雷音、師子吼す。

父母、衆生、国王、三宝の恩に奉答し、三界の衆生を救済せん
相手に応じて問答を展開する

江湖に知己に巡りあわば、ここぞ稲妻のごとく師子吼のごとく一言に契合する

（十四）悠悠自在に楽しきこと騰騰たり。大地乾坤に過咎無し。
分明に報ず爾水雲の僧に、記取せよ南に面して北斗を看よと

わが行脚は悠々自適、楽しきこと限りなく、天地に恥ずることなし
雲水の同志がたにはっきりと伝えよう、行脚は南を向いて北斗を看るのが秘訣である

（十五）讃に曰く、五湖四海に叢林を経、万里千山は尋ね易からざるも、
親しく祖宗に覿え明らかに見性せよ、薺苨を将って人蔘と作す莫れ。

讃にいう、四海五湖を渡り、千山万里を越えて、各地の叢林を訪ねるのは生易しいことではないが、そうしてこそ親しく祖師にまみえて本性を明らかにできるのだ。決してナズナをニンジンと誤ってはならぬ

ここには行脚僧の志高く意気軒高たる気概が歌われている。出家後に教理との葛藤訣別を述べないのは、汾陽善昭という人は天性の禅僧であったからであろうか。かれは僧となるや、ただちに行脚に出、名師に逢って禅僧として立つことに疑いを持たなかった。当時は教宗が衰退し、禅宗が盛行した時代でもあった。善昭は子どものころから「大智有り、師訓に由らずして通暁す。十四にして父母相い継いで亡す。孤り苦しみて世相を厭い、剃髪受具して、策に杖りて游方し、至る所、少しく留まる

のみ、観覧を喜ばず。或るもの其の不韻を譏る。昭これを嘆じて曰く、『是れ何ぞ言の陋なる哉！従上の先徳の行脚は、正だ聖心の未だ通ぜざるを以て、駆馳し決択せんとせしのみ。山水に縁らざるなり』。昭は諸方を歴て老宿に見ゆること七十有一人、皆な妙に其の家風を得たり」（塾師の教えを受けるまでもなく、天才的なひらめきがあった。十四歳で父母を失い、世間の辛さを身に沁みて味わった。出家受具して、行脚に出たが、一箇所に留まらず、蔵書は読まなかった。ある人が善昭の詩の不出来を詰ったところ、『何たる詰まらぬことを！祖師がたの行脚は佛心に通ぜんがために、各地を訪ねて決択しようとしたのだ。山水を跋渉して詩を作る風流のためではない』。善昭は諸方を行脚して七十一人の老宿に参じ、その家風を体得した。『禅林僧宝伝』巻三「汾州太子昭禅師伝」）と言われ、かれはこうした遍参の結果、諸方の禅匠の宗風を十五人と八種に分類した「広智歌一十五家門風」を書いた（『汾陽無徳禅師語録』巻下、本書第三章第九節参照）。

つぎには禅僧の生態を伝えるドキュメントを見てみよう。比叡山の天台僧圓仁はかれの在唐日記『入唐求法巡礼行記』に、十年にわたる中国滞在中（八三八〜八四七）に遭遇した禅僧について、四回も記している。

①開成三年［八三八］十月十四日（揚州開元寺）

昼食後、禅門宗の僧ら十三人が面会に来た。長安千福寺の天台宗僧恵雲と禅門宗の僧弘鑒、法端、誓実、行全、常密、法寂、法真、恵深、全古、従実、仲詮、曇幽たちで、筆談していう、「われらみな拘束を離れ、悠々とあちこちの山水を巡っております。江西の五峰から、長江を下って楚州、泗州をへて、いまこの揚州へ到着し、お目にかかれました。めでたいことです。嬉しく存じます。これから天台山へ参拝するので、お別れ申します。お元気で！」わたしも筆談で、「われら日本僧は前世の因縁により、いま和尚がたとお遇いすることができました。みなさんは必ずや法性空寂の境地に遊化(ゆげ)しておられることでしょう。まことに幸いです。われらも天台に行けたなら、またお会いしたいものです。お元気で！」

②開成三年［八三八］十一月二十四日（揚州開元寺）

　また「化俗法師」がいる。日本で「飛教化師(とびきょうけし)」といわれるのと同じである。世間の無常とそれへの執着から起こる苦しみ、しかしそれはじつは空（実体をもたぬ）なることを説いて聞かせ、ひとびとを教化する。これを「化俗法師」と呼ぶ。経、論、律、記、疏などの経典を講義する僧を、名づけて「座主(ざす)」、「和尚」、「大徳」という。粗末な糞掃衣(ふんぞうえ)を着て坐禅によって心を収斂させる僧を「禅師」と呼び、また「道者」ともいう。戒律を守ることが特に多い僧を「律大徳」といい、律を講義する僧を「律座主(りつざす)」という。

③開成五年［八四〇］四月二十二日（鎮州行唐県西禅院）

　まっすぐ北へ二十五里歩いて、鎮州のはずれの行唐県に到着し、城内に入って西禅院で宿泊した。すでに二十数人の禅僧がいたが、まことに騒がしい連中だった。

④開成五年［八四〇］五月十七日（五台山善住閣院）

つぎに善住閣院に入って法会に参加した。禅僧も五十数人いて、みな毛織の糞掃衣(ふんぞうえ)に錫杖(しゃくじょう)のいでたちで、各地から巡礼に来ているのであった。

圓仁が唐代の「禅僧」についてこのように詳しく記しているのは、日本には当時禅僧がまだいなかったため、珍しかったのであろう。毳侶(ぜいりょ)と呼ばれるその風体は独特であって、僧衆のなかでも目立った存在であったようだ。百丈懐海が善勧寺という寺の経蔵へ行って、大蔵経を読みたいと申し出たところ、寺主は「禅僧は衣服浄潔(じょうけつ)なるを得ず、経典を汚却(けが)すを恐怕(おそ)る」と言って拒絶した。しかし懐海の「看経(かんきん)を求むる志の切なる」を見て、ついに寺主は許したという（『祖堂集』巻一四）。これは懐海が百丈山に住する以前の行脚時代のことであったが、行脚の禅僧の印象をうかがうことができる。懐海の大蔵経閲覧はおそらく、禅宗の信念を経典で確認するためであった。かれの説法には教理の語が頻出するが、自らは「読経看教(どっきょうかんきょう)は語言皆な須らく宛転(えんてん)して自己に帰就(きしゅう)すべし。但是(およ)そ一切の言教(ごんきょう)は、只だ如今(いま)の鑒覚(かんかく)の性(しょう)を明らむるのみ」（経典を読むときには、その言葉が結局は自己に帰りつくように読まねばならぬ。言葉によるすべての教えは、ただ今の自己に見聞覚知の本性がそなわっていることを明らかにするためにあるのだ）と言っている（同上）。

圓仁が出逢った禅僧は、②の揚州開元寺の斎会に集まった僧衆を見て分類したとき以外は、みな遊方(ゆほう)の行脚僧たちで、毳衲(ぜいのう)（毛織の糞掃衣）を着て錫杖(しゃくじょう)をたずさえ、隊を組んで、各地の僧院をわたり歩いていた、まことに豁達無礙ながら騒々しい集団だったという不愉快な印象を圓仁は記している。③では山東から山西の五台山へ巡礼する途中、鎮州行唐県西禅院で禅僧の集団と同宿することになったが、夜中まで騒いでうるさく、圓仁たちは連日の徒歩の旅で疲れ果てていたのに、かれらのせいで眠れなかったのであろう。

この連中はなにをしゃべっていたのか？　雲門文偃（うんもんぶんえん）（八四六〜九四九）は、当時の禅僧が各地を行脚し、あちこちで聞き及んだ老師の言葉を書き写したノートを、互いに見せあっては議論する様子を批判してつぎのように言っている。

諸君！　たといきみたちが「今の現実のわれあるのみだ」と言ったところで、頭の上にもうひとつの頭をのっけたり、雪の上に霜を置いたり、死んでいるのに眼をむき、かさぶたの上にまた灸をすえるようなものだ。まったくよけいな騒動だ。きみたち、どうか？　めいめい自分の落ち着き先をみつけるがよかろう。行脚に明け暮れるでない！　つまらぬ言葉をひねくりまわして、和尚が口を開くや、〈禅とは何か〉、〈道とは何か〉と問うて、上だの下だの、どうだこうだと聞くや、大判ノートに写し、頭のなかに詰め込んで推し量り、あちこちの炉端で三人五人と集まっては、ぺちゃくちゃ喋りあって、「これこそ公の才覚の語だ」、「これこそそこで打ち出した語だ」、「これこそ事上練磨して言った語だ」、「これこそみづから体得した語だ」などと。おまえの家のおとっつあん、おっかさんを体得したか！　飯を腹いっぱいつめこんでは、寝ぼけて、「おれは佛法がわかったぞ」などと言っておる。こういう行脚では、いつまでたっても決着がつかんぞ！（『雲門広録』巻上）

臨済義玄も言う、

いまどきの修行者がダメなのは、言葉に執われて解釈ばかりしているからだ。大判のノートにくたばりぞこないの坊主が言ったことを書き写し、それを袱紗で幾重にも包んで、人には見せず、「これぞ玄妙の言葉だ」と大事そうにしておる。大間違いだ！　ドメクラ驢馬め！　きみたちは干からびた骨を齧って、何の汁を吸おうとしているのか！　ものの善し悪しをもわきまえぬ輩どもが、経典から取ってきて、あて推量でこじつけるのは、まるで人のウンコを自分の口に含んでから、吐き出して人に食わせてやるようなものだ。俗人どもが伝言ゲームをするように、一生を無駄に過ごすつもりか！（『臨済録』【八五】示衆一四（4））

唐末の南北のふたりの禅匠が同じようなことを言って、当時の行脚の弊風を非難しているわけだが、しかし行雲流水（ぎょううんりゅうすい）、風餐露宿（ふうさんろしゅく）し、師友を求めて行脚し、対話をつうじて真理をつかむ激発の契機に遭遇することが、禅僧の本懐なのであった。

さて、回想にもどると、つぎの「大善知識」は「道眼分明（どうげんふんみょう）」なる指導者のことで、黄檗と大愚を指す。『祖堂集』巻一九「臨済章」に、黄檗が大愚を「此の人、諸方に行脚して、法眼明徹なり」という。「道眼分明」はこの「法眼明徹」と同じで、真理を見る曇りなき眼がそなわった人をいう。「娘生下」は「おっかさんが生み落としたままで」。盤珪和尚のいう「親の生み附（つけ）た」、「むまれつき」のこと。唐代の口語では少女（または妻、女主人）は「娘」、母親は「嬢」と書かれて用字に区別があり（ただし二字は同音、女良切）、したがってここでは「嬢」と書くべきであるが、唐末五代から混用されるようになったという。「体究錬磨」は自己の身体を働かせ心を究明すること。「一朝自省」はある日自らの誤りに気づくこと。以上の歴程を踏んで開悟に至ったと回顧を締めくくる。

第七節　回想（二）黒漫漫地

回想の第二はつぎの示衆の語である。

（2）大徳よ！　因循（いんじゅん）して日を過ごすこと莫れ！　山僧は往日（おうじつ）未だ見処（けんじょ）有らざる時、黒漫漫地にして、光陰空しく過ごす可からずと、腹熱く心忙（せわ）しく、奔波（あたふた）と道を訪ぬ。後に還（かえ）って力を得て、始めて今日に到って、道流と是の如（かく）く話度（わたく）す。諸道流（しょどうる）に勧む、衣食（えじき）の為にする莫れ。看（み）よ！　世界は過ぎ易く、善知識は遇い難きこと、優曇華（うどんげ）の時に一現（いちげん）するが如きのみ。（『臨済録』【九四】示衆一八（1））

禅師がたよ！　ぐずぐずと日を過ごしてはならぬ！　わたしもむかし正しい見かたが得られなかった時は、心中真っ暗で、一生を無駄に過ごしてはならぬと、焦燥に駆られ、懸命にあたふたと行脚に出て、道を訪ねまわったものだ。そののち人さまのおかげで力を得て、ようやく今日に到って、諸君とこのように商量するようになったのだ。諸君らに勧告する、けっして衣食のために出家生活を送ってはならぬ。見よ！　世界は無常だ。よき指導者に逢い難きは、優曇華が三千年に一度咲くのに巡り合わせるようなものだ。

　ここではさきの引用（1）にあった、「遂乃て一時に抛て却り、即ちに道を訪ね禅に参」じた頃を回想している。教学を捨てて禅僧になったのである。教宗から禅宗に転向するのは、じつは簡単なことではなかった。出家し授業師のもとで戒律に遵い、佛教学の研鑽を積み、戒壇に登って受戒して「正僧」となり、国家から度牒（身分証明書。正僧は免税であったから、国家は僧の員数を厳しく制限し、正規の受戒を経た僧のみに与えられた）を受け、隷籍の官立寺院に所属するのであるが、禅僧となって行脚するということは衣食住を保証されたその地位を放棄するわけで、行脚とは頭陀行、すなわち行乞、乞食の生活である。当時の禅宗は既成教団に叛旗を翻す新興宗教であった。臨済は当時の先輩の禅僧をつぎのように言っている。

　道流よ！　夫れ大善知識にして始めて敢えて佛を毀ち祖を毀ち、天下を是非し、三蔵の教を排斥し、諸の小児を罵辱し、逆順中に人を覓む。所以に、「我は十二年中に、一箇の業性の芥子許りの如きを求むるも得可からず」と。新婦子禅師の若似きは便即ち院を趁い出し、飯を与えて喫わしめず、不安不楽ならんことを怕る。古え自りの先輩は、到る処に人信ぜず、逓いに出されて、始めて是れ貴きことを知る。若し到る処に人尽く肯わば、什麼を作すに堪えんや！（『臨済録』【六七】示衆四（6））

　諸君！　佛陀や祖師を批判し、天下の老師がたの是非をあげつらい、三蔵の経典を排斥し、小うるさいガキどもをどやしつけ、順境逆境を示す接化でまっとうな人を見い出すのは、大善知識にしてはじめてでき得ることなのだ。ゆえに、「わたしは十二年の間、報いをみちびく業の本性を捜し求めたが、芥子粒ほども得られなかった」と言われる。若嫁みたいな和尚は、寺を追い出され、食い物ももらえなくなるかと、おっかなびっくりだ。昔の先輩和尚がたは、どこに行っても理解されず、どこに住持しても追い出されたものだ。追い出されてこそ、始めて本当に立派だったと知られるのだ。もしどこでも安心して受け入れられるようでは、何の役に立つか！

坐禅もせず看経もせず、「無事」を標榜した新興禅宗（洪州宗）の僧が、始めは到るところで擯斥されたという、いかにも新興宗教らしい実態をつたえるものである。しかし禅僧となったからといって、ただちに安心立命を得られるわけではなく、むしろかえって「黒漫漫地」、黒雲に覆われて先が見えない一面の暗黒の不安の中にいるようであった。若き日の雪峯義存は「九たび洞山に上り、三たび投子に到る」（『建中靖国続灯録』巻一「雪峯章」）といわれた苦修の人であったが、行脚してある日、湖南の徳山に登り宣鑑和尚に相見した時、焦燥に駆られて、「従上宗乗の事、学人、還た分有りや？」（自分のような者に、果して祖師がたを受け継ぐ禅僧たる資格があるでしょうか？）と問わざるをえなかった。徳山はこの語を聴くや、いきなり起ちあがって棒でぶっ叩いて言った、「何ということを言うか！　自分の身を担いでいながら、人に重さを訊ねるとは！」雪峯は言下に意味を悟った（『祖堂集』巻七「雪峯章」）。打たれて痛みを感ずる自己、それ以外に何があるというのか。「従上宗乗の事」とは佛祖以来受け継がれてきた法（教え）、禅宗ではそれを「自己本分事」という。佛祖以来つたえてきた法の核心は、佛陀、祖師（達磨）とは自己のことにほかならない、すなわち「即心是佛」。そのことは禅僧たるものみな承知、頭ではとっくに承知していることではあった。徳山が棒で打ったのは、打たれて身に沁む痛さこそ、まぎれもない自己の本分であることを思い知らせるためであった。

第八節　回想（三）蒿枝の払著うが如くに相い似たり

棒打という一見乱暴な手段は禅宗でしばしば使われる周知のことであるが、その意味は「自己を知れ」というにある。臨済もじつはこの経験を回想しているのが、つぎの第三の回想である。

（3）上堂して云く、「我れ二十年前、黄檗先師の処に在りしとき、三度〈佛法的的の大意〉を問い、三度他の杖を賜うを蒙るも、蒿枝の払著うが如くに相い似たり。如今更に一頓を思得う。誰人か我が為に行い得ん？」時に僧有りて衆を出て云う、「某甲行い得たり。」師棒を拈りて僧に与う。其の僧接らんと擬するや、師便ち打つ。（『臨済録』【三二】）

師は法堂に上って言った、「わたしは二十年前、黄檗先師のところで三度〈佛法の核心〉を問うて、三度先師の拄杖を頂戴したのだが、あれはヨモギの枝で軽く払われたようであった。今もう一度頂戴したいものだ。たれかわたしのためにやってみてはくれぬか？」すると、ひとりの僧が衆中から出てきて言う、「わたくしがやりましょう。」師は棒をその僧に向け、僧が受け取ろうとしたとたん、師は打った。

「上堂」は禅院の長老が法堂の法座に昇って、修行者を前に説法し、次いで問答応酬する行事。僧

黄檗希運塔（江西省高安市）

衆は立ったまま並んで聴き、質問するときは一歩前へ出て問う習慣であった。百丈懐海「禅門規式」（『景徳伝灯録』巻六）にいう、「其の闔院の大衆は朝参夕聚し、長老は上堂陞座し、主事徒衆は鴈立して側聆し、賓主問醻して宗要を激揚するは、法に依りて住するを示すなり」（禅院内の全員が朝夕の集会に集まり、長老が法堂に上って禅椅に坐し、主事以下の大衆は並んで立って傾聴し、そのあと宗乗に関して問答商量するのは、法を第一とする生活なのである）。ここは臨済が上堂してみづからの開悟の体験を叙べたのであるが、その詳しい叙述は『臨済録』冒頭の「江西黄檗山における大悟」の段に見える（次頁）。ここではその二十年後、河北鎮州臨済院で回想して言う、「黄檗和尚から三度もぶっ叩かれたが、そのときわたしはヨモギで払われたようだった」と。つまりそのときは痛みを感じなかった。痛いというより、なぜ棒打されたのかわからず、そちらの方にばかり気をとられていた。「もう一度ぶっ叩いてもらいたいものだ」とは、今なら黄檗和尚の意図がはっきりとわかる、ということであろう。そこで戯れに「だれかわたしを打てる者がいるか?」と、来参の僧衆に呼びかけた。すると一人の僧が列から進み出て、「わたしが打って進ぜましょう」。臨済は拄杖を前に出す。僧が受け取ろうとするや、臨済はその僧を打った。きみがあの〈道眼分明〉なる黄檗和尚のかわりに棒を使えるのか?　わたしの痛切な体験の意味がわからぬそなたこそが打たれるべきだ。

第九節　臨済大悟の物語

ここで『臨済録』冒頭の「江西黄檗山における大悟」の物語を読んでみよう。臨済の伝記のなかでもっとも委細をつくした長い叙述となっているので、四段に分ける。

（1）鎮州臨済院義玄慧照禅師は曹州南華の人なり。俗姓は邢。幼くして穎異なり。落髪受具するに及んで禅宗を志慕す。師は黄檗の会中に在ること三年、行業純一なり。首座歎じて曰く、「是れ後生なりと然も、衆と異なること有り。」首座問う、「上座此に在ること多少時ぞ？」師云く、「三年なり。」首座云く、「曽て参問せしや？」師云く、「曽て参問せず。箇の什磨を問うやを知らず。」首座云く、「汝何ぞ去きて堂頭に問わざる、如何なるか是れ佛法的的の大意と？」師便ち去きて問う。問声未だ絶えざるに、黄檗便ち打つ。師下り来るや、首座云く、「問話すること作麼生？」師云く、「某甲問声未だ絶えざるに、和尚便ち打つ。某甲会せず。」首座云く、「但だ更に去きて問え！」師又た去きて問う。黄檗又た打つ。是の如く三たび問いを致して、三たびこれを打つ。師来り首座に白して云く、「幸いに慈悲を蒙り、某甲をして和尚に問訊せしむるに、三度問いを発して、三度棒を喫す。自ら恨むらくは、障縁ありて深旨を領せず。今且く辞去せん。」首座云く、「汝若し去かば、須是らく和尚に辞し了りて去くべし。」師礼拝し退く。首座先に和尚の処に到りて云く、「問話せし底の後生は甚是だ如法なり。若し来りて和尚を辞する時、方便して伊を接せよ。已後一株の大樹を穿鑿して、天下の人の与に陰涼と作し去らん。」師便ち上り去きて辞す。黄檗云く、「別處に往き去くを得ざれ。汝高安灘頭の大愚の処へ向かって去かば、必ず汝が爲に説かん。」

鎮州臨済院の義玄慧照禅師は曹州南華の人である。俗姓は邢氏、幼いころから目だつほど賢く、出家して具足戒を受けて正僧となってからは、禅宗に憧れて禅僧となった。洪州黄檗山の希運禅師のもとで、規律どおりのまじめな修行生活を三年過ごしたとき、首座は感心して「こいつは若いのに、他の者と違うな」と思い、話しかけた。「そなたはここに来て何年になるのか？」師、「三年です。」首座、「堂頭和尚に参問したのか？」師、「いえ。したことはありません。何を問うたらよいのでしょうか？」首座、「そなたはどうして『佛法の偉大なる意義とは何か』と問わぬか？」師はただちに和尚のもとに行って問うた、がその声の終わらぬうちに黄檗は棒で打った。師は引き下がって首座のところへ行くと、「質問してどうだったか？」師、「わたしの問いが終わらぬうちに、和尚は棒で打ってきたのです。わけがわかりません。」首座、「もう一遍行って問え！」師はまた行って問うた。黄檗はまた打った。こうして三度問うて、三度打たれた。師は首座のところへ行って、ていねいに申しあげた。「わたくし幸いにご指導を得て、堂頭和尚におうかがいし、三度質問して三度棒を喰らいました。ざんねんなことに、道縁うすく、和尚のご指導をうけとめきれません。もうここをおいとましようと思います。」首座、「そうか。ここを出るなら、和尚に挨拶してから行け。」師は礼拝して退いた。首座は先に和尚のところへ行って、「あの質問した若いのは、なかなか見どころがありますぞ。和尚に挨拶に来たら、指導をしてやってください。そうしたら将来大樹に育って、必ずや世界の人をその樹陰に憩わせますよ。」師は言われたとおり和尚に辞去のあいさつをすると、黄檗、「よそへ行ってはならぬ。そなたは高安灘頭の大愚和尚のところへ行け。必ずやそなたのために教えてくれるであろう。」

臨済は出家して教学を修めたのち、禅僧に転向して江西の洪州高安県黄檗山の希運禅師（?～大中年間〔八四七～八五九〕）のもとにいた。黄檗希運は中唐新興禅宗たる洪州宗の開祖馬祖道一の弟子百丈懐海の法嗣で、当時の禅宗の中心人物のひとりであった。その説法と問答の記録には文人裴休が筆録編集した『伝心法要』、『宛陵録』（入矢義高訳注、筑摩書房　禅の語録八、一九六九）があり、『宋高僧伝』巻二〇、『祖堂集』巻一六、『景徳伝灯録』巻九（訓注『景徳伝灯録』第三冊、禅文化研究所）、『天聖広灯録』巻八などに伝記と語録がある。希運は福州閩県の人、地元の黄檗山寺で出家し、のち江西洪州高安県の西、霊鷲峰下に住し、ここを郷里の名に因んで黄檗山と称した。裴休が洪州刺史となった翌年会昌二年（八四二）に参じて呈した詩に「掛錫して十年　蜀水に棲み」、「一千の龍象　随いて高歩す」と言うところから、希運は太和七年（八三三）ごろから黄檗山に住し、千人もの雲水を擁していた（『臨済録』【七】では「七百衆」と言う）。裴休が会昌二年に希運禅師を洪州龍興寺に招いて問法した（『伝心法要』序）ときに希運は黄檗山を離れているから、臨済が三年間侍していたのはその前であろう。「行業」は心口意（三業）の所作。「行業純一」とは、下文に首座が「如法」と評しているように、規矩どおりの、まじめな、ひたむきな修行ぶりをいう。「首座」は叢林にあって修行者を統率する職位。南宋の睦庵善卿の禅語辞書『祖庭事苑』に「今の禅門に所謂る首座は、其の人や必ず其の己事已に弁じ、衆の服従する所にして、徳行兼備の者を択びてこれに充つ」（巻八）。覚範慧洪（一〇七一～一一二八）は睦州道蹤がこの首座であったとしている（『石門文字禅』巻二三「陳尊宿影堂序」）。上文に「禅宗を志慕す」と言い、黄檗山に行き、黄檗禅師の説法を聞いていながら、「何を質問したらよいのでしょうか?」とは一見不可解であるが、このとき義玄は鈴木大拙の言う「精神的袋小路の心境」（鈴木大拙『禅と日本文化』第七章「禅と俳句」岩波新書、一九四〇年）にあり、のちの示衆に、「山僧往日、未だ見処あらざる時、黒漫漫地なり。光陰空しく過る可からずと、腹熱く心忙しく、奔波として道を訪ぬ」（『臨済録』【九四】示衆一八（1））と回想している求道の行き詰まった時期にあたるのであろう。臨済大悟の物語は修行の「行業純一」に加えて「大疑」（深刻な煩悶）を抱えることが開悟を導くのであり、首座がその激発の契機をつくったという構想である。首座に促されて黄檗に問うた、「如何なるか是れ佛法的的の大意?」（佛法の核心とは何でありましょうか?　師は何をもって佛法の核心となさるか?）の「的的」は明確な、だれも否定することのできない貌。「大意」は偉大なる意義。すなわち「佛教の根本義はなにか」という問い。「如何なるか是れ～」という問いかたは、通常知らないことを教えてもらおうとするのではなく、すでに心得のあることにつき、相手の意見を徴する質問の形式である。「如何なるか是れ佛法の大意」は唐末にさかんに問われたもうひとつの問い「如何なるか是れ祖師西来意?」（達磨が伝えた禅とはなにか）と同じ意義をもつ。

ところが「如何なるか是れ佛法的的の大意」と問いおわらぬうちに黄檗に棒打された。臨済は何がなんだか、まったくわけがわからず、引き下がって首座を訪ねた。「問話すること作麽生？」質問して、どうだったか？「問話」は唐代から現われる口語で、質問すること。「作麽（摩）生」も唐代から使われる口語疑問詞で状態、方法を問う（どのような、どのように）。「某甲」は口語の一人称代名詞で長上に対して使う謙称、わたくし。問いも問い終わらぬうちに棒で打たれた。「なぜ打たれたのかわかりません。」問えば教えてもらえるものと思っていた。禅僧になっても、まだ教学を学んでいたときの余習が抜けないのである。首座はもう一度問いに行かせる。「但だ更に去きて問え！」の「但」は限定（ただ〜のみ）から軽い命令（〜せよ）に転じた副詞。結果は同じであった。首座はさらに勧めて問わせ、三度問うて三度打たれた。臨済はとうとう自分には禅僧たる資格がないものと諦めて、黄檗山を出ることにした。「ざんねんなことに、煩悩深く、和尚のご指導をうけとめきれません。」「障縁」は悟りを妨げる煩悩をいう。首座は下山するなら黄檗和尚に挨拶して行けと教え、先回りして黄檗に事情を告げた。「さきの棒打は第一義に立った指導でしたが、今度は義玄の機根に応じた懇切な指示を与えてやってください。」「方便」は指導をいう。禅宗において指導というものは本来不要なのであるが、そこを実情に応じて手立てを施すことを「方便」という。「接」は接化、受けとめ指導する義。「伊」は南方方言の三人称代名詞。「以後、大樹に育てて世界のひとびとを樹陰に憩わしめん」という「穿鑿」は穴をうがつことが原義、引申して、手を加えること。ここではよい意味で、義玄を盛り立てて大樹に育てる。「陰涼」は『大般涅槃経』聖行品にもとづく。「是諸の衆生の是の仏樹の陰涼中に住まる者は、煩悩の諸毒悉く消滅するを得たり。」原文「作陰涼去在」の文末の「在」は強調して確信を表わす語気詞（きっと〜です）。黄檗は指示を与えて言う、「他のところへ行ってはならぬ。

高安灘頭

高安灘頭の大愚のもとへ行けば、必ずやきみに解き明かしてくれるだろう。」大愚禅師は馬祖の弟子帰宗智常に嗣ぎ（『景徳伝灯録』巻一〇目録）、高安の大愚灘頭に庵居していた。大愚は山名で、高安県城の東の行春門外にあった（『輿地紀勝』巻二七）。「灘頭」は河川の水辺が水没し、その水が引いたあと露出した地（岸辺）をいう。『祖堂集』巻一九「臨済章」によれば、大愚は希運とともに馬祖に参じた道友で、諸方を行脚して道眼明徹、群居を好まず、ひとり高安の山舎に住んでいたが、希運に有望な弟子がいたら寄こすよう約束していたのだという。黄檗山と大愚山は唐代ではともに洪州高安県に属し、県城の西と東にあって、その間約五十キロメートル、義玄の健脚なら二日の行程であろう。

（2）師大愚に到る。大愚問う、「什麼処より来る？」師云く、「黄檗の処より来る。」愚云く、「黄檗に何の言句か有る？」師云く、「某甲三度仏法的的の大意を問うに、三度棒を喫す。知らず某甲に過有りや過無しや？」愚云く、「黄檗恁麼も老婆にして汝が為にし得て徹困なり。更に者裏に来って、過有りや過無きやと問うとは！」師言下に大悟す。云く、「元来黄檗の仏法に多子無し！」大愚搊住して云く、「者の尿牀子め！　適来には過有りや過無きやと言道い、如今は却って『黄檗の佛法に多子無し』と道う。你什麼の道理を見しや？　速やかに道え！　速やかに道え！」師大愚の脅下を築くこと三築す。大愚拓開して云く、「你は黄檗を師とす。吾が事に干わるに非ず。」

　師は大愚山に至った。大愚、「どこから来たのか？」師、「黄檗山から来ました。」大愚、「黄檗和尚は何と言っていたのか？」師、「わたしが三度『佛法の偉大な意義とはなにか？』と問うたところ、三度とも棒打を喰らいました。いったいわたしに過ちがあったのでしょうか？」大愚、「黄檗和尚はかくも親身になって、懸命にそなたにヒントを与えてやっているのに気づかず、そのうえここへ来て『過ちがあったのでしょうか』などと問うとは！」これを聴くや、師は大悟した。「ああ！　なんと黄檗の佛法はただひとつだったのだ！」大愚はひっつかまえて、「この寝小便小僧め！　さっきは『誤りがあったのでしょうか』だったのが、いまは『なんと黄檗の佛法はただひとつだったのだ』と言うか！　おまえは何がわかったと言うのか、言え！　言え！」師は大愚和尚の脇腹を三回突き上げた。大愚は突き放して、「おまえの師匠は黄檗だ。わしの知ったことではない。」

臨済は黄檗の指示を受け大愚山に到って、三度「佛法の大意」を問うて三度打たれた意味を訊ねた。「わたしに過ちがあったのでしょうか?」「知らず〜」は丁寧な疑問形式。それを聞いた大愚はただちに黄檗の意を了解して、黄檗が三度までも何も言わずに棒打したことを「老婆心切」(「老婆心の切なる」。懇切丁寧、世話やきの意)と言い、「黄檗はくたくたに疲れるまで、きみを導いてやろうとしたのだ」と臨済に教えてやった。「汝が為にす」は「為人」(方便をもちいて人を導く)の意。「汝が為にし得て徹困なり」で、「徹困」(ひどくくたびれる)がその程度を表わす補語を構成している。ここに到って、臨済はようやく悟った、「黄檗和尚の仏法は端的だったのだ!」すなわち、黄檗が平素から説いていた「即心是佛」(自心が佛にほかならぬ)ということだった、という真意を悟ったことをいう。『伝心法要』には「唯だ頓に自心本来是れ佛にして、一法の得べき無く、一行の修すべき無きことを了らば、此れぞ是れ無上の道、此れぞ是れ真如の佛なり」、「学道の人、若し佛に成らんと欲得せば、一切の佛法は総て学ぶを用いず。唯だ求むる無く、著する無きことを学べ。求むる無くんば即ち心生ぜず、著する無くんば即ち心滅せず。生ぜず滅せずんば、即ち是れ佛なり」と説き明かしている。「黄檗の佛法多子無し」という「多子」は「多」の口語。「無多子」は「多子」の否定で、一つである意(無ではない)、すなわち「即心是佛」ということ。宋胡宏の「人に贈る」詩に「孝弟(悌)は須らく是れ本根なることを知るべし。万般の功行は且らく論ずるを休めよ。聖門の事業は多子無し、此の心を守るを第一門と為す」(肉親への愛情が根本であると知り、さまざまの行ないは考えなくともよい。儒教の教えはひとつである。孝の心を保つことが第一義である。『五峰集』巻一)。黄檗は「道人は是れ無事の人。実に許多般の心無く、亦た道理の説く可き無し」(禅僧は無事の人である。それ以外の心構えはいらぬ。説くべき道理もないのだ。『伝心法要』)と言い、臨済ものちにこれを継承して、「山僧が見処に約せば、如許多般無し。秖是だ平常にして、衣を著て飯を喫い、無事にして時を過ごすのみ。」（わたしの見かたでは、他のことは言わぬ。平常の心で生きるだけであって、着物を着て飯を喰い、無事で生活することだ。『臨済録』【七六】示衆九（3））、「大徳よ、山僧は今時、事已むを獲ず、話度して許多の不才浄を説き出す。你且らく錯まる莫れ、我が見処に拠らば、実に許多般の道理無し。用いんと要さば便ち用い、用いざれば便ち休むのみ」（禅師がたよ！　わたしはいま已むを得ず、ともに商量して、ごたごたと汚らしいものを並べ立てたのであるが、どうか禅師がたよ、誤解しないでもらいたい。わたしの見かたでは、本当はあれこれの道理などないのである。使いたければ使うがよい。使わなければそれまでだ。『臨済録』【八九】示衆一五（4））。「即心是佛」とは佛を外に求めぬ「無事」のことである。「元来」は気づいてようやくわかったときにいう「おおっ、なんと、～だったのか！」このように長い迂路を通って始めて、生涯忘れることのできぬ深く強い感激がもたらされる。これが禅宗流の老婆心切なる方便であった。

大愚はひっつかまえて、「この寝小便たれのガキめ！」「者の」という指示詞は罵倒するときに用いる（この～め！）。「尿牀子」は子どもを罵っていう罵語。『四家録』、『古尊宿語録』は「尿牀鬼子」に作る。「鬼子」は「子」を悪罵していう「ガキ」。「いったいどういうことがわかったというのか！」すると臨済は黄檗の三打を三拳で応じて大愚を突いた。ここは大愚に抱えられていたから、その脇腹を拳で三ぱつ小突いたのである。「黄檗和尚に痛打されたこれの意味に気づいたのです！」「三築」は回数。「築」は手または道具で推す、撃つ、突く、刺すなどの動作をいう。「大愚は義玄を突き放した。」「拓」は両手で物を推す、「開」はその結果離れる意の補語。「おまえの師は黄檗だ。わしと関わりはない」。黄檗のところへ帰れ。

（3）師は大愚を辞して黄檗に却迴る。黄檗は来るを見て、便ち問う、「者の漢！　来来去去して什麼の了期か有る！」師云く、「秖だ老婆心切なるが為なり。」便ち人事し了りて侍立す。檗問う、「什麼処にか去き来れる？」師云く、「昨日は和尚の慈悲を奉り、今は大愚に参じ去き来れり。」檗云く、「大愚に何の言句か有る？」師挙す、「大愚は某甲に問う、『黄檗に何の言句か有る？』と。某甲遂て前話を挙し、他に問う、『過有りや過無きや？』と。大愚道わく、『黄檗恁麼も老婆に汝が為にし得て徹困なり。更に過有りや過無きやと道うとは！』と。某甲は言下に大悟せり。」檗云く、「作麼生か者の漢を来ら得めて、痛く一頓を与えん。」師云く、「什麼の来ら待めてと説うや！即今便ち喫せよ！」随後に便ち掌す。檗云く、「者の風顛漢！　者裏に来って虎鬚を捋くとは！」師便ち喝す。檗云く、「侍者よ、者の風顛漢を引きて参堂し去らしめよ！」

師は大愚和尚のもとを辞して黄檗山に帰った。黄檗和尚は帰って来たのを見るや、声をかけた、「この野郎！　行ったり来たり、いつまでうろついておるのだ！」師、「和尚の懇切な導きのお蔭です」と言って、作法どおりのあいさつをし、そばに控えた。黄檗、「どこへ行っていたのか？」師、「先日和尚のご指導を得て、今大愚和尚に参じてまいりました。」黄檗、「大愚和尚は何と言っていたのか？」師はいきさつを話した、「大愚和尚はわたくしに『黄檗和尚は何と言っていたのか？』と訊かれたので、いきさつを申しまして、『過ちがあったのでしょうか？』と訊ねました。和尚は『黄檗はかくも親身になって、懸命にそなたにヒントを与えてやっているのに気づかず、そのうえここへ来て、過ちがあったのでしょうかなどと問うとは！』と。これを聴くや、わたくしは大悟したのです。」黄檗、「その野郎をこっちに来させて、一発ぶん殴ってやる。」師、「何を『こっちに来させて』などと！　今喰らえ！」と言うなり、パチンとビンタを喰らわせた。黄檗、「この呆け者め！　ここに来て虎の鬚をしごくとは！」師は一喝した。黄檗、「侍者よ！　この呆け者を僧堂へ連れてゆけ！」。

臨済が黄檗山にもどって来ると、黄檗和尚は「こいつめ！　いったいいつまでうろうろしているのか！」「了期」は終る時、決着がつく時。「ひとえに和尚の懇切なご指導のおかげです。」臨済は大愚の言葉をそのまま用いて感謝した。「人事」は正規の挨拶の礼をおこなうこと。礼拝し、寒喧の口上を叙べ、贈り物を差し出す等。開悟に導いてくれた黄檗和尚への感謝の気持ちが、義玄にあらたまった礼儀をさせたのである。「侍立」は師のそばに謹直に立って指示を待つこと。「昨日は和尚のご慈悲を頂戴いたしまして、今日は大愚和尚に参じて来ました。」「～去来」は回想（～していた、～して来た）をいう。黄檗に問われて、大愚山での顛末を語った。「挙」は以前起こった事のいきさつを話すこと。それを聞いて黄檗は、「あいつが来たら、いっぱつ痛いめにあわせてやる。」ここの「者漢」は大愚を指す。「作麼生か者の漢を来ら得めて」は「どうにかしてこやつを来させて、そうしたら…」の意。「得」は使役の口語。ここのところ、大慧『正法眼蔵』巻下は委細を尽くした口語的叙述になっている。

檗曰く、「遮の大愚老漢めは饒舌なり。作麼生か佗を来ら得めん」。云く、「佗を来ら要めて作麼せん？」檗曰く、「佗を来ら待めて、痛く一頓を与えん」。済云く、「甚麼の佗を来ら待めてと説わんや！　即今便ち喫せよ！」随後に便ち掌す。

　黄檗は言った、「この大愚老漢めはとんでもないお喋りだ。どうやってここへ来させようか？」臨済、「ここへ来させてどうするのですか？」黄檗、「やつを来させて、一発痛い目に遭わせてやる」。臨済、「何を来てからなどと言うか！　今喰らえ！」と言うなり、ビンタを喰らわせた。

　大愚が黄檗の意図を明かしてしまったことを「饒舌」（おしゃべり）と言っているのである。ここの「待」は口語で「要」と同義の「欲す」意で、「待要」と同義複詞にもなり、「得」と同じ使役の用法である（下文に「得来」を「待来」と言い換えている）。「何を『来てから』などと言うか、今喰らえ！」と言うなり、希運に平手打ちを喰らわせた。大愚が自分の意図を明かしたことに、いつまでも拘泥しているとは！「随後」は前の動作をして「すぐその後に」の意の副詞。「掌」はビンタをくらわすこと。たいした変貌ぶりである。「風顛漢」は常識はずれをしでかす呆け者。「捋」は物をつかんでその端の方へ撫でるしぐさ。牛乳をしぼる、鬚をしごく、鬚をひねるなどの動作。「虎のひげをしごく」とは、危険を冒す大胆さ、挑発をいう譬喩。『三国志』巻五六呉書朱桓伝に引く『呉録』に出る語。朱桓は呉の孫権の信任厚い武将で、外地へ赴任するとき、戯れに「願わくば陛下の鬚をひとたび捋かば、復た恨む所無からん」と言うと、孫権は几に凴って身を前に乗り出す。桓は進み出て鬚を捋き、「臣は今日真に虎鬚を捋くと謂うべし」。孫権は大笑いした。「喝」は大声の罵声。否定、反撥、批判の反応を示す。「侍者よ、この呆け者を僧堂へつれてゆけ！」ひきつづき黄檗山にいてよい、という指示である。

以上の「江西における臨済大悟の物語」を湖南の潙山で霊祐禅師（七七一～八五三）が弟子の仰山慧寂（八〇七～八八三）に話し、その対話が『臨済録』に注記のように附されている。潙山霊祐は百丈懐海の法を嗣ぐ、黄檗希運の弟弟子で、臨済義玄の師叔にあたる。仰山慧寂はその衣鉢を嗣ぐ弟子。つまり臨済の師叔とその弟子の評価を記すものである。

（4）潙山前の因縁を挙して仰山に問う、「臨済は當時大愚の力を得たるか、黄檗の力なるか？」仰山云く、「但だ虎の鬚を捋くのみに非ず、亦た解く虎の頭に騎る。」

潙山がこの因縁を話して仰山に問うた、「臨済がそのとき悟ったのは大愚のおかげか、黄檗のおかげか？」仰山、「虎の鬚をしごいたばかりか、虎の首に跨って手なづけたのです。」

「臨済の開悟は大愚のおかげなのか、黄檗希運のおかげなのか。どちらの弟子というべきか。当時臨済の師承をめぐって疑惑があったのであろう。「虎の鬚をしごく大胆さだけでなく、虎の首に跨って手なづける力量を見せた」とは、大愚、黄檗どちらかの力によったのではない、どちらのおかげなどといったものではない、臨済は悟った結果そのいずれをもはるかに超える力量を見せたのだから、というのが仰山の答え。潙山の反応は記録されていないが、これを認めたのであろう。

この潙山と仰山の対話は「臨済大悟の物語」の附録の位置にあるが、『臨済録』を編集した人にとっては重要なこととして、これを物語の末尾に加えたのであろう。潙山は湖南長沙の大潙山に同慶寺を創始して、修行者千人を集め、「数十年、佛を言う者、天下以て称首と為す」（数十年のあいだ潙山の禅佛教は天下第一とされた。鄭愚「潭州大潙山大圓禅師碑銘并序」、『唐文粋』巻六三）と言われ、その弟子仰山は江西袁州の仰山棲隠寺、洪州石亭観音院に住し、「機を接し物を利すること、禅宗の標準と為る」（来参者への指導は禅宗の規範とされた。『景徳伝灯録』巻一一「仰山章」）と評されたように、潙山・仰山は当時の馬祖系禅宗を代表する禅僧で、その教団は潙仰宗と呼ばれて、当時もっとも大きな影響力を持っていた。ここに潙山と仰山の評論が附されているということは、以上の「臨済大悟の物語」がかれらの伝承を経たものであることを示すと同時に、かれらの臨済評価は権威をもって受け入れられたはずである。

第十節　『祖堂集』の記録

『祖堂集』巻一九「臨済和尚章」に記録された「臨済大悟の物語」は、上述の『天聖広灯録』のものとかなりの相違があり、湖南・江西地方の潙仰とは異なる十世紀福建における伝承を記録している。臨済大悟の話は以下のようになっている。

黄檗和尚は衆に告げて曰く、「余昔時、大寂に同参せし道友、名を大愚と曰う。此の人、諸方に行脚して、法眼明徹なり。今は高安に在りて、群居を好まず、独り山舎に栖む。余と相い別るる時、叮嘱して云く、『他後或いは霊利の者に逢わば、一人を指して来り相い訪わしめよ』と。」干時、師は衆に在りて聞き已り、便ちに往きて造り謁す。既に其の所に到り、上の説を具さに陳べ、夜間に至り、大愚の前に於いて瑜伽論を説き、唯識を譚じ、復た問難を申ぶ。大愚は畢夕峭然として対えず。旦来に及至って、師に謂いて曰く、「老僧は山舎に独居し、子の遠く来るを念いて、且らく一宿を延す。何故にか夜間吾が前に於いて羞慚ること無く不浄を放つ？」言い訖るや、之を杖つこと数下し、推し出して門を関却せり。師は黄蘗に回りて、復た上説を陳ぶ。黄蘗は聞き已り、稽首して曰く、「作者は猛火の燃ゆるが如し。子の人に遇うを喜ぶ。何ぞ乃ち虚往ならん？」

師は又た去きて復び大愚に見ゆ。大愚曰く、「前時は慚愧無きに、今日何故にか又た来る？」言い訖るや便ち棒ち、門より推し出す。師復た黄蘗に返り、和尚に啓聞す、「此回再び返るは空しく帰るに不是ず。」黄蘗曰く、「何故にか此の如き？」師曰く、「一棒の下に於いて佛の境界に入れり。假使い百劫に粉骨砕身し、頂に擎げて須弥山を遶ること無量匝を経て、此の深恩に報ゆるとも、酬い得可きこと莫し。」黄蘗聞き已りて、之を喜ぶこと常に異なり、曰く、「子且らく解歇みて更自に出身せよ」。

師旬日を過ごし、又た黄蘗を辞して大愚の所に至る。大愚纔かに見るや、便ち師を棒たんと擬す。師は棒子を接得めて、則便に大愚を抱え倒し、乃ち其の背に就きて之を毆つこと数拳す。大愚遂て連りに点頭して曰く、「吾れ山舎に独居して、空しく一生を過ごさんと将謂いしに、期せずして今日却って一子を得たり。」

先招慶和尚、挙し終りて乃ち師演侍者に問うて曰く、「既に他に因りて悟るを得たるに、何以にか却って拳を将て他を打つ？」侍者曰く、「当時教化は全て佛に因るも、今日威拳は惣て君に属す。」

師は此れに因りて大愚に侍奉し、十余年を経たり。大愚は遷化の時に臨んで、師に嘱して云く、「子は自より平生に負かず、又た乃ち吾が一世を終えしむ。已後出世して心を伝うるとき、第一に黄檗を忘るること莫れ。」自後師は鎮府に於いて匡化す。黄檗を承くと雖も、常に大愚を讃う。化門に至っては多く喝棒を行ず。

黄檗和尚は会下の大衆に告げて言った、「むかしわたしが馬祖禅師に参じた同学に大愚というのがいた。このおひとは各地の叢林を行脚して、老師がたの邪正を見分ける眼を具えていたが、ちと変わっておって、群居を好まず、今は高安の山の小庵にひとりで住んでおる。別れる時、何度もわたしに頼んだものだ、『のちに機敏な者を見つけたら、一人でよいから、どうかわがところを訪ねるよう指示してやってくれぬか』と。」師は衆中にあって聴き終わるや、ただちに駆け出してそこへ会いに行き、着いてお目にかかって、黄檗の言ったことを伝えた。夜になると大愚の前で瑜伽論、唯識説を滔滔と述べ、一人で問題を挙げてはこれを論じ、まくしたてた。大愚は夜通しひと言も言わず、黙って聴いていたが、朝になって、とうとう申しわたした、「わしは山中の小庵に独居しておるゆえ、そなたがはるばる来てくれたのに感じて、一晩の宿を貸したのだ。何故にわしの前で恥知らずにも、屎をまき散らすのか！」言い終わるや、杖で数発打って押し出し、戸を閉めてしまった。師は黄檗山に帰って、いきさつを報告した。黄檗は大愚山に向って敬礼し、「さすがは火の燃えるように烈しい手腕だ。有り難くも、そなたはしかるべき師に会えたのだ。出かけたのはまことに無駄ではなかったぞ。」

師は再び大愚山に行き、お礼のあいさつをしようとした。すると大愚、「先には恥知らずをやりおって、今日はまた何をしに来たのか！」と言うなり、棒でもって打ちすえ、門から追い出した。師は黄檗山にもどって、申し上げた、「このたび再び帰ってきましたのは、手ぶらで帰ってきたのではありませぬ。」黄檗、「なにゆえにかく言うか？」師、「一棒のもとに佛の境界に入らせていただいたのです。たとい百劫ものあいだ粉骨砕身、須弥山を頭に戴いてその周りを巡ること無数、この深き恩に報いんとしても、報いることはできませぬ。」黄檗はこれをことのほか喜んで言った、「そなたは暫く休息して、さらに究めるがよい。」

師は十日ののち、また黄檗を辞して大愚のところへ行った。大愚は見るや、また棒で打とうとした。師はその棒を受けとめて押し倒し、背中に向けて拳骨で数回小突いた。すると大愚はしきりに頷いて、「わしは山中の小庵に引っ込んで、弟子を持たずに一生を終えるかと思っていたが、今日はからずも一人の弟子を得た。」

先招慶（長慶慧稜）がこの話をして、師演侍者に問うた、「義玄は大愚によって悟ることができたのに、どうして彼を拳骨で打ったりしたのか？」師演、「義玄は大愚に逢う前は佛の教えによっていましたが、拳骨は悟って得た自己のものです。」

師はこの機縁によって、大愚に師事し十数年留まった。大愚は遷化に臨んで遺嘱した、「そなたは平生の願いを実現したうえに、わたしの生涯をも見とどけてくれた。以後、住持して心を伝える時には、けっして黄檗和尚の恩を忘れてはならぬ。」そののち、師は鎮州で教化した。黄檗の法を嗣いだことになってはいるが、いつも大愚を讃えていた。教化の手段として棒喝を多く用いた。

この十世紀福建の伝承は、臨済の弟子が師の歿後、南方行脚に出て伝えた内容にもとづくと思われるが、教学から禅宗への転換という点に叙述の主題を絞っていること、その転換が大愚の指導（棒打）によるものであり、その後も大愚に十数年師事し、実際には大愚の法を嗣いだとするところに特徴がある。のち法系（伝法の系譜）のことが問題とされ、『天聖広灯録』の「臨済章」でも潙山と仰山の評論に「臨済は當時大愚の力を得たるか、黄檗の力なるか？」と取りあげられ、ここでも『祖堂集』の編者が「黄蘗を承くと雖も、常に大愚を讃う」と附加しているように、後世その議論が起こっていたらしい。灯史に定着した法系では、馬祖道一―百丈懐海―黄檗希運―臨済義玄と次第すると言われるのは、臨済の弟子たちが無名の大愚和尚よりも有力な法系の黄檗に繋いだ、いわゆる「攀龍附鳳」の意識によるものであろう。『祖堂集』の「臨済章」で黄檗が「余昔時、大寂に同参せし道友、名を大愚と曰う」と言って、大愚とともに馬祖に参じたと言っているが、馬祖の語録にふたりの名は見えず、大愚和尚は『景徳伝灯録』巻一〇目録の「廬山帰宗智常禅師」の下に「洪州高安大愚禅師」の名が見えるだけで、「機縁の語無ければ録さず」といい、『祖堂集』にはその章も立てられていない。したがって大愚という人は、平生の履歴はおろか、その僧諱さえも明らかでなく、臨済との接触によってわづかにその存在が後世に知られた人であった。

第十一節　会昌の廃佛

臨済は黄檗山で開悟したのち、黄檗を辞してふたたび行脚に出、故郷の河南に帰り、そして河北の臨済院に至ったのであるが、その時期を記す正確な記録がない。上述のように、『祖堂集』では開悟の後も十数年大愚和尚に侍し、その遷化を看取った後に大愚山を離れたと言うが、『天聖広灯録』では黄檗山に三年いた時に、大愚の提携指導によって開悟し、そのあと黄檗を辞して故郷に帰ったと記し、開悟ののちの黄檗山での事蹟を列挙して、黄檗の書状を湖南の潙山霊祐に届けたとき、弟子の仰山慧寂との問答で河北鎮州へ行くことが示唆され、これをのちに臨済院に住する伏線とする構成をとっている。

臨済が黄檗を辞して行脚の旅に出たときに出逢った二人の禅僧をここで紹介しよう。徳山と大慈である。臨済の示衆説法の背景を考えるさいに同時代の徳山宣鑑（とくさんせんかん）（七八〇〜八六五）の存在は重要である。臨済の示衆に語られる思想のみならず、その言葉までも徳山和尚の影響が濃厚であることは否定しがたく、これは当時の南方禅宗界において異彩を放ち、強いインパクトを持っていた湖南の徳山を臨済が訪れ、その説法を聴いていたことにもとづくであろう。通行本の『臨済録』には、臨済が行脚時代に徳山に侍していたという話（『宗門統要』巻五）、臨済院に住してのちに侍者の楽普を徳山に遣って質問させた話（『景徳伝灯録』巻一五）が採られている。

徳山宣鑑和尚、俗姓は周氏、剣南西川（四川省成都）の人。もと『金剛経』の講説を得意とし、「周金剛」と呼ばれた座主（ざす）で、南方の馬祖の新宗教が「即心是佛」（わが心こそが佛にほかならぬ）を説いているという噂を聞いて、なんとこれは「人は千劫万劫にわたって佛教を学んで、始めて佛となれるのだ」という経典の説に悖る魔説だと憤り、この魔子の輩を論破してやろうと、所依の『青龍疏』（道氤『御注金剛般若波羅蜜経宣演』六巻。長安青龍寺において玄宗注『金剛経』を詳しく講じたことから、通称『青龍疏』と呼ばれる）を肩に四川を出て、湖南澧県の龍潭崇信和尚のところに至った。ここで徳山は劇的な回心を体験するのである。

後に龍潭は則ち石頭の二葉なるを聞き、乃ち衣を摂して焉へ往く。初めて見い、独室に小らく門徒を駐む。師は乃ち看侍すること数日、因みに一夜参ずる次、龍潭云く、「何ぞ帰り去らざる？」師対えて曰く、「黒し。」龍潭便ち燭を点じて師に与う。師接らんと擬するや、龍潭便ち息却す。師便ち礼拝す。潭云く、「什麼の道理を見しや？」師云く、「今従り向去、終して天下の老師の舌頭を疑わず。」師は不糅の言を聞き、喜び歎じて曰く、「諸の玄弁を窮むるも、一毫のこれを太虚に置くが如し。世の枢機を竭くすも、一滴を巨壑に投ずるに似たり。」（『祖堂集』巻五「徳山和尚章」）

そののち、龍潭和尚が石頭の法孫（石頭希遷―天皇道吾―龍潭崇信）であると聞いて、旅装をととのえその禅院へ出かけた。初相見して、門徒を休ませる部屋に案内され、そこで数日和尚に侍した。ある夜、和尚に参じたおり、和尚がいう、「なぜ帰らぬか？」徳山、「まっ闇です。」和尚は手燭に灯をつけて徳山に手わたし、徳山が受け取ろうとした瞬間、和尚は灯を吹き消した。徳山はただちに礼拝した。「いかなる道理がわかったのか？」「今後、けっして天下の老師がたの言説を疑いません。」徳山はさらに和尚の純一なる言葉を聞き、感動して言った、「玄妙な教理をとことん突き詰めても、大空に毛一筋置いたにすぎず、世の枢奥の言説を究めつくしても、大海に水一滴を落としたにすぎなかったのだ！」

龍潭和尚は徳山に手燭をわたし、徳山が受け取ろうとしたとたんに吹き消したのは、いったいなぜか？　ここには、「まっ闇です」（昏迷）―「手燭に灯をつけて手わたす」（救済）―「灯を吹き消す」（迷悟二元論の突破）、つまり「迷いから救済される」ということが虚妄だということが、あざやかに示されている。龍潭のこの作略によって、徳山はただちにそのことを悟ったのである。「天下の老師がたの言説」とは、すなわち禅の言説のことで、「即心即佛」（馬祖）、「平常心是道」（南泉）など迷悟不二をいう類である。「諸の玄弁を窮む」二句は徳山の教理学への訣別の辞で、かつて義学の徒であった時代のつぎの述懐と対を成し、その後の進展を読みとることができる。

毘尼（びに）の勝蔵は精研せざる靡（な）く、解脱の相宗は独り其の妙を探る。毎（つね）に曰く、「一毛巨海を呑むも、海性は虧（か）くる無く、纖芥を針鋒に投ずるも、鋒利は動かず。然れども学と非学と、唯だ我のみ焉（これ）を知る。」（『祖堂集』巻五「徳山和尚章」）

律のすぐれた典籍はすべて精密に研究し、大小乗の思想の要諦を独自に探求した結果、こう言っていた。「大海が毛先に呑みこまれても、海の本性は欠けることなく、針先に芥子粒を投げつけても、針の鋭さに変化はない。しかるに、学んで至るものとそれを超えたものがあることを、わたしははっきりと知った」と。

教理の究極――一切存在の平等、万物の相即、不変異の理を窮めたという自負と、そこからの飛躍脱却を予想させるところに、かれは立っていた。求め、学び、教える教理学はすべて迷悟の二元論から成っている。のちに徳山は龍潭崇信のもとでその虚妄なることを、劇的に体験した。このとき、「我が這裏には一法の人に与うる無し」（わたしが人に教え与えるものは何もない。諸君も人から与えられるのではないと知れ）という終生の信条がかれのものとなったのである。

徳山はその後、龍潭に三十余年留まり、そこで武宗の会昌の廃佛（八四三～八四六）に遭い、独浮山の石室に難を避けた。宣宗が即位して廃佛令は撤廃され（八四七）、咸通の初め（八六〇）武陵太守薛廷望が徳山精舎を再興して古徳禅院と名づけ、宣鑑和尚を招いて住持せしめた。咸通六年（八六五）の遷化まで、「伏臘にも堂中には常に半千人有り」（夏も冬も常に五百人の弟子を擁し）、「天下に激箭の禅道を言う者、徳山の門風有り」（禅僧の激しい機鋒をもつ者には、徳山の家風が影響していた）と称されたという（『宋高僧伝』巻一二）。

もう一人、行脚中に大慈寰中和尚（七八〇～八六二）を杭州に訪ねて問答をし、寰中から「喝」を浴びせられ、これが世に「徳山の棒、臨済の喝」と称される家風のきっかけとなった。『臨済録』の「行録」には龍光院、三峯院をへて杭州大慈山寺に到り、寰中和尚に相見する。

> 大慈に到る。慈は方丈内に在りて坐す。師問う、「丈室に端居する時は如何？」
> 慈云く、「寒松は一色にして千年別ち、野老は花を拈る万国の春。」
> 師云く、「今古永えに超ゆ圓智の体、三山は鎖断す万重の関。」

慈便ち喝す。師も亦た喝す。慈云く、「什麼をか作す！」師は拂袖して便ち出づ。

義玄は大慈山寺に到った。大慈和尚はそのとき方丈に坐していた。師は問うた、「方丈に端坐する和尚の境涯はいかん？」大慈、「千年の松はその色を変えずして雑木とは異なり、野老は花を手に万国の春を楽しむ。」師、「圓満なる智慧の本体を永遠に超え出て、仙境へ通ずる道は万重の関の彼方に鎖されている。」それを聞くや大慈は喝した。師もまた喝した。大慈、「何のつもりか！」師は袖を払って出て行った。

大慈山は杭州にあり、当時は百丈懐海に嗣いだ寰中和尚が住していた。大慈寰中は河東蒲州蒲坂（山西省永済市）の人、二十五歳で科挙に合格したが出仕の意なく、母の死を契機に并州童子寺で出家、二年たたぬうちに経典を遍く読み、翌年嵩山琉璃壇で受戒、律の研鑽ののち、禅宗を慕い、百丈懐海禅師に参じて「深く玄旨を得た」。南嶽常楽寺を経て、浙江の北の大慈山寺に住するや、「居ること未だ久しからずして、檀信爰に臻り、旋ち巨院と成り、四方の僧侶、参礼すること雲の如し。武宗の廃教に属い、（寰）中は短褐を衣る（僧衣を脱いで俗人の服を着た）。或るもの請うて戴氏の別業に居らしむ。大中壬申歳（六年、八五二）、太守劉公（劉彦）首めて命じて剃染せしめ、重ねて禅林を盛んにす。壬午歳（咸通三年、八六二）二月十五日、嘱累し声畢りて終る。…冬塔所に窆る。享年八十三、法臘五十四。…乾符丁酉歳（四年、八七七）に至って、勅して大師に諡して性空と号し、塔を定慧と名く」（『宋高僧伝』巻一二「唐杭州大慈山寰中伝」）。

『景徳伝灯録』巻九には上堂語を載せ、「山僧は答話を解くせず、只だ能く病を識るのみ」、また、

「一丈を説き得るは、一尺を行取するに如かず。一尺を説き得るは、一寸を行取するに如かず」と言った（洞山良价はこれを聞いて「歓喜して云く、『大慈和尚は物情の為にして切なり』と」『祖堂集』巻一六）。

寰中は馬祖下の百丈懐海に嗣いだ人であるから、黄檗に嗣いだ臨済の法叔（あるいは法伯）にあたる。臨済が大慈山に寰中を訪ねたのは、会昌の廃仏前の時期であろう。「丈室に端居する時は如何ん？」は維摩居士の「黙然」を意識した問い。寰中の答え「寒松は一色にして千年別ち、野老は花を拈る万国の春」はみずからの境涯を詩句に託して述べた。前句は「歳寒くして然る後に松柏の彫むに後るるを知る」（『論語』子罕篇）の意を取り、松のごとく節操堅きこと。ここでは馬祖の言った「即心即佛」ということを信じて疑わざる態度を暗に示す。

後句の「野老」（百姓親爺）はいわゆる「撃壌歌」の「日出て作し、日入りて息う。井を鑿ちて飲み、田を耕して食う。帝力我に於いて何か有らん！」（『太平御覧』巻八〇「帝堯陶唐氏」引『帝王世紀』）という「百姓無事」に託してわが心の「無事」を歌う。方丈に端坐して説法教化を好まず、ただ自ら修行するのみ（南泉のいう「佛は道を会せず、我自ら修行するのみ」、『景徳伝灯録』巻二八「池州南泉和尚語」）という寰中に対して、義玄は「今古永えに超ゆ圓智の体、三山は鎖断す万重の関」と応じた。前句の「圓智の体」は本来圓満完全なる本体、佛性をいう。「今古」は「古今」に同じ、詩句としての平仄を合わせるために倒装した。「古今にわたってとわに圓智の体を超え出る」とは「わが佛性にもけっして安住することはない」意。臨済は寰中の気概をそのように見、しかし「それでは高尚すぎて誰も近づくことができませんぞ」と揶揄して難じた。「三山」は東方海上にあるという伝説の仙境の島（蓬莱、方丈、瀛洲）。「鎖断」は「万重の関」が堅く鎖されてそこへたどりつくことができぬ意。

付録

わたしの「己事究明」

衣川賢次

　まず「己事究明」という言葉の吟味をしよう。「己事究明」の意味を便宜的に「自己の探究」と言い換えたりするが、「己事究明」の「己事」とは「自己の事」であって、「究明」の対象は自己自身ではなく、「自己に関わる事」という意味（「非干己事」「己れの事に干わるに非ず」というように）である。したがって通常予想されるような、心理学的な、または哲学的な、あるいは社会学的な自己、人間存在一般に通ずる自己の探究ではない。

　では「自己に関わる事」とは何か？「己事究明」はもともと禅から出た言葉であるから、それは原則として「自己に関わる一大事」（「自己本分事」ともいう）、すなわち「わたしに佛性がそなわっている事」の究明の意である。つまり「わたしが佛陀と同じ人間であると発見すること」であり、さらにそのことを発見したならば、「それを実現するにはどう生きたらよいのか？」という課題ということになるであろう。

　ただし、「わたしに佛性がそなわっている事」の発見とは、いわゆる「悟り」のことであって、たとえばその典型的な例として言われる唐代の禅僧霊雲志勤の場合は、次のようなことであった。かれは師の潙山霊祐の教えた「見色即見心」（対象を見て、わが心に佛性の具われることに気づく）をなんとか実現したいと願い、彷徨すること三十年にして、あるとき偶然に見た満開の桃の花に我を忘れるほどに感動し、ようやく我に返って、これこそが長年求めていた「見色即見心」だったと知った。すなわちそれは偶然の激発を契機に訪れる「悟り」であった。そういう劇的な回心の体験であればこそ、その後の生き方が根本的に変わるような深刻な事態を言うのである。「己事を究明す」（究明己事）という言い方は宋代になって現われるが、用例は少ない。ただ、「己事未だ明らかならず。請う師よ指示せよ」という問いが唐代の曹洞系禅師との問答に多く出る。

　僧が問う、「自己の事がわかりません。どうかご指示ください。」師（薬山惟儼）はしばらく沈黙し（反応がなかったので）、言った、「わたしがきみに一句言ってやるのは、難しいことではない。きみが一言のもとにわかったとしても、いま一歩だ。もし考えこむようでは、わたしの罪だ。口を閉ざして災いを及ぼさないのが一番だ。」(『景徳伝灯録』巻一四「薬山惟儼禅師章」)

「自己の事」を他人に問う愚を犯してまで質問するのは、「己事を究明する」ことが当時の禅僧にとって喫緊の課題となっていたからであった。

ヘルマン・ヘッセの『シッダールタ』に忘れられない一節がある。

「あれを見よ!」とシッダールタは小声でゴーヴィンダに言った。「あの人が佛陀だ」

注意深くゴーヴィンダはその黄色い衣を着た僧を見つめた。その僧は数百人の僧侶といかなる点においても見分けがつかないように思われた。そしてまもなくゴーヴィンダも、これこそその人だ、と悟った。二人はその人のあとについて行き、その人を観察した。

佛陀は、つつましく、物思いにふけりながら道を歩み続けた。その物静かな顔は、うれしそうでも悲しそうでもなく、かすかに心の中に向かって微笑(ほほえ)んでいるように見えた。ひそかな微笑みをたたえ、静かに、落ち着いて、健康な子供にも似て、佛陀はゆっくりと歩いて行った。すべての弟子の僧たちと同じように、厳正な戒律通りに、衣をまとい、足を運んでいた。しかしその顔とその歩み、その静かに伏せたまなざし、その静かに垂れた手、そしてその静かに垂れた手の指の一つ一つまでが、平和を語り、完成を語り、求めず、飾らず、不滅の平安の中で、不滅の光明の中で、侵すことのできない平和の中で、おだやかに息づいていた。

こうしてガウタマは施し物を集めるために町に向かってゆっくりと歩いて行った。そして二人の沙門は、ただその完全な安らかさ、その姿の静けさによって彼を見分けた。そこには何の求めるところもなく、欲するところも、努力するところも認められず、ただ光と平和があるばかりであった。(岡田朝雄訳『シッダールタ』ヘルマン・ヘッセ全集第一二巻、臨川書店、二四頁)

ふたりはそこで佛陀の説法を聞いたあと、友人ゴーヴィンダはただちに入門を申し出て受け入れられたが、シッダールタはそうしなかった。かれは偶然に林の中で佛陀と出逢い、勇気を鼓して語りかけた。ここで聞いた佛陀の説法は完璧であったことを叙べたあと、自分の考えを申しあげた。

あなたは死からの解脱を発見されました。それは、あなたご自身の探究によって、あなたご自身の求道によって、瞑想によって、沈潜によって、認識によって、開悟によって得られたものでございます。教えによって得られたのではございません! そしておお、世尊よ——これが私の考えですが、何びとも教えによっては解脱を得られないのです! おお、尊師よ、あなたが悟りを開かれたときにあなたの心に起こったことを、あなたは誰にも、言葉で、そして教えで伝えることはできないのではないでしょうか！　悟りを開かれた佛陀の御教えは多くのことを含んでおり、多くのこと、正しく生きること、悪を避けることを説いています。けれども、これほど明晰な、これほど尊い御教えもただ一つのことを含んでおりません。世尊ご自身が、幾十万人もの人びとの中で世尊ただ一人が体験されたことの秘密を含んでおりません。このことが、御教えをお聞きしたとき、私が考え、気がついたことでございます。私が遍歴を続ける理由もこれでございます（同、二九頁）

こうしてシッダールタはひとり遍歴の旅に出て、以後さまざまな体験をする。むろんこれは小説の話ではあるが、これが「己事究明」ということだと思う。

わたしは一昨年から、大学の宗教部がそれまで早朝に開いていた禅堂の坐禅会が昼休みに変更されたのを機に、毎週月曜日に参加することに決め、これは花園大学でしかできないよい体験だと思うようになった。第二校時が終わると、以前はあわてて昼食をとっていたのをやめ、お茶を一杯すすり、体調と気持ちを調える。一二時一五分にゆっくりとキャンパスを横切って禅堂に入り、二〇分に板が打たれ、三〇分から開静、わずか二〇分間の坐禅であるが、これが終わったあとは、午後の活動にも、また普段の勉強にもよい影響が見られ、これを楽しみとするようになった。どういうことか？

禅堂内は人も少なく静かで、半跏に組む足は無理がないように緩め、坐蒲団を尻に二枚重ねて、膝が浮いたりしないように単の畳に着け、姿勢を正して安定させると、身体は苦にはならず、眼を半眼にして視界をせばめると、澄ませた耳には雑音も入ってくるが気に留めず、嵯峨野線の上下線列車が大学の前でこの時間に必ずすれ違うのを、そっと見上げて確認したりもする。人の意識はたえず流れているから、たとい出入の息を数えても、それが済むと、心に浮かぶさまざまな思いはとどめようがないが、強いて追いかけないで、時には思いを舟に載せて流すのを見送る想像をしてみたりする。それでも心に何も思わぬことはできない。それで自然に今書いている論文の先を思い描いたり、禅のテクスト（いわゆる公案）の意味をそれとなく考えたりもする。すると何故か、思わぬよい発想が起こってくることがあるのである。普段机に向かってじっと思考を続け、解釈を突き詰めたり、文章の展開を考えたりして突破口を見出す場合とは異なるし、またよい発想はいつも起こるものではないから、これを期待して坐ることはせず、坐禅にはこういう思わぬ効用があるのだとする功利主義には陥らないよう心がける。しかし、こういう坐禅は一種の喜びとなって、わたしの生活の欠かせない一部分となってきた。坐禅の仕方を説いている本（たとえば藤田一照『現代坐禅講義』、角川文庫）などを読んでみると、禅の古典を読むかたわら、ヨーガや気功、整体や柔軟体操の身体技法にも取り組んで、坐禅の探究をしていることがわかり、自分もやってみたくなり、関心をそそられる。これは「精神のスポーツ」（石川淳）というものであろう。

夏の終わりに実施される学内接心（攝心）に近年参加するようになったが、昨年は天龍寺友雲庵の禅堂で坐った。これも数百年の伝統をもつ特別な場であったから気分は格別だったのだが、翌朝の大学禅堂での坐禅のあと聴いた、横田南嶺老師の講話がわたしにとって印象深かった。老師は四〇年坐禅をしてきて、「最近になってようやく楽しめるようになった。坐禅をしているとよい発想が浮かんできて、新しい自分に出逢う思いがする。こういう体験を味わうようになった」と言われた。「無念無想」などと頭で妄想するのではなく、工夫をして坐ることの探究を試みて、野口体操を習い、バレエダンサーがやるような一八〇度の開脚をしたり、はては両手をつかず頭だけで逆立ちしてみたりと、工夫ぶりの写真までパワーポイントで見せてもらった。それから、坐禅の工夫は一種の心身の健康術でもあって、インド以来、中国以来探究されてきた伝統があり、智顗（ちぎ）の『天台小止観』に集約されているとして、そのいくつかを紹介し解説をされた。これを聞いてわたしは、ひとつには、自己流が間違いではなかったことがうれしかったと同時に、自分も自分なりの工夫をしてみようと、まずこれまで拾い読みでしか読まなかった『天台小止観』（岩波文庫）を取り出して、最初から読んでみることにした。また、わたしは電車で通勤しているが、電車に乗ると坐れても坐れなくても、いつもすぐに鞄の中から文庫本や読みかけの論文の抜き刷りなどを取り出して、寸刻を惜しんで貪り読んでいたのであるが、それからはもうやめることにし、立っていても、座席の把手に軽く手を添えて身体を安定させ、眼は半眼にして、立ち坐禅をすることにした。ざわめきやアナウンスも気にならず、車中の寸暇もこうして楽しむ自分を見出した。

わたしたちは知らず知らずのうちに、習性として、目的を設定して、それを目標に突き進む生きかたをしていて、目標に到達したとき喜びを感ずる。これはむろん望ましいことには相違ないのであるが、「新しい自己に出逢う」ことを楽しみとすることも、もうひとつの創造的な生きかたである。ただし、これは期待しつつも過度に期待しない、偶然に起こる、したがって常には得難い僥倖としか言いようがない。ゆえに喜びはいっそう深い。知らなかったことを知るのは、むろん楽しいことではあるが、頭で知っているさまざまな道理を、身体を通して実感するという「新しい自己を発見する」ことの喜びも大きいことを知った。「己事究明」とはこれを自己の課題となしてのみ意味があるということだ。「坐禅してよき人となる」（板橋興宗老師）と言われる。この老師はおそらく九〇歳を超えてからこの言葉を口にされた、一生涯をかけて実践されてきた総括の語であるらしい。その意味がわたしにも少しわかるようになった。

臨川書店
〒606-8204　京都市左京区田中下柳町8番地
☎075-721-7111　FAX075-781-6168
E-mail:kyoto@rinsen.com　http://www.rinsen.com
唐代の禅僧⑧『臨済　外に凡聖を取らず、内に根本に住せず』付録　二〇二一年八月二十五日発行
発行所　株式会社　臨川書店

蓑輪顕量 編（東京大学人文社会系研究科教授）

仏典とマインドフルネス

負の反応とその対処法

どうしてマインドフルネスはストレス軽減につながるのだろう？ 世界中で流行するマインドフルネスですが、意外なことに、この問いへの科学的解明はいまだなされていません。多分野の研究者が協働し、マインドフルネスの源流である仏教の瞑想法（身心の観察）を問い直したとき、果たしてその答えはみえてくるのでしょうか。科学と仏教を架橋する待望の入門書。

■四六判並製・320頁 二、九七〇円

ISBN978-4-653-04436-9

末木文美士 監修
榎本 渉・亀山隆彦・米田真理子 編

中世禅の知

豊饒な思想の源流へ──中国との交渉、密教との関連、諸宗との議論といった試行の中で、中世禅の教学はどのように形作られてきたのか。寺院・文庫調査の最前線における新資料の発見・紹介により、従来の仏教史の常識を覆し学界において注目を集めてきた『中世禅籍叢刊』のエッセンスを、平明な解説によって広く提供する。

■四六判並製・336頁 三、一九〇円

ISBN978-4-653-04184-9

名古屋大学人類文化遺産テクスト学研究センター 監修
岡田莊司・伊藤 聡・阿部泰郎・大東敬明 編

真福寺善本叢刊〈第三期〉神道篇

最終回配本

第3巻「御流神道」

真福寺（大須観音）には、仏教典籍と共に、鎌倉・南北朝時代に書写された数多くの中世神道資料が所蔵されており、研究上比類ない価値を持つ。先の『真福寺善本叢刊』以降に発見された写本をはじめとして構成される本叢刊は、中世神道研究のみならず、日本中世の宗教思想・信仰文化の解明にとって多大な貢献をなすものと期待される。

■第3巻 菊判上製・約500頁 二八、六〇〇円

3巻：ISBN978-4-653-04473-4
ISBN978-4-653-04470-3（セット）

中山一麿 監修　落合博志・伊藤 聡・山﨑 淳 編

寺院文献資料学の新展開

近刊

第10巻「神道資料の調査と研究Ⅰ」（伊藤 聡 編）

調査の成果を、論文および資料翻刻・解題により紹介。個々の資料分析にとどまらず、長きにわたって各寺院の経蔵に蓄積・伝存してきた聖教類の集合体としての意味を問うとともに、10カ寺近くに及ぶ寺院調査の成果を横断的に考察し、寺院間ネットワークの実態を明らかにする。

■第10巻　菊判上製・約500頁　予価一九、八〇〇円

10巻：ISBN978-4-653-04550-
ISBN978-4-653-04540-3（セッ

日髙真吾 編（国立民族学博物館教授）

継承される地域文化

災害復興から社会創発へ

多発する大規模災害により再編を余儀なくされる地域社会。受け継がれてきた地域文化は、その社会でどのような役割を果たしているのか。「文化を未来へ継承すること」を目的として、保存と活用の両立を図る」という文化継承主義の立場から、平常時において埋没している地域文化を再発見し、日本各地の実践事例からその保存と活用のあり方を提示する。人間文化研究機構基幹研究プロジェクトの研究成果！

■A5判上製・380頁　四、七三〇円

ISBN978-4-653-04509-0

古橋信孝 編（武蔵大学名誉教授）

大和物語新釈 上巻

伊勢物語に直結する歌物語の古典『大和物語』。その「ひらがな体」の文学は何を試みようとしたのか。史実と創作の境界を越え、同時代文献を広く見渡しながら、新しい読みの地平を提示する。上巻は、一〜一三〇段までの注釈を試みる。編者解説「大和物語新釈へ」を巻頭に措き、「大和物語登場人物像」の小事典を収録。

■A5判上製・672頁　二〇、九〇〇円

【＊下巻は二〇二三年刊行予定】

ISBN978-4-653-04581-6

『山田慶児著作集』編集委員会 編

山田慶兒著作集

初回配本

第1巻「自然哲学Ⅰ」

1 自然哲学Ⅰ 一四、三〇〇円
2 自然哲学Ⅱ
3 天文暦学・宇宙論
4 中国医学思想Ⅰ
5 中国医学思想Ⅱ
6 科学論（近世篇）
7 科学論（近代篇）／欧文
8 補遺・講演録

■は既刊

東アジア科学の総体あるいは個別理論に対して個性的な研究を展開し、思想史的アプローチによって科学文明の本質を探り続けた山田慶兒。単行本未収録の論文から未発表原稿まで、氏の学術的業績の全貌と魅力を明らかにする。主要著作は著者による補記・補注を加えそれぞれ定本とし、各巻に解題・月報を付す。

■第1巻　菊判上製・384頁　一四、三〇〇円

1巻：ISBN978-4-653-04601-1
ISBN978-4-653-04600-4（セット）

チベットの歴史と社会

岩尾一史（龍谷大学准教授）
池田 巧（京都大学人文科学研究所教授）編

上巻［歴史篇・宗教篇］
下巻［社会篇・言語篇］

歴史学、宗教学、言語学、人類学など各分野の専門家が集結し、最近のチベット研究の成果をふんだんに盛り込んだ、日本のチベット学の現在を知るための書。本書は既に存在する解説書とは一線を画し、平易な概説と専門的な論文との間の架け橋となる。上巻には歴史篇・宗教篇を収録する。下巻には社会篇・言語篇と、文献案内および参考資料（チベット地域図・地名データ集、チベット文字のローマ字転写と発音表記）を収録する。

■Ａ5判上製・上巻360頁・下巻430頁・カラー口絵各４頁　各巻四、九五〇円

ISBN978-4-653-04560-1（セット）

「断」は動詞に附して強調する甚辞の補語。寰中はそれを聞いて一喝した。作用して見せたのである。「わたしは方丈に端坐してはいるが、気息を欠いた坐禅ではない。〈自了漢〉などではないぞ！」と。義玄もまた喝で応じた。寰中は「什麼をか作す！」（なんだ、わたしの真似か！）。「什麼をか作す！」は「そんなことをして何になるか」の意。

「師は拂袖して便ち出ず」、もはやこれまでと、さっと出て行った。「拂袖」は怒り、不愉快を感じて、挨拶もせずに立ち去る動作である。おそらく若い義玄は老練な寰中和尚にやりこめられて、不愉快にその場を立ち去ったのであるが、寰中の禅がいかなるものかを見て取ったのであり、のち義玄が「喝」を愛用する契機は実にここにあった。『臨済録』に収録する行脚の記録のなかでは、本則の大慈山において初めて「喝」が出る。しかも寰中和尚から先に浴びせられたのであった。寰中の語を評して言う「今古永えに超ゆ圓智の体」は、のち臨済の「外に凡聖を求めず、内に根本に住せず」（『臨済録』示衆）と似ている。また「山僧は答話を解くせず、只だ能く病を識るのみ」という寰中の姿勢は、臨済の「山僧は一法の人に与うる無し。秖是だ病を治し縛を解くのみ」（同）と同旨である。大慈寰中との相見は臨済禅師にとって、短くも印象深い出会いであったと思われる。

寰中和尚は会昌の廃佛のとき、「或るもの請うて戴氏の別墅に居らしむ」（ある人の世話で戴氏の別荘に身を隠した）という（『宋高僧伝』巻一二）。臨済が行脚中にこのふたりを訪ねたのは会昌の廃佛前のことと思われるが、おそらく行脚中にこの災厄に遭い、行脚できなくなって、難を避けひとまず帰郷したのであろう。しかし各地で実見した破佛の体験は深刻なもので、かれの思想形成に大きな影響をもたらした。

唐朝第十七代皇帝武宗（李炎、開成五年［八四〇］即位、会昌六年［八四六］崩御）によっておこなわれた佛教弾圧は、中国史上につぎのように述べられる。

> 中世における思想界は儒佛道三教によって代表されるが、最も広汎なる教勢を維持したのは何といっても佛教であった。儒教は朝廷に用いられた官学であり、政治上の指導理念ではあったが、ともすれば宮中までを佛教に侵蝕され、儒教の学校が朝廷の保護を受けながらも常に萎靡振わざるに対し、佛教は知識階級にも一般大衆にも喰い入って、到る所に荘厳なる佛寺の建立が見られた。時には佛教の俗界への進出が度を過ぎて、寺田を拡張し、民丁を匿まい、治安を紊し、政府の財政にも悪影響を及ぼすなどのことが起ったため、主権者の忌諱に触れて大弾圧を受けることもあったが、かかる時に主権者の背後にあって画策したのは道士であるを常とした。北魏の太武帝や、唐の武宗の排佛のごときはその例である。（宮崎市定「東洋的近世」、『アジア史論』二〇三頁、中公クラシックス、二〇〇二年）

ここには中国史上の佛教弾圧は財政上の問題であったことを主たる原因とし、弾圧が断行された直接の原因は道士の使嗾にあったことが述べられている。日本の佛教徒によって「三武一宗の法難」（北魏太武帝の太平真君二年［四四一］、北周武帝の建徳三年［五七四］、唐武宗の会昌五年［八四五］、五代後周世宗の顕徳二年［九五五］）と称された四度にわたる佛教弾圧のうち、武宗会昌のそれはもっとも徹底した大規模なものであったと言われ、またその詳細な経緯が当時在唐中の圓仁の日記『入唐求法巡礼行記』の記録によって知られることも、四度のうちのきわだった特色となっている。いま吉川忠夫氏の論文「裴休伝―唐代の一士大夫と佛教―」（『東方学報』第六四冊、一九九二年）第二章「武宗の廃佛と宣宗の復佛」に叙する廃佛の経緯とこれに対処した禅僧の行動の記述を拝借し、その概略を記してみよう。裴休（七九一～八六四）は唐代の代表的奉佛士大夫で、維摩居士を理想とし、圭峰宗密、黄檗希運、潙山霊祐に師事し、復佛後には佛教復興に尽力して、佛教徒から「昇平の相国」と讃えられ、とりわけ黄檗への問法の記録『伝心法要（でんしんほうよう）』、『宛陵録（えんりょうろく）』を編纂して黄檗の思想を後世に伝えた人として忘れることができない。論文はこの人の伝記をたどることが、唐代中晩唐期の思想史叙述の試みとなる意図から、会昌の廃佛の原因と経過、およびその意義について周到な叙述がなされている。以下、この詳細な叙述を要約して、概要をうかがってみよう。

会昌元年（八四一）　武宗の降誕節に宮中において三教講論が行われ、道士のみ嘉賞されて紫衣を賜わり、道士趙帰真を重んじて宮中に入れ、道教斎会がひんぱんに催されるようになった。

会昌二年（八四二）　宰相李徳裕の奏によって、寺院の名籍なき者・沙弥が追放された。これが僧尼沙汰の始まりで、李徳裕は佛道ともに信仰していた人であったが、それへの溺信を戒め、主として寺院風紀の粛清と山林村落の小寺院が盗窟と化していることを警戒しての発動であり、戒壇を五台山と嵩山のみに限り、僧尼数の制限に務めた。天下の僧尼の非行の者、資財を蓄える者を還俗させ、私度を禁ずる勅が下された。長安の還俗者は三千四百九十一人にのぼった。

会昌三年（八四三）　昭義軍節度使が叛したことによって、その長安出張所の役人が逃亡し、寺院に潜伏しているという密告があったため、大捜索が行われ、僧尼の身元調べによって、名籍なき者は強制的に還俗させられて本籍地へ追放され、これが全国的に行われて、各地の寺院が破壊された。長安京兆府では還俗僧三百余人が打殺された。

会昌四年（八四四）　五台山等の霊場や寺院への巡礼と供養が禁止され、違反者の罰則が定められた。宮中の宗教行事は道教一色となり、武宗は内道場の佛像を破壊し、佛典を焚焼し、僧衆を本寺に還した。僧尼の午後の外出、宿泊が禁止された。勅によって天下の官寺以外の小佛寺を破壊撤去させ、そこに住していた僧尼は還俗させられた。長安城内の佛堂三百余所が撤去され、これとともに天下の佛堂院、陀羅尼経幢、僧の墓塔も破壊された。国子監学士、進士及第者等に道教入信が勧告された。崇佛家で破佛を諫めた太后（武宗の母）が毒殺された。趙帰真の勧めによって内裏に高さ百五十尺の仙台が築かれた。勅によって天下の小寺を破壊し、経典と佛像を大寺に運び、僧尼の老年で戒行ある者のみ大寺に配し、其の他は還俗させた。

会昌五年（八四五）　南方の廃佛の不徹底を指弾し、改めて励行させた。天下の諸寺の荘園を没収、四十歳以下の僧尼、ついで五十歳以下、さらに五十歳以上で祠部牒を所持せぬ者を還俗させた。天下の寺院四千六百余所、蘭若（小寺院）四万余所が破壊整理され、二十六万五百人の僧尼を還俗させて課税対象の両税戸とし、寺田数千万頃を没収、寺院の奴婢十五万を両税戸とした。上州は一箇寺のみを留め、下州の寺はすべて廃毀、上都（長安）と東都（洛陽）の両街には各二箇寺を留め、一箇寺には僧二十人のみを置く。廃寺の銅像・鐘磬は塩鉄使に委ね鋳して銅銭となし、鉄像は本州に委ね鋳して農器となし、金銀鍮石等の佛像は銷かして度支（たくし）に付し、民家に貯える金銀銅の佛像は一か月以内に官に供出させた。廃佛の実施情況を査察するための御史が中央から派遣され、地方ではその威令を恐れて、御史の到着までに徹底的な破壊が行われ、僧服経典のみか佛教に関わる画像も焼かれ、建てられた碑幢銘賛までもが文字を削り取られて地中深く埋められた。違反する者は死刑に処せられた。破壊された寺院の廃材は官庁・駅舎・道観修理に充てられた。祆教祠（ゾロアスター教の教堂）も廃毀の対象とされ、外国僧三千余人は国外追放処分となり、外国僧の祠部牒なき者にも還俗の勅が下り、圓仁は五月十五日、長安を離れることとなった。圓仁は帰国の船の消息を求めて山東登州にたどり着くまでの江南各地で、目睹した進行中の廃佛の実際情況、および伝聞した長安や各地の消息をつぶさに記録している。生存に窮した還俗僧が郷村に押し入って強奪をはたらく事件が各地で頻発し、治安が悪化していた。これに対する圓仁の述懐に、「唐国の僧尼はがんらい貧しい。それにもかかわらず、ことごとく還俗させられて、たちまち俗人の姿となり、着るものもなく、食べるものもなく、ひどく困窮して飢え寒さをしのぐことができぬ。そこで郷村に押し入って他人の物品を劫奪する事件が各地で頻繁に発生し、州県が捕えてみるとすべて還俗僧であるといった有様。そのため、すでに還俗した僧尼をあらためて条流（点検）し、勘責はいっそうはなはだしくなった」という。がんらい崇佛家であった河北三鎮および潞州の四節度使のみは中央からの廃佛令に従わず、「天子自ら来って毀拆焚焼せば即ち然すべし。臣らは此の事を作す能わず」（天子がご自分でここへおいでになって、破壊焼却されたらよかろう。わたくしどもはそんなことはできませぬ、滅相もないことです）と言ったこと等。

会昌六年（八四六）三月二十三日、武宗が崩じた。圓仁は四月十五日に赤山院の荘園でこのことを知り、「身体爛壊して崩ぜりと」と記している。道士の勧める金丹薬をさかんに飲み、精神は錯乱し、身体は糜爛しての死であったという。即位した宣宗（李忱、第十三代皇帝憲宗の第二子、武宗の叔父）

はただちに趙帰真らの道士数人を杖殺し、その他を流刑追放処分とした。武宗の廃佛令は撤廃され、宣宗の復佛令によって佛教の恢復が徐々に進められたが、復佛には一定の抑制が加えられ、僧尼条流の方針は揺るがず、また徹底した破壊をもたらした後には、もはや僧員、佛宇、寺産、経典等において往年に及ぶことはなかった。

第十二節　禅僧は廃佛にいかに処したか

吉川氏の論文は、廃佛と復佛の詳細な経緯を叙したあと、この激烈な廃佛に遭遇した禅僧の処し方を『宋高僧伝』、『祖堂集』、『景徳伝灯録』から集録して紹介している。まず陳垣『中国佛教史籍概論』に収める『宋高僧伝』の評価を、

本書で最も精彩に富むのは習禅篇である。というのも中国禅宗は唐初に起こり、晩唐に至って極盛に達した。会昌五年の廃佛に際して、教学の諸宗は大きな挫折を蒙ったが、ただ禅宗のみは明心見性を宗旨としていたゆえに、外面は毀たれてもその内面を毀つことはできず、ゆえに元どおり流行した。五代末・北宋初に佛教諸派はみな衰微したなかで、ひとり曹溪下の禅宗のみが盛大となり、五家（臨済、潙仰、曹洞、法眼、雲門）の宗派がこの時期に漸次成立を見たのであった。

と紹介している。佛教の教学を旨とする諸宗派は典籍と寺宇を廃棄焚焼され、研究講学の支持基盤を失って、こののち急速に衰退してゆくなかで、禅宗は特定の所依の経典を持たなかったから、会昌の

廃佛の影響は一時的であったと言う。ついで吉川氏が「禅者が廃佛にどのように処したのか」にかかわる記述を博捜されたのは、晩唐時代の禅宗を知るうえでたいへん有用である。まず杜牧（八〇三〜八五二）がこの時期に詠じた「還俗の老僧」（『樊川詩集注』巻三）という詩を読んでおこう。

雪髪不長寸　　白髪はまだ一寸にも伸びず
秋寒力更微　　この晩秋の寒さにふるえている
獨尋一徑葉　　ひとり達磨のごとく一莖の葦葉を得て江を渡らんとし
猶挈衲殘衣　　破れ衣の包みを大事そうにたずさえ
日暮千峰裏　　夕暮れのうらさびしい山の中を
不知何處歸　　どこへ身を寄せようとしているのやら

杜牧は晩唐の詩人。かれは江南の地方官吏を長くつとめた不遇の人であったから、社会の動向と政治にも深い関心を抱いていた。かれ自身は排佛論者であったらしいが、この詩では偶然にめぐりあった老還俗僧のうらぶれた姿に同情を寄せている（陸游『老学庵筆記』巻六にこの詩を引き、「此の詩は蓋し会昌に佛寺を廃せし時に作る所ならん」と言う）。

過酷な廃佛令に遭った当時の佛教界全体が大打撃を受けたのはもちろんであるが、禅僧は廃佛にどのように処したか？『宋高僧伝』の禅僧の記録を見ると、会昌二年に始まって、歳を逐うごとに対象の規模を拡大し徹底していった、「澄汰」と呼ばれる出家者への強制還俗に対して、ふたつの対処のしかたがあった。

第一、還俗の令に従い、やむなく僧形を捨てて庶民の服を着たが、信仰の志は変えなかった僧たち。

会昌の澄汰に属い、素服に変うるも、内秘の心は改むる無し。（『宋高僧伝』巻十二習禅篇「唐杭州龍泉院文喜伝」）

会昌の廃佛に遭遇したとき、かれは僧服を俗人の白い服に着替えたが、心のうちの信仰は捨てることはなかった。

「素服」は俗人の着る白い木綿の服。僧は緇衣（紫に加えて浅黒い色に染めた衣）、糞掃衣（襤褸切れを縫い合わせた粗末な衣）を着る。また、

武宗の澄汰に属い、例に捜揚を被り、昼は縫掖の衣を披るも、夜は縵条の服を著けて、僧行を虧くこと罔し。唯だ俗の譏りを逭る。（同、巻十六明律篇「唐会稽開元寺允文伝」）

武宗の廃佛に遭遇したとき、摘発されて強制的に還俗させられた。しかし昼間は俗人の服を着けていても、夜になると袈裟を着て僧としての務めを欠かすことはなかった。世間からの非難を浴びないように心がけたのである。

「捜揚」は摘発、「縫掖」は儒者の着る袖の広い服、「縵条」は袈裟。還俗させられたあとは戸籍のある郷里に送還されて、納税賦役の義務を負う編戸となるのであるが、上記の人は信者の家に匿われ

ていたようである。

会昌四年の詔に、佛塔廟を廃し、沙門をして桑梓に復さしめ、亦た例に澄汰するに属い、乃ち烏帽麻衣をつけ、皇甫氏の温泉別業に潜む。後岡の上は、喬木は駢鬱とし、巨石は砥平にして、（従）諫は夏中には常に此に就いて入定し、或いは毳事を補う。忽と頽雲駛雨おこり、霆電の石を撃ち、烈風兼ねて至るに遇わば、凡そ此に在る者は驚奔恐懾するも、諫のみは唯だ欣然として加趺して坐し、聞く所無き者の若し。或るもの問わば、諫曰く、『悪畜生め、何ぞ爾するや！』」。（同、巻十二習禅篇「唐洛京広愛寺従諫伝」）

会昌四年（八四四）の詔が出され、佛寺塔墓を毀ち、僧尼を還俗させ郷里へ送還させたとき、従諫も一律に追放の憂き目に遭ったが、信者の皇甫氏に匿われ、烏帽麻衣のいでたちで温泉の荘園に潜んでいた。荘園の後ろの丘は鬱蒼たる森林におおわれ、平らな巨石は坐禅するのに適していたので、夏は安居修行と同じくいつも坐禅を修し、破れ衣を繕って過ごした。時に黒雲が湧きおこって驟雨が過ぎ、雷電が岩を砕いて強風が吹き荒れると、住民は驚き恐れて逃げまわったが、かれだけはむしろ嵐の中でも坐禅を組んで平然としていた。不思議に思った人が問うと、

「こん畜生め！　何てことをしやがる！」

従諫の心情を問われて発した「悪畜生め、何ぞ爾するや！」が、廃佛に対する怒りであることは明らかである。

俄かにして会昌となり、例に黜退に遭う。衆人は悲しみ泣く者あり、惋み歎く者あるも、（洪）諲は晏如たり。曰く、「大丈夫の此の厄会に鍾るは、豈に命に非ずや？　夫れ何ぞ児女の情を作さん？」時に長沙に於いて信士羅晏の居家に召して供施するに遇うは、蓋し諲の白衣比丘法を執り、初めより差失無ければなり。二載に渉り、門賓の若し。（同、巻十二習禅篇「余杭径山洪諲伝」）

そして会昌年間に廃佛が起こり、洪諲も還俗送還の憂き目に遭った。衆僧は泣き悲歎に暮れたが、かれだけは平然として、「この災厄に遭遇したのも運命だ。大丈夫たる者、女子供のまねをしてはならぬ。」たまたま長沙で出逢った羅晏という居士が自宅に招いて世話をしてくれたのは、かれが還俗しても「白衣比丘法」（？）に遵って修行を続けていたからである。二年の間羅家で賓客としてもてなされた。

第二、森山幽谷に逃れ隠れてこの災厄を乗り切った僧たち。南嶽衡山昂頭峯の日照は、

後に南嶽に遊び、昂頭峯に登るや、直ちに蒼翠を抜き、便ち終焉の志有り。庵居すること二十載、会昌の武宗の毀教に属い、（日）照は深く巌窟に入り、栗を飯とし流れに飲みて喘息を延す。（同、巻十二習禅篇「唐衡山昂頭峯日照伝」）

のちに南嶽に巡遊して昂頭峯に登り、森の奥深くに至って、ここを終の棲家としようと考えた。ひとり庵居すること二十年、会昌の廃佛に遭遇した。日照はさらに奥深い巌窟に入って、木の實を食べ谷川の水を飲んで生き長らえた。

また千頃楚南（八一九～八八八）は黄檗山で希運禅師に逢い、問答して開悟したのち、

> 倏ち武宗の廃教に値い、（楚）南は遂て深く林谷に竄る。大中の興教のとき出て、昇平の相裴公休の出て宛陵を撫め、黄檗に請うて山を出しむるに遇うや、南は随侍す。（同、巻十七護法篇「唐杭州千頃山楚南伝」）

のち会昌の廃佛に遭遇した時、楚南は奥深い山林渓谷に隠れた。宣宗が即位して復佛が行われ、昇平の相国と言われた裴休どのが外任して宛陵宣州の刺史となって、ふたたび希運禅師に問法すべく、黄檗山を出て宣州へ来ていただくよう頼んだ時、楚南は師に随行した。

裴休が宣州刺史に任ぜられたのは大中二年（八四八）で、この宣州宛陵における黄檗希運禅師への問法の記録が『宛陵録』である。黄檗禅師が会昌の廃佛にどう処したかのは知られないが、右の千頃楚南が黄檗に師事していた時に、廃佛に遭遇して黄檗山あたりの深山幽谷に隠れたというから、おそらくは師弟は行動を共にしたのであろう。

趙州従諗の語録の末尾に附す「趙州真際禅師行状」に引く塔記に、つぎの記述がある。

> 武王の微沐に値い、地を岨峡に避け、木食草衣するも、僧儀は易えず。

武宗の佛教弾圧が行われた時は、岨峡山に逃れ、山中で木の実を食べ草を衣として生き延びたが、僧としての威儀を失わなかった。

潙山霊祐は第一のタイプに属するが、その碑銘「潭州大潙山同慶寺大圓禅師碑銘幷序」（鄭愚撰、『唐文粋』巻六三）の記述はやや詳しく述べているので、破佛を経験した禅僧のひとつの典型として引いておこう。

> 武宗は寺を毀ち僧を逐い、遂に其の所を空にす。師は遽かに首を裹んで民と為り、惟だ蚩蚩の輩を出さんことを恐るるのみ。識者有りて益ます之れを貴重す。後湖南観察使の故相国裴公休、酷だ佛事を好み、宣宗の武宗の禁を釈くに値い、固く請うて迎えて之れを出さしめ、之れを乗するに己れの輿を以てし、親ら其の徒列と為り、又た議して重ねて其の鬚髪を削らしめんとす。師は始めは欲せず、其の徒に戯れて曰く、「尒らは鬚髪を以て佛と為すか」と。其の徒愈いよ之れを強うるに、已むを得ずして、又た笑って之れに従う。復た其の所居に到るに、同慶寺を為りて之れに帰せしむ。諸徒復た来りて、其の事うること初めの如し。師は皆な幻視して、意を為く所無し。

武宗が寺院を破壊し僧を放逐した時、師の居場所もなくなった。師はただちに頭に頭巾をかぶり、庶民として暮らしたが、この災厄に混乱して騒ぐ愚か者が出ないかと、気を遣った。このことから、有識者はますます信頼を厚くした。のち湖南観察使として赴任した相国裴休どのは、かねてより崇佛家であったが、宣宗による復佛の期にあたって、師に寺に帰るよう懇請し、自分の車を用意して、みずから引いたほどであった。また師に剃髪して僧形に復するよう、信徒と相談して願い出た。師は始めはそれに従わず、申し出た者に戯れて、「きみらは髪や鬚を佛だと思っているのか」と言っていたが、あまりにも強く請うので根負けして、笑いながら従った。もとの寺に帰ると、ひとびとは同慶寺を造成して迎えた。すると、一旦は去って行った修行者たちがもどって来て、もとのように師事したが、師はさして気に留めず、世の転変を淡々と幻のごとく視るのみであった。

復佛後に潙山は請われてまた住持となったが、禅僧のなかには廃佛後は一介の隠者として一時期を、あるいは余生を送った者もいた。知られるのは石室行者と巌頭全豁である。

> 沙汰の年中に形を改めて行者と為るに因り、沙汰の後、師僧聚集るも、更に僧と造らず、毎日碓を踏みて師僧に供養す。（『祖堂集』巻五「石室和尚章」）

廃佛に遭い還俗させられた時、僧形を変えて行者姿となったが、廃佛が過ぎて僧たちがまた寺に集まって来てからも、師は僧形にもどらず、毎日米つきの碓を踏んで、僧たちに供養した。

> 二人襟を分かって後、師は鄂州に在りて沙汰に遇い、只だ湖辺に在りて渡船人と作る。湖の両辺に各おの一片の板有りて、忽と人有りて過らんとし、板を打つこと一下すれば、師は便ち楫子を提起し、云く、「是れ阿誰ぞ？」対えて云く、「那辺に過り去かん」と。師は便ち船を劃ぎ過る。
> （『祖堂集』巻七「巌頭和尚章」）

二人（巌頭と雪峯）が別れてのち、師は鄂州で廃佛に遭い還俗させられてからは、湖畔に住んで船頭となった。湖の両岸に板を置いておき、渡りたい人が板を打つと、櫂を担いで来て、「誰かね？」「向こう岸へ渡りたい」。「よっしゃ！」と船を漕いでゆく。

こうして全豁和尚は一時期を船頭として過ごし、のち洞庭湖附近の臥龍山、唐年山の巌頭院に住したが、唐末の狂賊に斃れた。

廃佛の規模はむろん正確には知られないが、『旧唐書』武宗紀会昌五年四月の条に祠部が報告した「成果」が記録されており、それによると「祠部に敕して検括せし天下の寺及び僧尼の（還俗の）人数は、大凡寺四千六百、蘭若四万、僧尼二十六万五百」といい、八月の制にはさらに「膏腴の上田数千万頃を収め、奴婢を収めて両税戸と為すもの十五万人」（寺院の荘園の肥沃な上田数千万頃を没収し、寺戸の奴婢十五万人を没収して課税対象の良民とした）とつけ加え、賛寧は独自の資料にもとづいて、「武宗は僧尼を勒して俗に反せしむるもの、計二十万七千余人、寺及び蘭若を坼つもの、共せて四万七千有奇」（『宋高僧伝』巻二十感通篇「唐洛陽香山寺鑑空伝」系）としている。廃佛の規模として最大のものであったことは、『宋高僧伝』巻十七護法篇の賛寧の論に「漢従り唐に到る、凡そ数厄を経たるも、厄に鍾うこと爰に甚しきは、武宗より甚しきは莫し」（漢代から唐代までしばしば弾圧の災厄に遭ったが、武宗の会昌の廃佛が最も激しかった）と言うとおりであるが、賛寧はその直前に、「其の皐原に縦つ火は、蘭艾の臭いも同じく焚き、樹木を摧く風は、鸞鴟の巣をも共に覆する者の如き、其れ惟れぞ会昌の我が法を滅虐するの謂か？」（平原に放たれた火は蘭もヨモギもみな焼いてしまうし、木をも砕く強風は鳳凰とフクロウの巣もともに覆してしまうのが、あの会昌の法難の意味であったのだろうか？）と、含みのある言い方をしている。すなわち廃佛には佛教教団を淘汰する意義があったと言うのである。教学佛教の宗派は唐朝の庇護のもとに、唯識や華厳の精緻な教学体系を作りあげ、教理学の頂点を極めると同時に、膨張した教団にはさまざまな腐敗現象（たとえば政治への関与、僧尼の堕落等）をも引き起こしていたのであったが、会昌の廃佛を経たことによって急速に衰退してゆき、替わって禅宗や浄土教といった実践佛教が、しだいに広く受容されてゆき、宋代以後の中国佛教の特色を形成してゆくことになるが、賛寧はこの法難が一種の試金石であったと見ているのである。

教学諸派が特定の所依の経典の研究講説を主たる任務とし、その活動を支える寺院機構を基盤としていたが、廃佛によって経典と基盤が失われて衰微せざるを得なかったのに対して、禅宗の場合、会昌廃佛のダメージが小さかったのは、禅宗はもともと所依の経典を持たず、大寺院の基盤を持たなかったからだと従来言われてきた。これに対して、陳垣は上掲のようにやや異なった見解を示している。

会昌五年の佛教破壊に際して、教家は大いに挫折を蒙ったが、ただ禅宗のみは「明心見性」を宗旨としていたために、外面は毀たれてもその内面を毀つことはできず、ゆえに依然として流行したのだ。（『中国佛教史籍概論』巻二、『宋高僧伝』）

たしかに、より重要なのは廃佛が単なる災厄として受け止められたのではなく、この時の経験が禅の思想に与えた影響である。

会昌の廃佛後、それを主題にした問答がある。

師は泉州招慶の大殿上に在りて、手を以て壁画を指し、僧に問うて曰く、「那箇は是れ甚麼の神ぞ？」曰く、「護法善神。」師曰く、「沙汰の時、什麼処に向ってか去来せし？」僧対うる無し。師却て僧をして去きて演侍者に問わしむ。演曰く、「汝什麼の劫中にか此の難に遭い来れる！」其の僧迴りて師に挙似す。師曰く、「直饒い演上座、他後に一千衆を聚むるも、什麼の用処か有らん！」僧乃ち礼拝して別語を請う。師曰く、「什麼処にか去ける！」（『景徳伝灯録』巻二十三「婺州明招徳謙禅師章」）

師は泉州の招慶寺の大殿で、壁画を指さし、僧に問うた、「あれは何の神かね？」僧、「護法善神です。」師、「会昌の廃佛の時には、いったいどこに行っていたのか？」僧は答えられなかった。そこで師は僧に演侍者のところに行って問わせた。演侍者、「きみはいったいいつあの災難に遭ったというのか！」その僧はもどって来て師に伝えた。師、「たとい演上座が今後住持して千人の修行僧を集めたとしても、そんな料簡では駄目だ」。僧はそこで礼拝して、どう答えるべきか、教えを求めた。師、「どこをうろついていたのだ！」

会昌の廃佛の時、護法善神は佛法の破壊を前に、救うこともせずにどこへ行っていたのか？　護法善神とは、山門両脇の二王、金剛神を指す（無著道忠『禅林象器箋』巻四、密迹金剛）。邪悪の入門に睨みをきかすあの仁王のことであるが、禅者の答えは「護法善神」と称する木像のことではなく、「みずからにとって法とはなにか」の理解を問うものであった。演侍者の答え「汝什麼の劫中にか此の難に遭い来れる！」は、廃佛などなかったも同然、という気概を語ったものであろうが、徳謙禅師はただの空威張りだとして認めない。そこで「什麼処にか去ける！」と答えるべきだ、と言った。表面上は護法善神を叱る口吻だが、実は僧と演侍者に対し、廃佛にどう処したのか、佛や法をなんと心得ているのか、と反問したのである。

師は風穴に在る時、一日、穴問う、「真園頭よ、会昌の沙汰の時、護法善神は什麼処に向ってか去ける？」師云く、「常に闤闠中に在るも、要且は人の見るもの無し。」穴云く、「你徹せり！」（『天聖広灯録』巻十六「汝州広慧禅院真禅師章」）

師は風穴寺にいた時、風穴和尚が問うた、「真園頭よ、会昌の廃佛の時、護法善神はいったいどこへ行っていたのか？」師、「いつだって巷にいましたが、結局は見る人がいなかっただけです。」風穴、「きみは徹底した！」

ここで真園頭が答えた「常に闤闠中に在るも、要且は人の見るもの無し」とは、護法善神はどこにも去って行ったりはしなかった、ちゃんと巷にいた。「人にはそれが見えなかっただけです」とは、わたしにはそれが見えていた、つまり、わたしには真の護法ということが何であるかがわかっていた、と言うのである。これを聴いた風穴和尚は「你徹せり！」と認めた。趙州従諗の示衆に、

金佛は炉を度らず、木佛は火を度らず、泥佛は水を度らず。真佛は内裏に坐す。菩提涅槃、真如佛性は尽く是れ体に貼る衣服にして、亦た煩悩と名づく。問わずんば、煩悩無し。実際理地には、什麼処にか著かん！（『趙州録』巻中）

金属で造られた佛は炉にくべられて溶け、木造の佛は火にくべられて焼け、泥でこしらえた佛は川に投げ入れられてあとかたもない。真の佛は心のうちに坐している。〈菩提涅槃〉、〈真如佛性〉は体に貼りついた衣服にすぎず、煩悩と呼ばれるものだ。求めなければ、煩悩もない。真理の地平にはそんなものを置く場所はない。

と言っている。ここには趙州和尚が行脚のおりに各地で目睹した佛像が破壊される現場がなまなましく再現されている。佛像が体現している「菩提涅槃」、「真如佛性」という法は、畢竟佛教学が作りあげた術語であって、観念の衣裳にすぎない。それを求むべき理想とするなら、それこそが煩悩である。真の佛はわが心にある。

第十三節　佛は今どこにいるのか

臨済の示衆には言う、

大徳よ！　你ら波波地（あたふた）として諸方に往（ゆ）きて什麼物（なに）を覓（もと）めてか、你らの脚版（きゃくばん）を踏みて闊（ひろ）からしむる？　佛の求む可き無く、道の成す可き無く、法の得（う）可き無し。〈外に有相（うそう）の佛を求むるも、汝と相い似ず。汝が本心を識（し）らんと欲（ほっ）せば、合（がっ）するに非ず亦た離（はな）るるに非ず〉と。道流よ！　真の佛は形（かたち）無く、真の道は体（たい）無く、真の法は相（すがた）無し。三法混融（こんゆう）し、一処に和合す。弁ずること既に得ざれば、喚（よ）んで忙忙（ぼうぼう）たる業識（ごっしき）の衆生（しゅじょう）と作（な）す。（【八六】示衆一五（１））

禅師がたよ！　いったい何を求めて、あたふたとあちこちの叢林を、足の裏が偏平になるまで渡り歩いておいでか？　求むべき佛などない。悟るべき道などない。手に入れるべき教えなどない。「みづからの外に佛のすがたを探しても、それはきみ自身とはしっくりゆかぬ。きみの本心に出会おうとしても、合うも離れるもないものを」と言われる通りだ。諸君！　真の佛は形がない。真の道は本体がない。真の教えは言葉がない。この三つが渾然一体となって一箇所にあるのだ。これは弁別できぬものとしてあるから、〈忙々たる業識の衆生〉と呼ばれるのである。

「真の佛は形がない。真の道は本体がない。真の教えは言葉がない」ということを、聴問の僧がさらに問うている。

問う、「如何なるか是れ真佛、真法、真道？　乞う師よ開示せよ。」師云く、「佛なる者は心の清浄、是れなり。法なる者は心の光明、是れなり。道なる者は処処に無礙なる浄光、是れなり。三は即ち一にして、皆な是れ空名にして、実有無きこと、志公の作の如し。道人は念念の心間断せず。達磨大師の西土従り来って、秖是だ箇の人惑を受けざる底の人を覓めて自り、後に二祖に遇い、一言もて便ち了り、始めて従前虚しく功夫を用いしを知れり。（【八七】示衆一五（2））

僧が問う、「何をもって真の佛と言い、真の法と言い、真の道と言われるのか？　師よ、どうかお示しください」。師、「佛とは心の清浄なることだ。法とは心の光明のことだ。道とは至るところに蔽われることなく射している浄光のことだ。この三つは結局ひとつであって、みな宝誌和尚が言うとおり実体なき空なる名辞にすぎない。あの神光道人が求めまわる妄念を止められなかったところへ、達磨が印度から来て、他人から騙されぬ一箇のまっとうな人間を捜そうとして、のちに二祖となるその道人に出逢うと、かれは一言のもとに悟って、始めてこれまでの努力が無駄な骨折りだったと了解したのだ」。

質問した僧がさらなる説明を求めたが、臨済はここで教理問答をするつもりはなく、説明など不要であった。したがって、「心清浄、心光明、心無礙浄光、要するに心だ。しかも実体のない名辞にすぎぬ」ととりあえず言ってやったのである。趙州、臨済ともに会昌の廃佛を体験し、それがこうした「佛はわが心にあり」、「その佛も空なる名辞にすぎぬ」という透徹した認識をもたらしたのである。

臨済はのち鎮州臨済院においておこなった示衆には、直接に会昌の廃佛にふれたところはないが、処々に廃佛に遭遇した体験が背景にあったことをうかがわせる口吻が感ぜられる。たとえば「五無間業」という無間地獄に堕ちて間断ない責め苦に遭うに至る五つの罪とは、教学的には四巻本『楞伽経』巻二に言われるように、「殺父母、及害阿羅漢、破壊僧衆、悪心出佛身血」（父母を殺し、阿羅漢を害し、僧団を分裂させ、悪意によって佛の身より血を流さしめる）を指す。臨済が特に「害阿羅漢」に替えて「焚焼経像」（経典佛像を焼き捨てること）を加えている【九一】示衆一五（6）のは、廃佛のとき現実に大量の経典が焼かれ、佛像が破壊されるのを見た体験を、ここに籠めたのだと思われる。しかし廃佛の与えたもっとも重要な影響と思われるのは、佛陀に対する禅僧の見かたである。

一般の禿比丘有りて、学人に向って道う、「佛は是れ究竟なり。三大阿僧祇劫に修行し、果満ちて、始めて成道す」と。道流よ！　你ら若し『佛は是れ究竟なり』と道わば、什麼に縁りてか、八十年後、拘尸羅城双林樹の間に側臥して死去せる？　佛は今何にか在る？　明らかに知る、我らが生死と別ならざるを。（【七一】示衆六（3））

「佛陀こそは究極のかたにおわす。三大阿僧祇劫の長きにわたって修行を積まれ、その成果として始めて成道されたもうたのだ」などと修行者に向って説教を垂れる坊主がおるが、諸君よ！　もしきみたちまでがそのまねをして、「佛陀こそは究極のおかたである」と言うなら、いったいどうして八十歳で拘尸羅城の沙羅双樹のもとで横たわって死んでしまったのか？　佛陀は今どこにいるのか？　生きて死ぬわれわれと何ら変わらぬことがわかるであろう。

「佛陀は今どこにいるのか？」われらと同じ一個の人間であった。これは「人間ブッダ」を認めるもっとも早い宣言である。「佛は是れ究竟なり」は佛教学で言われる。たとえば吉蔵『勝鬘宝窟』に「佛は是れ究竟にして、更に作す所無し」（巻下、大正蔵三七、六九上）、『金剛仙論』に「如来自ら説う、『我は三大阿僧祇劫に修道し、最後身に釈種白浄王家に生れ、六年苦行し、道場に成佛し、八十余年世に処りて説法す』と。自ら云う、『我が身は無常なり。却後三月にして当に般涅槃し、双林に滅度せん』と」（巻二、大正蔵二五、八一一上）。「阿僧祇劫」は無量数をいう印度的表現。人が修行して佛位に至る無限の長き時間、それにも段階があって三に分けて「三大阿僧祇劫」として細説される。『大乗起信論』には「佛が『無量阿僧祇劫に於いて当に佛道を成ぜん』と説うのは、懈怠惰弱の衆生を叱り励ますためだ」（岩波文庫本八七頁）と言うのであるが、中国人にとっては到底理解しがたく受け入れがたい説であったろう。徳山宣鑑は次のように言った。

你らは豈に聞かずや？「老胡は三大阿僧祇劫を経て修行す」と。即今何にか在る？　八十年後に死去せり。你と何ぞ別なる？　諸子よ、狂う莫れ！　你らに勧む、休歇し去り、無事にし去るに如かずと。（大慧『正法眼蔵』巻上）

諸君は「佛陀は三大阿僧祇劫にわたって修行なされた」という教説を聞いたことがあるだろう。だが、その人は今どこにいるのだ？　八十年後に死んだではないか。諸君、呆けてはいかん！　諸君に勧める、求めるのを止めよ、無事であれ、と。

徳山宣鑑や臨済義玄が、佛教学で説かれる至高超越的な佛陀像を容認せず、八十年を生きて死んだひとりの人間としての佛陀を想い描くのには、かれらが会昌破佛の徹底的な偶像破壊を目睹した体験が影響していると思われる。「佛は今いづこにか在る?」佛はどこにもいない。今のきみこそがそれではないか。

第十四節　河北鎮州の臨済院へ

臨済は黄檗と大愚のふたりの指導によって、馬祖の禅宗が掲げた「即心是佛」という禅の核心をつかみ、ふたたび南方へ行脚に出て、会昌の廃佛に遭い、難を避けて故郷の曹州南華に身を寄せたのであるが、復佛ののち、北に転じて黄河を渡り、河北鎮州に到った。

> 黄檗山運禅師に見えて、嗚啄同時、了然として通徹す。乃ち北のかた郷土に帰り、趙人の請に俯徇い、城南の臨済に住す。経論を唱うるを罷めし徒は、皆な堂に親しむ。人に心要を示すに、頗る徳山と相い類たり。（『宋高僧伝』巻一一「唐真定府臨済院義玄伝」）
>
> 黄檗山の希運禅師に相見して、啐啄同時、機縁かなって、真理に通徹した。やがて北の郷里に帰り、趙の地のひとびとの要請に遵い、鎮州城南の臨済院に住することとなった。行脚の禅僧たちが押しかけ、かれらに対する説法は、徳山和尚ばりの過激なものだった。

「趙人の請に俯徇い、城南の臨済に住す」というのは、趙王（鎮州節度使）以下のひとびとの懇請によって、という意味であるが、一介の行脚僧が滹沱河の河畔にあった古い荒れ寺に住み着いたのを、偉人の伝記にありがちな後世の視点で描写したものであろう。義玄和尚は山東の郷里から北に向かって滹沱河を渡り、鎮州城南の臨済院に至った。それはしばらく前に日本人僧圓仁が五台山を目指して通ったコースである。

鎮州は現在の河北省石家荘市正定県。漢に常山郡といい、隋に恒州と改称され、唐の元和十五年（西暦八二〇年）に穆宗（李恒）が即位したとき、その諱を避けて鎮州と改められた（州治は真定県）。安史の乱後の河北は、幽州・成徳・魏博の三鎮（河北三鎮）を各節度使が治め、鎮州は趙州・冀州・深州とともに成徳府節度使に属した。五代後晋天福七年（九四二）に再び恒州に復し、五代後漢にまた鎮州に復し、北宋慶暦八年（一〇四八）真定府と改められた（常、恒、鎮はみな同義）。臨済院は鎮州城外東南の、滹沱河の済（渡し）に臨む村の小院であった。滹沱河は鎮州城の南五里を流れていた（范成大「呼沱河」詩の自注に「真定の南五里に在り」、范成大『石湖居士詩集』巻一二）。圓仁はその在唐日記『入唐求法巡礼行記』の開成五年（八四〇）四月二一日に、山東から五台山へ向かう巡礼の途次、真定県（のち清朝になって正定県と改称）にあった鎮州（成徳）節度府を通過し、城内西南の金沙禅院で昼食をとったと記している。唐代後期の北地、すなわち河朔三鎮と呼ばれる地域で、胡漢の民族が雑居し、交通の要衝にして、経済的にも塩鉄、絹絲の産ゆたかな富庶の地であった。ゆえに唐朝に対して半独立政権が跋扈し、兵乱頻発する武人社会であって、のち義玄の住処となる鎮州はその中心にある。乱世にあって成徳節度使鎮州は武人の佛教信仰がかえって厚く、三鎮のうち佛寺のもっとも多い地域であった。五代後唐時代の諸国名山遊歴の記録「諸山聖跡志」（擬題、敦煌写本S．五二九v）に記すところによると、鎮州は「其の城は周囲四十里（二二キロメートル）、大寺一十三所、大禅院三十六所、小院五十七所、僧尼五、七千余人。禅律盛行し、僧徒は粛穆たり。園林池沼は特に諸方に異なる。法寺清宮は帝輦（帝都）に殊ならず」（鄭炳林『敦煌地理文書滙輯校注』甘粛教

五台山図（敦煌石窟壁画）

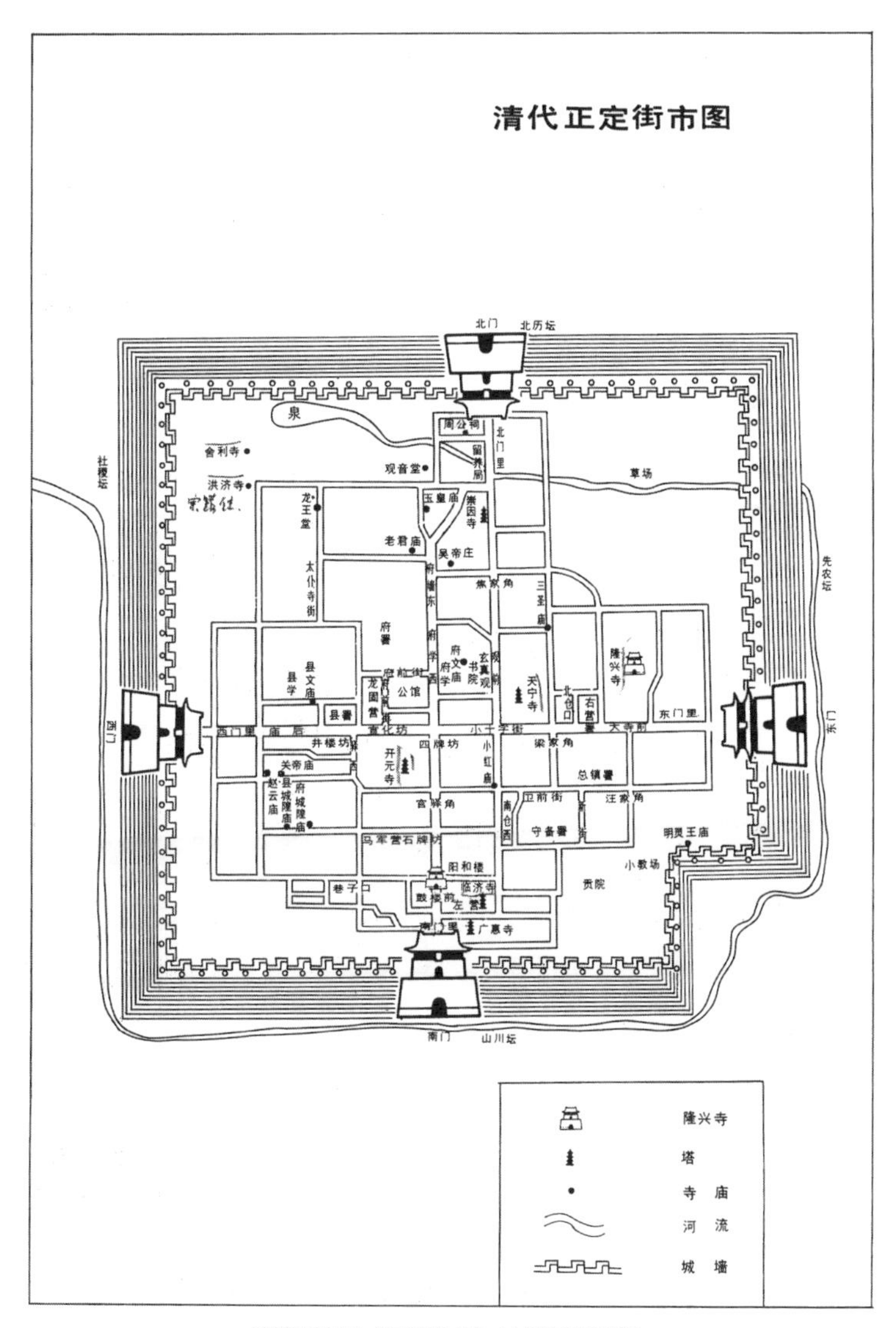

清代正定図（『正定県志』中国城市出版社）

臨済寺澄霊塔

古澄霊塔塔頂頭部

育出版社、一九八九年）とされている。これは臨済禅師歿後六十年の情況である。敦煌石窟第六一窟西壁には五代に描かれた壁画「五台山図」があり、その東端に鎮州城が描かれている（敦煌研究院編『敦煌石窟全集』第二六巻 交通画巻、香港商務印書館、二〇〇〇年）。鎮州は五台山進香道の東側の出発点としても有名であった（厳耕望『唐代交通図考』第五巻河東河北区 篇四四「五台山進香道」、中央研究院歴史語言研究所専巻之八十三、一九八九年）。圓仁のように五台山へ向かう巡礼者は、ひとまずここで遅い昼食をとり（当時僧侶は「断中」と称した。一日二食で、この後は食物を口にしない意）、休息をし、一泊したりして、このあとに続く「五台山進香道」をたどって行く。進香道には巡礼者のために「普通院」と称する無料宿泊接待所が等間隔に設置されて、巡礼者に便宜を提供していた。

鎮州城外東南の臨済院は、地志によるとその淵源は古く、伝承では東魏興和二年（五四〇）創建という。しかしその後の情況は知られないから、おそらく荒廃していたのであろう。南宋の陸游の随筆『老学庵筆記』（巻一〇）に、保寿禅師の「臨済塔銘」を引いて、その小院があったことを記している。

保寿禅師の作る「臨済塔銘」に云う、「師は黄蘗の印可を受け、尋いで河北鎮州に抵り、城東の滹沱河に臨む側の小院の臨済と名づくるに住持す。其の後、墨君和太尉、城中に於いて宅を捨して寺と為し、亦た臨済を以て名と為す。」

塔銘の引用はこの数句だけである。「保寿禅師」とは臨済の弟子のひとり宝寿延沼であろう。『景徳伝灯録』巻一二に臨済の法嗣「鎮州宝寿沼和尚（第一世住）」として六則の対話を記録している。このあと、陸游は史実を考証している。

墨君和の名は『唐書』及び『五代史』に見え、其の事甚だ詳らかなり。近ごろ見たる呂元直丞相の『燕魏録』に、真定安業坊の臨済院は乃ち昭憲杜太后の故宅なりと載す。按ずるに、保寿と臨済は乃ち師と弟子なれば、応に誤り有るべからず。豈に所謂る臨済院なる者は又た嘗て遷徙せしや？

墨君和の名は『唐書』及び『五代史』に見え、かれの事蹟は詳しくわかる。最近読んだ呂元直丞相の『燕魏録』に、「真定安業坊の臨済院は乃ち昭憲杜太后の故宅なり」という記載があった。按ずるに、保寿と臨済は師と弟子であるから誤りがあるはずはない。すると、いわゆる臨済院は以前に城内に移転したのであろうか？

ただし、墨君和が趙王（成徳節度使）王鎔を危機から救出してこの姓を賜った事件は唐景福二年（八九三）のこと（『旧唐書』巻一八〇、『新唐書』巻二〇二、『旧五代史』巻五四、『新五代史』巻三九の王鎔伝、および『資治通鑑』巻二五九景福二年）であるから、臨済遷化（八六六）の後に属する。また南宋高宗期の丞相呂頤浩（字元直）が著わした『燕魏録』（現在は伝わらない）は建炎年間（一一二七～一一三〇）の記録と思われるから、臨済遷化後三六〇年後の伝承である。この記事を引用し、伝記記事を綴合して書かれたのが、元刊本の単行『臨済録』（一二九八）の末尾に附された「住鎮州保寿嗣法小師延沼謹書」と署する「臨済慧照禅師塔記」で、その中に「其の機縁の語句は行録に載す」とあるのは、圓覚宗演が黄龍慧南校訂『四家録』を再編して「上堂」「示衆」「勘弁」「行録」に整理した時期（一一二〇）以後の撰述たることを露呈している。この「塔記」が初めて現われるのは『続開古尊宿語要』（一二三八）であって、その「臨済慧照禅師語」の行録の最後にタイトルなしに引かれ、その後『古尊宿語録』（一二六七）に引き継がれてその「興化禅師語録」（巻五）の末尾に引用され、「住鎮州保寿嗣法小師延沼謹書」のあとに、さらに「住大名府興化嗣法小師存奨校勘」の一行が添えられた。これが元刊本の単行『臨済録』に収録されたのである（『臨済録』テクストの問題は第七章で再説する）。

したがって、墨君和（「臨済慧照禅師塔記」では「黙君和」とする。墨、黙は同音、『広韻』莫北切）が宅を喜捨し寺となして臨済を迎えた話は、史実とは認められないが、そういう伝承もあったのであろう。臨済はおそらく兵乱のため、鎮州城外東南の臨済院から城内に移り、臨済寺と称した。臨済寺はのち五代末のころさらに安業坊の昭憲杜太后（宋太祖趙匡胤の母）の故宅の地に移されたということになる。そこが現在の臨済寺であるが、臨済寺の中心にある八角九層、高さ三〇・四七メートルの澄霊塔（通称青塔）は金大定二五年（一一八五）に修築されたものである。

さて、その後の事蹟は弟子の興化存奨のために書かれた「魏州故禅大德奨公塔碑」（公乗億撰、『文苑英華』巻八六八）によって比較的詳しく知ることができる。この塔碑については、かつて柳田聖山先生が「興化存奨の史伝とその語録」（『禅学研究』第四八号、一九五八年）という力作論文で紹介され、詳しい考証分析と校録を発表された。塔碑によると、存奨は臨済に嗣法したのち、長安、江南を行脚して江西仰山に到り慧寂禅師に師事していた時、臨済が蒲相蔣公（河中節度使蔣伸）の招きに応じて山西蒲州へ赴いた、という報を得た。そこで師の臨済に従うべく仰山を発ち、中条山で追いつき、ともに白馬渡から黄河を南へ渡ろうとした時、中書令何公（魏博節度使何弘敬）が専使を派遣して河北魏州大名府に招いたので、一行は再び引き返して府下の観音寺江西禅院に落ちつき、臨済は一年を経ずしてここに遷化し、存奨は荼毘（だび）の礼を尽くして塔を建てた。その後存奨は大名府に留まって、文徳元年（八八八）に示寂、その遺志によって大名府の南、貴郷県薫風里の臨済塔の傍らに建塔されたという。これが興化存奨の塔碑による記録である。金代に修築された澄霊塔はその後荒廃したが、二〇世紀八〇年代に日本臨済宗の資助で修理され、現在も偉容を誇っている（一二〇頁写真は修理完成のころのもの）。臨済禅師遷化後に建てられた古澄霊塔は、その塔頂頭部だけが大名県の農家に遺存し、文化大革命の時期（一九六六〜一九七六）には地中深く埋められていたという（一二〇頁写真下）。

二〇一三年九月九日、日本妙心寺の霊雲院国際禅交流友好協会と中国河北省佛教協会、臨済寺、中国佛教文化研究所との共催で、臨済禅師圓寂一一五〇年遠諱記念法要とこれにちなむ第三回日中合同学術シンポジウム（テーマは「世界平和と臨済禅」）が石家荘市正定県の臨済寺において挙行されたとき、わたしも参加する機会を得て、そのレポートを書いたので、その一部を転載して、この章を結びたい。

シンポジウム翌日のわたしたちの臨済寺再訪の収穫は、このあと滹沱河畔（こだがはん）にあるもとの臨済院へ

臨済院旧址碑の前で（2015年9月）

案内してもらったことである。現在の城内にある臨済寺は、臨済禅師が戦乱のため避難して城内の将軍の住居、さらに杜太后の故居へ遷ったところなのであり、禅師がさいしょに住したのは城外の臨済村というところであった。「いま、そこに小院があるらしい」と、案内してくれた馮金忠（ひょうきんちゅう）さんも知っていて、ぜひ行ってみようと思っていたのであったが、臨済寺でその地点を訊ねていたら、住持の慧琳（えりん）法師も出て来て、足で地面に地図を描いて説明をしてくださった。「城外の南に臨済村があり、東、中、西に分かれていて、その西臨済村にあるのだ」と。時間はすでに夕暮れだった。そこで管理部門の呂志琪（りょしき）、張潤林（ちょうじゅんりん）というふたりの方が車で先導してくださることになった。城外に出て、村の狭い道を曲がり、「臨寺街（りんじがい）」という路地に着いた。臨済院は村落のなかに新しく高塀で囲んだ狭い方形の地で、正門もなく、仮りの入り口が鉄門で閉ざされていたのを、大声で呼んでようやく、ひとりで住んでいる若い僧に開けてもらった。入ってみると中はコンクリートで整地され、中央に日本臨済宗有志の建てた「臨済院旧址」と金字で題された記念碑だけがぽつんと聳え、隅にその由来を刻した石碑があった。一九九九年に資金を出して、小学校になっていた臨済院跡地から土地を買いもどし、塀で囲って記念碑を建立したという。塀の裏手にはその小学校が見えた。いずれはここも寺院の規模を構えることになるのであろうが、いまは慧増（えぞう）という三十三歳のいかにも素朴で寡黙な無精ひげの僧が、ひとり片隅の陋屋に起居していた。その僧が大褂兒（タークアル）（長衫（チャンサン））のような踝（くるぶし）まである汚れた糞掃衣（ふんぞうえ）を着けていたのが印象的で、張さんはかれを指して親指を立て、「若いが苦修の人だ」と褒めていた。わたしたちは知り合いになった記念にいっしょに写真を撮り、お礼を言い握手して別れた。

外に出ると夕陽が沈もうとしていた。院の数軒さきに土手があり、その南に広がる一面の畑の草むらを眺めた。彼方にあるはずの滹沱河は、歴史的には河道を大幅に変え、近代には枯渇した時期もあったが、地元出身の呂さんによると今はここから二キロばかりのところを流れているという。「臨済院」というと、院からすぐに滹沱河の渡しが見下ろせて（つまり「済（わたし）に臨（のぞ）む」）、そこから五台山巡礼のひとびとが舟を乗り降りするのが見わたせるような想像をしていたが、それは思い違いで、滹沱河畔に臨済村というただだっぴろい田野があり、そこの小さな村院なのであった。わたしたちは沈む夕陽を眺めつつ、あの臨済義玄禅師も若い頃はあるいはこんな糞掃衣を着けた、痩せた髭づらの「行業純一（ぎょうごうじゅんいつ）」の苦修僧だったかと、一一五〇年前のことに思いを馳せたのであった。（「河北正定に臨済禅師の遺跡を訪ねる」四、『禅文化』第二三七号、二〇一五年）

第三章　禅宗の時代

第一節　禅宗興起の時代

臨済義玄（?～八六六）の生きた唐末の時代は、インド北部に興起した佛教が西域を経由して、前漢末期から後漢初期（紀元一世紀ごろ）の中国に伝来してより約八百年、インド人菩提達磨が禅を伝えたとされる南北朝末期から約三百年を経ていた。そして禅宗という宗派が初唐に成立し、中唐時代の馬祖道一（七〇九～七八八）によって唐代禅の基調が形成されてより約百年後にあたる。

ここで、禅宗が興起した時代を、中国の最新の研究によって確認してみよう。孫昌武（そんしょうぶ）氏の『禅宗十五講』（中華書局、二〇一六年）は、禅宗興起時代の社会経済史を視野に入れて、禅宗の宗教的革新性を鮮明にした、きわめて優れた禅宗史描写で、以下はその要旨である（日本語訳は『禅についての十五章』東方書店、二〇二一年）。

唐代の初期に道信（どうしん）、弘忍（ぐにん）らは、すべての人には「自性清浄心（じしょうしょうじょうしん）」が具わっており、心安らかなよき人となるための修行は心の汚染を払拭するだけでよいとした。かれらはもともと自身が遊行僧、流浪僧と呼ばれる私度僧（行脚の乞食僧）の出身で、王朝交替期に発生した大量の流民、流亡僧の組織者となって、習禅の根拠地を湖北黄梅山（おうばいさん）に築いた。そこは地主のいない開墾を必要とした荒涼たる僻地で、拓かれた田地は当時施行された「均田制」によって僧に分配され、僧団の自主独立の基盤を確立して運営され、ここに従来の国家の庇護下にあった既成の仏教教団とは異なる新仏教禅宗が生まれた。

この経済的自立が僧団にもたらした仏教の革新的性格はつぎの点である。朝廷と貴顕への依存から離れて民間に基盤を置く反体制的性格、修行において僧団内部の切磋琢磨に重点を置く平等的性格、自身を信頼し経典の権威を離れ、拝仏礼讃儀礼を廃した反教条的性格、他力信仰に反対する自力的性格、人材育成において啓発を重んずる自由開放的性格。これが黄梅僧団の革新的宗風である。

その新思想は則天武后朝下の思想革新の機運にあった新興の庶族士大夫に支持されて発展をとげた。しかし弘忍の弟子神秀（じんしゅう）、さらにその弟子普寂（ふじゃく）の世代（いわゆる「北宗」）になると皇帝、貴族、官僚の帰依を得て供養を受ける国師となり、自身が大寺院の住持となって支配階層化し、思想的にも新しい開拓の力を失った。

次に登場した慧能（えのう）、神会（じんね）らのいわゆる南宗禅は嶺南の辺地において、道信、弘忍の草創期禅宗の草莽精神を承け継いで一歩を進め、心は本来清浄で、その自覚の工夫「頓悟」によって「見性（けんしょう）」（悟り）を実現できるとした。慧能は嶺南から逃亡流民として生路を求めて湖北黄梅の弘忍のもとへ来たが、短期の滞在ののち、ふたたび官府の捜索を逃れて南へ帰り、山林に隠れたという経歴の人で、刻苦の経験と倔強な自主、反権勢、進取の精神の持ち主であったかれは、南方で流民を組織し、安心自足の教えで地域安定に貢献して地方政府に容認され、また南宗の「人間性の平等」、「自らの本性にもとづいて自ら悟る」という禅思想は、当時の玄宗朝の落魄士大夫の精神的な支えを提供した。

ついで興った中唐馬祖道一（ばそどういつ）の禅宗は「平常の心で生活することが道である」と言い、服を着、飯を食い、眉を揚げ、瞬きする日常の営為のすべてが仏性のはたらきであって、ことさらな規格の修行は必要ないという過激な思想を掲げ、安史の乱後の人びとの大きな関心を集めた。馬祖は乱後の売度と私度によって膨張した遊行の流浪僧を集めて教団を組織したが、この時は「均田制」が崩壊して「両税法」が施行された時期にあたり、開墾した山林田地は教団所有の荘園となって、習禅の根拠地としての叢林が形成され、坐禅と農業労働「作務（さむ）」と師弟平等の「禅問答」による相互啓発という、禅修行の生活基本を確立した。馬祖禅の支持者は当時の地方政権藩鎮の実力者とそこに集まった落魄士大夫たちであり、かれらが宋代の新しい学術の先駆となったのは、馬祖禅に接触したことと関わりがある。禅宗は地方を根拠に展開し分派していったが、しだいに唐末の藩鎮や五代十国の支配層の帰依を得、これに依附して、組織的には教団内に階層を生じ、思想的には「教禅一致」、「三教合一」の伝統に回帰してゆき、当初の非政治的、非倫理的、反権威、反伝統の革新性を失って五代宋初にはしだいに衰微していった。

この禅宗史は、誕生・成長・衰亡という生命モデルと対権力関係によって宗教の興衰を描写するもので、初期禅宗の特色を鮮明にした点は説得力を持つが、晩唐、五代、宋初の禅宗の実態への具体的な研究を欠いているため、臨済の時代の禅宗の様相を知るには今後の解明に待たねばならない。唐末五代の轉型期を境にして、宋代には新しい禅が興起するのであるが、その推移の具体的様相の解明は今後の課題である。

第二節　唐宋変革論

右の著者が影響を受けた「唐宋変革論」という歴史学説は、内藤湖南氏が中国の文化の面において唐宋の間には大きな断絶があり、中唐以前を中世、宋代以後を近世、中晩唐五代を過渡期と規定する新しい時代区分論を打ち出し、宮崎市定氏がこれを政治制度、経済動向の面の研究によって補強し確立してより、歴史学に一時代を劃する新思潮を形成した。宮崎氏に「宋代文化の一面」というこの時代変化を鮮やかに描いた興趣あふれるエッセイがある。ここに引用してその唐宋時代の気風変化の一端にふれてみたい。

紹介された逸話は、太平の世と謳われた北宋仁宗慶暦（じんそうけいれき）年間（一〇四一～一〇四八）の首都開封府の進奏院で、その長官蘇舜欽（そしゅんきん）が役所の行事に便乗して宴会を開いたことによって起こった事件（『続資治通鑑長編』巻一五三仁宗慶暦四年条）と南宋時代のある落書き（羅大経『鶴林玉露』甲編巻三「勧行楽表」）である。

さて当日、役所の門を八文字に開いて、お伴をつれた来賓が続々とつめかけ、式場には祭壇をしつらえ、うやうやしく祭文（さいもん）が読みあげられる。儀式は型の如くに簡単にすんで、こんどは後堂に集まって慰労会であるが、ひとわたり酒盃がめぐってから、長官の蘇舜欽が目くばせすると、事務員たちは気をきかせて、さっと退場してしまう。代って現われたのは盛装した美女の一群、会場はにわかに活気づいて飲めや歌えやの無礼講、気心の知れあった水入らずの仲間同志のこととて、はめを外して大乱痴気さわぎが始まった。歌も普通の歌では面白くない。実は前もって同志の一人の王益柔がちゃんと用意しておいたのである。

　酔臥北極遣帝扶
　周公孔子駆為奴
　酔っぱらって北極宮でへど吐いたら
　　天神様めに介抱させろ
　周公孔子のわからずやは
　　奴隷市場に叩き売れ

みんなで声をそろえて歌いながら、踊り狂って酒興がクライマクスに達した時、誰やらが閉めきった門をトントンと叩く音がする。門番が門を開いた途端になだれこんだのは警察の一隊、実はこの会に参加したくてことわられた中の一人が、政府に密告したため、風紀警察の手がまわったのであった。……

天子の仁宗は歌の文句を聞くと真赤になって怒り、者どもを厳罰に処せよと申し渡した。百世の師表とあがめられる孔子、その名の丘(きゅう)という字をも遠慮して書いてはならぬという孔子を戯(ざ)れ歌(うた)の題材にするとは何事か。それも市井の小人や、しがない俳優ならばいざしらず、聖人の道を学んで身を立て、一般庶民の模範となるべき朝廷の官吏には、許すべからざる悪質の犯罪だ、というのである。幸にしてこの時は大臣等の取りなしで、蘇舜欽は免官、その他の参会者は位を下げられただけで事がすんだ。……

おおよそ世の中に権威があればこれに反抗し、時には冒瀆（ぼうとく）してみたくなるのは人情の常、表に現われたものは法律で取り締ることもできようが、一般の気風は天子の命令だけでは動かすことはできない。南宋に入って紹熙（しょうき）年間、太学（たいがく）の学生がこんな落書をした。

　勧行楽表
周公欺我　願焚酒誥於通衢
孔子空言　請束孝経於高閣
　遊興を勧める決議文
酒はのめのめ、周公の
酒誥（しゅこう）をひっさばいて火にくべろ
不孝はしほうだい、孔さんの
　孝経を豚小屋にほうりこめ

こういうのが宋代の一般知識人のほんとうの気持だったのである。彼らはどこまでも自由でありたかった。何者にも屈したくない。何でも自分の思うがままに振るまいたい。ところがそういう彼らを抑えつけて束縛するものがある。それは古い中国の伝統を象徴するかの如き、儒教の権威である。これが彼らの自由な気持と衝突しないはずはない。前に掲げた二つの挿話はたまたま彼らの抱いた権威に対する反抗心が何らかの隙間にちらとほのみえた姿を、偶然に記録のカメラが捕えた例である。彼ら自身が儒教によって身をたてながら、その儒教の権威に反抗しようという衝動的な気持の表われである。（『中国文明論集』岩波文庫、一九九五年）

エッセイはこのあと学問、絵画、書法等の分野における自由と個性の尊重の例を挙げ、「宋代知識人の間の思想解放」を縦横に語って余蘊がない。

第三節　佛教における唐宋変革

ところで、現今の唐宋変革論はいまだ宗教分野の検討に及んでいないようであるが、佛教における禅宗の興起こそがそれにあたるのではないかと、わたしは考えている。右の宋代知識人に見られる権威への反抗、精神の自由の謳歌こそは、つとに禅宗に顕著であったからだ。晩唐の徳山宣鑑（七八〇～八六五）と臨済義玄（?～八六六）のつぎの発言を見よ。

わしの見かたは違うぞ。ここには佛もなければ法もない。達磨は腋臭（わきが）くさい印度人だ。十地菩薩は肥かつぎだ。等覚・妙覚は破戒の凡夫だ。菩提・涅槃は驢馬をつなぐ杭（くい）だ。十二分教の佛典は鬼神の名簿、膿拭（うみぬぐ）いの古紙だ。四果・三賢・初心・十地は墓守の亡霊だ。自分さえも救えぬ。佛は印度人のたれた糞棒（くそぼう）だ。諸君、考え違いをしてはならぬぞ！　自分は膿のふき出た身体なのに、いったい何を学ぼうというのだ？　腹いっぱい飯を喰ってから、真如（しんにょ）・涅槃（ねはん）はどうだこうだと言う。皮膚の下に血は流れているのか！　それでも一人前の男か！〈聖〉にしがみついてはならぬ。〈聖〉は中味のない名前にすぎぬ。世の中に〈法〉として手に入れるものが塵ほどもあったなら、それが執着となって知解（ちげ）となり、それを後生大事にする者は、ことごとく天魔外道（てんまげどう）に落ちる。およそ学んだものは、すべて草木に寄りついた亡霊、人を誑かす野狐精にすぎぬ。

諸君、よいか、眼に見え耳に聞こえるもの、言葉や意味、魅惑的な景色や手管、道理の善悪、凡聖や取捨、対象の汚染と清浄、明暗や有無の観念には、けっして執われてはならぬ。このようにできて初めて一個の無事の人だ。そうなれば佛陀も君に及ばぬ、祖師も君に及ばぬ。

諸君、佛を求めてはならぬ。佛こそは人殺しの大悪党だ。いったいどれほどの人を騙して悪魔の穴に落としこんだことか！　文殊・普賢を求めてはならぬ。あれはただの田舎者だ。ああ、なんとも惜しいことだ！　一個の堂々たる大丈夫でありながら、毒薬を飲んでしまったために、まねて禅師のつらをし、気がふれてしまうとは！　それからはやみくもに歩き回って、巫女に占ってもらい、無知の禅坊主に占ってもらい、祖師の亡霊、佛の亡霊、菩提・涅槃の亡霊を礼拝せよと教えられる。腑抜けのきみらは、わけもわからず、「達磨が西から来た意図とはなんぞや？」などと問う。

（大慧『正法眼蔵』巻上「徳山章」）


徳山宣鑑の行脚僧に向けて発せられたこの蜿蜒と続く果てしなき罵倒、聖性への激烈な否定、自由への強烈な希求。臨済義玄もやはり行脚僧に語った。

諸君！　佛を究極と見なしてはならぬ！　わたしから見れば糞壷同然だ。菩薩・羅漢はことごとく首枷と鎖で人を縛る連中だ。ゆえに文殊は剣をかまえて瞿曇（佛）に斬りかかったのだし、鴦崛摩羅は刀を持って世尊を殺そうとしたのだ。諸君！　外から手に入れる佛などありはしない。たといれいれいしく説かれた三乗・五性・圓頓(えんどん)の教理であろうと、みなかりそめの方便であって、本当の中味などありはしない。あるのはそのものではないただの説明、大仰な宣伝の文句であって、指図しようとするものにすぎないのだ。諸君！　外に求め得ないならばと、坐禅をして内面の工夫に力を入れて世間を超出しようとかかる坊主がいるが、大間違いだ！　外面にせよ内面にせよ、もし佛を求めようとするなら、その人は佛を失い、道を求めようとするなら、その人は道を失い、祖師を求めようとするなら、その人は祖師を失うだけだ。（『臨済録』【九二】示衆一六）

諸君！　まっとうな見かたを得たいなら、けっして人に騙されてはならぬぞ！　内面においても外界においても、諸君を騙すやつに出くわしたら殺せ！　佛に出逢ったら佛を殺せ！　祖師に出逢ったら祖師を殺せ！　羅漢に出逢ったら羅漢を殺せ！　父母に出逢ったら父母を殺せ！　親族に出逢ったら親族を殺せ！　そうして初めて解脱できるのだ。何者にも拘束されず、透脱して自在になれるのだ。（『臨済録』【七四】示衆九（1））

これはなんとも心魂を寒からしむ大胆挑発的な発言である。いわゆる「訶佛罵祖(かぶつばそ)」（佛陀と祖師の権威を悪しざまに罵る）と「精神的殺人」の意味するところは、修行者の内面（心）に権威として現われる偶像は容赦なく殺して初めて自由になれるというのである。以下の「佛」、「祖」、「羅漢」は佛教（出世間）の、「父母」、「親族」は世俗（世間）の尊重すべき権威。偶像となったこれらを悉く殺し尽くせとは甚だ激越な言葉であるが、じつはこれはもともと大乗経典の説にもとづくものであって、貪愛を母に、無明を父に、諸使（煩悩）を羅漢に、覚境の識を佛に譬えて、これらを断滅することを「殺害する」と言うのは『楞伽経』に言うところで（四巻本巻三）、この「父母を殺す」という修辞は早くも初期経典の『法句経』（二九四、二九五）に淵源するという（常盤義伸『ランカーに入る――すべてのブッダの教えの核心――』巻三、一二五頁、禅文化研究所、二〇一八年）。

宋代知識人の放言と唐末禅僧の説法は、じつは中国の近世という同じ時代的気風から発生したものであろう。中世的羈絆からの脱却への希求には切実なものがあった。たとえば佛教の地獄説である。インドから西域をへて中国に伝わった佛教は、人間を苦から解放する解脱の宗教である反面、一方で地獄という巨大な暴力装置を造り出し、ひとびとを「益ます懼れて法を奉ず」（『冥祥記』馬虔伯）という状態に陥れた。臨済の「示衆」には、こうした中世的迷信を脱した、いかにも近世人らしい考えかたが躍動している。

諸君！　真の佛はすがたを持たず、真の法はかたちがない。しかるにきみたちはひたすら現身の上にひとまねばかりして、それで佛や法を求め得たと思っても、そんなものはみな狐に化かされたに過ぎず、けっして真の佛ではない。外道の考えかただ。ほんものの修行人は、けっして佛とならんことを求めず、菩薩・羅漢とならんことを求めず、解脱しようと求めたりせずとも、超然として三界を脱け出て、何物にも拘束されぬ。このことを、〈たとい天地がひっくり返ろうとも、わたしは絶えて疑わぬ〉。臨終のときになって、たとい聖衆の来迎が目の前に現われようとも、微塵もありがたいとは思わず、三途地獄がいきなり現われようとも、少しも恐ろしいとは思わぬ。なぜか？あらゆるものは本来空なのであって、因縁によって現われもすれば消えもするに過ぎず、〈三界は心の現出、万物は意識の産出〉なることが、わたしにはわかっているからだ。ゆえに〈夢幻、空に現われる幻影は、把もうとしても無駄なこと〉と言われる。ただ諸君という、わが目前でいま説法に聴き入っている人、きみたちこそは、地獄の火に入っても焼けず、水に入っても溺れず、地獄に入っても花園に遊ぶがごとく、餓鬼道・畜生道に入っても苦しみを受けることがない。なにゆえか？　厭うべき法というものはないからである。〈きみたちが聖を慕って俗を憎むなら、煩悩の海に浮き沈みをくりかえすほかはない。煩悩は心によって起こるもの、外に求める心が無くなれば、きみたちを拘束する煩悩は起こらぬ。わざわざ分別をはたらかせて虚妄の相を求めなければ、立ちどころにおのずから道を得るのだ〉。きみたちはあたふたと叢林を軒なみに訊ねまわって学ぼうとしているが、長い長い修行の階梯を歩んでも、結局は迷いの世界を出ることはできぬ。それよりも無事なることを心得て、道場で禅牀に脚を組んで坐っているほうがましというものだ。（『臨済録』【七二】示衆七）

「三途地獄」とは三悪道へとみちびく火途（地獄道）、刀途（餓鬼道）、血途（畜生道）を一括していう。教理的な説明は智顗『摩訶止観』（巻一）、澄観『華厳経随疏演義鈔』（巻三五）等に見られるが、当時のひとびとは中国で作られた偽経『十王経』や語り物「目連変文」、呉道子が描いた寺院壁画「地獄変」などの通俗的な地獄描写を通して地獄の存在に恐れおののき、懸命に設斎（僧を招いて読経させ、供養を捧げる法要）や予修生七法要（死者の死後七日ごとに、よき来世の転生を祈る法要）をおこなっていた（杜斗城『敦煌本佛説十王経校録研究』甘粛教育出版社、一九八九年）。地獄と天堂（極楽浄土）はひとびとを恐れおののかせて善行功徳を迫る、佛教が作り出した共同幻想、巨大な暴力装置であった。

第四節　達摩『二入四行論』

達摩（ダルマ）『二入四行論』は地獄こそ妄想に他ならぬとくりかえし説いている。

また問う、「わたしは地獄に堕ちるのが恐ろしいので、罪を懺悔し修行につとめています。」答える、「その〈わたし〉はどこに存在するのか？〈わたし〉とはどんなものか？」「わかりません。」答える、「その〈わたし〉さえわからぬのに、いったい誰が地獄に堕ちるのか？〈わたし〉がどんなものかもわからぬなら、それが存在していると妄想して思いこんでいるに過ぎぬ。ただ存在していると妄想しているゆえに、地獄があるのだ。」（柳田聖山『達摩の語録』二二四頁、禅の語録、筑摩書房、一九六九年）

「地獄」とは観念の所産、幻想にすぎないと、『二入四行論』はくりかえし注意している。

例えばある人が自分の手で龍や虎の絵を画いて、自分でそれを眺めて、かえって自分で恐れおののくようなものだ。迷える人もこれと同じであって、自分の意識という筆で刀の山や剣の林の地獄絵を画き、かえって自分の心で恐怖しているに過ぎぬ。（同、一〇〇頁）

愚者はまた言う、「わたしは罪を犯してしまいました。」智者が答える、「その〈罪〉とはどんなものか？　それは因縁によって生じた、実体なき空なるものだ。生じた時に実体なきものと知れば、いったい誰が罪を作り、誰が罰を受けるのか？　経典に『凡夫は浅はかな智慧で分別意識をはたらかせて、〈わたしは貪ってしまった〉、〈わたしは怒りに駆られた〉と言う。こういう愚か者こそが三途地獄に堕ちるのだ』、また、『罪の本性は内面にも外部にもその中間にもない』と言う。これは罪というものには占める場所がないことを明らかにしているのだ。占める場所がないとは、寂滅しているということだ。地獄に堕ちるのは、〈わたし〉が存在していると思い込んで、分別意識をはたらかせ、〈わたしは罪を犯したから、罰を受ける〉、〈わたしは善いことをしたから、果報を受けて賞される〉などと思うからなのだ。これこそが悪業である。本来なきものを勝手に分別意識によって〈ある〉と思い込んでいる。これこそが悪業なのだ。」（同上、一七〇頁）

「三途地獄」がかく虚妄ならば、「極楽浄土」も「佛」も「解脱」もすべては観念（佛教教学が作り出した術語）に過ぎず、人はこうした観念、とりわけ高尚な、壮大な、魅惑的な観念を過信しやすく、またこれによって最も騙されやすいのである。こういう空なる観念に惑わされず、「無事」でいるのがいちばんよいと臨済は言うのである。

こういう認識を誤る人間の心の習性をインドの佛典『楞伽経（りょうがきょう）』では「自心現量（じしんげんりょう）」と名づけ、自心が妄想によってありもしない幻想を現出して、さらにその幻想を実体視してさまざまな感情を抱く例を挙げており、『二入四行論』の説はこれに拠っているのである。ところで、わたしはこれに似た話をどこかで読んだような気がして、ようやく思い出した。エピクテトスというギリシャの奴隷出身の哲学者がこう言っていた。

ひとびとの心を乱すのは、物事ではなく、物事についての想念である。たとえば死は何も恐ろしいものではない。……むしろ死についての、死は恐ろしいものだとする想念、それが恐ろしい当のものである。だからしてわれわれは、邪魔されたり、悩まされたり、苦しめられたりするような時、決して他人を責めず、むしろ自分自身、つまり自分らの抱いた想念を責めることにしようではないか。（長坂公一訳「手短かに」、『ギリシア思想家集』筑摩書房世界文学大系、一九六五年）

エピクテトスのいう「想念」が達摩のいう「分別意識」である。これは身は世間に服従しても、心は征服されざる自由でありたいと願う苦労人の哲学である。エピクテトスはまた「物を失っても、悔しがったりせず、一時借りていた物をお返ししたと思え」とも言っていた。これは哲学というよりは苦労人の人生訓であろう。出家沙門として乞食生活に甘んじた初期禅宗の遊行僧と共通するものがある。

達摩の「四行論」と呼ばれる修行論の第一「報怨行（ほうおんぎょう）」には同じことを言っている。

道を修行する人は苦しみに遭ったとき、かく思え、「自分は太古の昔から長い長い前世の間、自己の本源を棄てて末節を追い求め、迷いの世界を流浪し、世を怨み人を憎んでは、いつも人と対立し危害を加えてきた。いま罪を犯していなくとも、受けた苦しみは前世の罪業が結果として実を結んだのであり、何も神々が与えたものではないのである。ゆえに心に甘んじ、忍耐をもって受けと

め、けっして他を怨んだり不平をこぼしたりはいたしません」と。（『達摩の語録』三二頁）

これを初期禅宗の人びとが「修行」の第一と考えたのであるから、かれらの置かれた境遇がどんなものだったかを想わせる。ついで第二の「随縁行」は、世のすべては因縁によって形成されたものゆえ、運命と諦めて随順せよ。第三の「無所求行」は、苦しみは欲求を起こすところから生まれるゆえに、無欲に徹せよ。第四の「称法行」は、人間の「本性は清浄」という理法に遵い、これを汚す慳貪を離れよ。これが社会の最底辺で流浪の乞食生活を送った初期禅宗の人びとが自身に課した「修行法」なのであった。

第五節　如何なるか是れ祖師西来意

「禅宗の時代」と題する本章では、菩提達磨（磨、摩は同音。初期には摩が用いられ、のちには磨に統一された）より始まると一般的に言われる禅宗の、晩唐臨済にいたる「禅宗史」を講ずることは、ここではやめて、『臨済録』に即して、臨済義玄が思い描いていた禅の系譜および同時代禅宗の情況を素描してみたい。

右の徳山の引用にも出てきた「達磨が西から来た意図とはなんぞや？」とは、中唐馬祖門下の時代よりしばしば提起された「如何なるか是れ祖師西来意？」という問いである。「祖師」は菩提達磨を指し、「祖師西来意」とは達磨がインドから来た意図。達磨は禅を伝えたとされるが、その禅とはなにかを問うもので、中唐時代の禅宗がみずからのルーツをこの問いによって確認しあう問題意識である。

達磨は何をしに中国へ来たのか？　臨済は言う、「人に騙されぬまっとうな人間を捜しに来たのだ」。

れいの道人が求めまわる妄念をやめられなかったところへ、達磨が印度から来て、他人から騙されぬ一箇のまっとうな人間を捜そうとして、のちに二祖となるその道人神光に出逢うと、かれは一言のもとに悟って、初めてこれまでの努力が無駄な骨折りだったと了解したのだ。（『臨済録』【八七】示衆一五（2））

これは臨済の示衆の一段で、達磨が嵩山（すうざん）で慧可と出逢い弟子とした有名な「慧可断臂（えかだんぴ）」の伝説を話題にしている。当時の伝承と臨済の受けとめかたを知るために、『景徳伝灯録』の叙述を引いておこう。

梁の普通八年（五二七）十一月二十三日、達磨は北魏の都洛陽に至った。孝明帝太和十年（正しくは孝昌三年）のことである。嵩山少林寺に寓居して、面壁坐禅し、終日黙然であった。これを見た人々は、その意を測りかねて、〈壁観の婆羅門〉と呼んだ。そのころ神光という闊達な男が博学で知られ、玄談に優れていたが、つねづね「孔子や老子の教えは礼儀作法と風俗教化にすぎず、荘子と易の妙理も完全とまではいかぬ」とうそぶいていた。「近ごろのうわさでは、達磨大士なる人が少林寺に住んでいるとか。立派な人が身近にいるのだ、ひとつその玄なる境地を訪ねてみよう」

と、少林寺へ行って、朝夕あいさつに伺ったが、師はいつも壁に向って相手にせず、一言も教えを聴くことができなかった。神光は思った、「昔の人は骨を斬って髄を取り出し、血を出して餓えた人を救い、みずからの毛髪を泥に敷いて佛を歩ませ、崖に身を投じて餓えた虎に供養したという。古人でさえここまでやったのだ。おれはいったい何をしているのだ！」その年の十二月九日、大雪が降ったが、神光は決意して雪の中に立ちつくし、夜明けになると雪は膝にまで達した。師は哀れに思って声をかけた、「おまえは雪の中に立ちつくして、何を求めているのか？」神光は泣き出して言った、「どうか和尚よ、方便の手立てをもって人をお救いください。」師、「諸佛の無上の妙道は、万劫にもわたって励み勤めて、行ない難きを行ない、耐え難きに耐えて、初めて得られるのだ。おまえ如き無徳無智、軽慢(きょうまん)の心の者がそこへ至る乗り物を欲したところで、無駄な努力というものだ。」神光は師の言葉を激励と受け取り、ひそかに刀を取り出し、左臂(うで)をぐいっとばかりに斬り落として、師の前に差し出した。師はこいつは本物だと知って言った、「諸佛は最初の求道から、法のために身を惜しまなかった。おまえは今わたしの前で臂を斬った。みごとな求道だ。」師はそこで慧可（みごとな智慧）という名をつけてやった。問う、「諸佛の教えをお聞かせください。」師、「諸佛の教えは他人から得るものではない。」「それではわたくしの心が落ちつきませぬ。どうか師よ、わたくしの心を安らかにさせてください。」師、「ではその心を持って来なさい。安らかにしてやろう。」「心を捜し求めても、得られませせぬ。」師、「おまえの心はこれで安らかになった。」

（『景徳伝灯録』巻三「菩提達磨章」）

この伝説の主題は慧可の「命がけの求道」と最後の「心不可得」による「安心」（妄りに求める心の終熄）で、臨済はこのことを、自己の外に真理を設定して、これを他から得ようとすることの誤りを言うのである。示衆ではつづいて、ある僧との次の問答がある。

問う、「達磨が印度から来た意図とは何でしょうか？」師、「もし何かを教えてやろうという意図なんぞがあったなら、人を救うどころか、自己さえも救えはしない。」僧、「意図がなかったなら、どうして二祖は達磨の意図する法を得たのですか？」師、「得たとは、得なかったということだ。」僧、「得なかったのなら、得られなかった意図とは何だったのですか？」師、「やれやれ、きみはそのようにどこへ行っても求めまわることをやめない。だから祖師は言ったのだ、『コラッ！　一人前の男のくせして！　自分の頭で自身の頭を捜しまわってどうする！』と。きみが言下に迴光返照して、他に求めることなく、自己の身心が達磨や佛陀と別物でないと知り、ただちに無事になったとき、それこそが法を得たと言えるのだ。」（『臨済録』【八八】示衆一五（3）「西来意」）

「禅宗史」においては、達磨が慧可に与えた伝法偈というものがあり、「吾は本と茲の土に来って、法を伝えて迷情を救う。一花五葉を開き、果を結んで自然に成る」（『景徳伝灯録』巻三「菩提達磨章」）と言ったとされる。馬祖道一は、「諸君自身の心が仏陀であり、この心こそが仏陀の心だということを信ぜよ。達磨大師は南天竺国より来て、この上乗一心の法を伝えたのだ」（『宗鏡録』巻一）と言い、黄檗も「達摩大師は中国に到ってより、ただ一心を説き、ただ一法を伝えただけだ」と言い、みな「伝えた」としている。がしかし、黄檗はすぐにつづけて「その法とは不可説の法、佛とは不可得の

熊耳山達磨塔

佛」、「然らば心とは無心、得るとは無得ということだ」と言って、じつは「得るとは得るものがないということにほかならぬ」ということに帰する（入矢義高『伝心法要 宛陵録』三八、四五頁、禅の語録、筑摩書房）。『臨済録』の原文「得者是不得」とは、「得たと言われるのは、じつは得なかった（不得）、なぜなら得るものは何もなかった（無得）ことに気づいた」ということである。達磨が伝えたとされるのは「一心の法」（心という教え）であるが、その教えと言っても、説明すれば、いつまでたっても説明に堕して、心そのものではなくなる。心そのものと言っても、自身の心のことであるから、教えによって人から得るものではない。「伝えた」とは言っても、「伝えるものは何もない」ことを教えたのであって、このことを見抜く人が、すなわち「人に騙されぬまっとうな人間」である。臨済がここで「迴光返照（えこうへんしょう）して、他に求めることなく、自己の身心が達磨や佛陀と別物でないと知り、ただちに〈無事〉になったとき、それこそが法を得たと言えるのだ」と言うように、回心の宗教体験（黄檗のいう「黙契（もっけい）するのみ」）によってのみ、このことが深く体会される。この体験をもった人が臨済の言う「なんぴとにも騙されぬ人」である。

菩提達磨が唐代禅の思想的源流のひとつであることは疑いなく、それはこの人の名を冠して伝わるいわゆる「達磨論」（「二入四行論」、「無心論」、「悟性論」等）によるのであるが、それらは唐代に至って出現したものであるらしく、この人のイメージも後世の禅宗の人びとによって形づくられてきたものである。臨済の言う「人に騙されぬまっとうな人間を捜しに来たのだ」も、じつはそのひとつであり、また達磨に何かの「意図があったなら、人を救うどころか、自己さえも救えはしない」と言ったりしているのであるから、かれの言わんとすることはわかるが、結局は達磨の実像などたいした問題ではなかった、と言うほかない。

第六節　初祖達磨塔

臨済が江西の黄檗山を出て行脚し、河南の熊耳山（ゆうじさん）にある初祖塔（達磨の墓）に詣でたという記録が『臨済録』に見える。行脚は諸国放浪の風餐露宿（ふうさんろしゅく）とは言っても、当てのない放浪の旅ではなく、「風（ふう）を望んで詣（いた）る」と言われるように、諸方の禅宗老師の評判を聞き、有能な指導者のもとで修行して、悟りの激発の契機を得ようとするものであるが、さきに引用したように日本人僧圓仁が記録していた佛教名山への巡礼の行脚僧もいた。唐代には佛教四大名山として、東に観音菩薩の普陀山（浙江省）、南に地蔵菩薩の九華山（安徽省）、西に普賢菩薩の峨眉山（四川省）、北に文殊菩薩の霊地五台山（山西省）があり、そこへ到る進香道と巡礼者のための無料宿泊施設も整備され、また伝統的な五岳（東岳泰山、南岳衡山、西岳華山、北岳恒山、中岳嵩山）、道教の洞天福地へも巡礼者が集まった。禅僧の行脚にはまた祖塔参拝の目的もあり、禅僧が書いたと思われる五代後唐時期（九二三～九三六）の『諸山聖跡志』という敦煌写本（擬題、S．五二九）は「名山一十八所、舎利塔十九所、祖師塔六所」等を十数年かけて巡礼した記録である（鄭炳林『敦煌地理文書匯輯校注』甘粛教育出版社、一九八九年／郝春文主編『英蔵敦煌社会歴史文献釈録』第三巻「失名行記」、社会科学文献出版社、二〇〇三年）。この「祖師塔六所」が震旦初祖達磨塔（河南熊耳山）、二祖慧可塔（河北成安）、三祖僧璨塔（安徽潜山）、四祖道信塔（湖北双峰山）、五祖弘忍塔（湖北馮茂山）、六祖慧能塔（広東曹溪山）である（ただし写本は残巻のせいか、四祖塔、五祖塔、六祖塔の巡礼しか記していない）。

菩提達磨は南北朝（北魏、斉梁）のころに来華した西域または印度僧で、『洛陽伽藍記』永寧寺、修梵寺の条（巻一）にその片影がわずかに知られるが、そのイメージが鮮明になってゆくのは唐代からである。道宣『続高僧伝』習禅篇、『神会語録』、『伝法宝紀』、『歴代法宝記』にその伝記が記され、対話を記録した『二入四行論』がまとまり、唐中期の『宝林伝』（八〇一年）に至って総括される。これらによると、『続高僧伝』の「達摩伝」では「自ら云う、年は一百五十余歳と。遊化を務めと為し、終りを測らず」、「慧可伝」に「達摩は洛濱に滅化し、可は亦た形を河涘（黄河の水辺）に埋む」、『神会語録』には「嵩山に葬る」、『歴代法宝記』には「洛州熊耳山に葬る」、そして『宝林伝』に至って、卒年を北魏太和一九年（四九五）とし、「熊耳山の呉坂に葬る」と言い、さらには梁の昭明太子による祭文、梁の武帝による塔銘までも収録されているから、すでに伝説化が甚だしく、卒年にも諸説が出現する。現在は河南省陝県（洛陽の西、三門峡市の東五九キロ）に達磨塔と空相寺が存する。一九八八年の情況はつぎのようであった。「一面の畑の中に一つの伽藍と塔・碑が見える。熊耳山は熊の耳のようにきれいな三角形をした小山であった。かつては百名もの僧侶がいたという大寺院は、現在は佛殿の跡と思われる建物と碑が四基、それと達磨の塔が残るのみである。伽藍の西側にあり、西を正面にして立っていた」（尾崎正善「熊耳山呉坂の達摩塔について」、駒沢大学中国佛教史蹟参観団「行程記録」、『中国佛蹟見聞記』第十集、一九九〇年）。宋初に編纂された『景徳伝灯録』（巻三「菩提達磨章」）では定林寺と言っているが、達磨塔参拝の記事は、じつは『臨済録』が最初である。

【三〇】初祖塔

師初祖塔頭に到る。塔主云く、「長老は先に佛を礼するや、先に祖を礼するや？」師云く、「佛祖倶に礼せず」。塔主云く、「佛祖は長老と是れ什麼の冤家ぞ？」師便ち払袖して出ず。（『臨済録』）

師は初祖達磨塔に到った。塔主が問う、「長老は佛陀を先に礼拝なさるか、達磨大師を先に礼拝なさるか？」師、「佛陀も祖師も礼拝しませぬ。」塔主、「長老は佛陀、祖師と何の仇がおありなのか？」師は袖を払って出て行った。

達磨塔わきに建てられた塔頭の住持（塔主）は義玄を「長老」と呼び、慇懃な態度で、「佛陀と達磨のどちらを重んずるか」と問うた。行脚の禅僧と見て、その考えかたを試したのである。臨済の立場は示衆にくりかえし言うように、「祖佛は自己と別ではない」のであるから、自己の外なる佛陀も祖師も礼拝の対象ではない。臨済は達磨塔に詣でながら、結局は礼拝せずに去っていった。

ちなみに、晩唐五代の詩僧貫休（八三二〜九一二）が咸通一三年（八七二）に書いた「馮使君に渡水僧障子を上る」詩に次のように言う。

跣足拄巴藤　はだしで巴藤の杖をささえにして
潺溪渡幾曾　渓流をいくつ渡ったことだろう
盡權無著印　かれらはみな修行の印可状を持ち
不是等閑僧　ただの遊行僧ではない
熊耳應初別　初めに熊耳山へ達磨塔を拝し
牛頭始去登　のち牛頭山へも登ったことであろう
畫來偏覺好　描いてみるとわれながらよい出来で
將寄柳吳興　柳惲のごとき名太守にお贈りしよう

これは貫休自作の「渡水僧障子」（川を渡る行脚僧を描いた屏風絵）を睦州刺史馮巌に贈った時の詩であるが、渡水図の行脚僧たちは熊耳山の達磨塔へ拝登したはずだと言っている（胡大浚『貫休詩歌繫年箋注』下冊、四六六頁、中華書局、二〇一一年）。熊耳山達磨塔は当時の禅僧の行脚コースであった。

第七節　臨済の行脚

『臨済録』には、臨済が黄檗山を出て行脚し各地で対話した記録がいくつかあり、これらはもっとも古い形態を保存する『天聖広灯録』では一括して補遺として編入されたものであるが、龍光山、三峯山（以上の所在は未詳）、大慈山（杭州）、華厳院（湖北襄州）、翠峰院（蘇州太湖?・）、象田院（浙江越州）、明化院（未詳）、鳳林院（杭州秦望山）、金牛院（河北鎮州）の九箇所である。これによってルートを想定してみると、江西～湖南・湖北～江蘇～浙江～河北であった。これらの対話によって、臨済が見た各地の禅僧の考えかたを見てみよう。江西は馬祖の洪州宗の盛んな地方で、湖南と合わせて「江湖」と称され、禅宗が栄えた地方である。そこを通って湖北襄州の華厳院に至った。

襄州華厳に到る。厳拄杖に倚りて睡る勢を作す。師云く、「老和尚、瞌睡して作麼？」厳云く、「作家の禅客、宛爾として同じからず。」師云く、「侍者よ、茶を点じ来って和尚の与に喫せしめよ。」厳乃ち維那を喚び、「第三位に者の上座を安排せよ」と。（『臨済録』【九九】補遺（4）「華厳」）

襄州華厳院に到った。華厳和尚は見るや、拄杖に依りかかって眠るふりをした。義玄、「老和尚、居眠りなどして、どういうつもりか！」華厳、「腕の立つ行脚僧は、さすがに凡流と違うな。」義玄、「侍者よ、茶を点てて持って来て和尚に飲ませよ！」華厳和尚は維那を呼んで言った、「この上座を第三位に案内せよ」と。

襄州は唐代では山南東道に属し、江南から都長安へ通ずる交通の要衝（湖北省襄樊市）。「襄（襄陽）荊（江陵）の道は水陸並びに通じ、中古時代最も繁栄した路線であった」（厳耕望『唐代交通図考』第四巻、中央研究院歴史語言研究所専刊之八十三、一九八六年）。のち臨済下第四世風穴延沼（八九六～九七三）が襄州華厳院で維那であったとき、守廓（興化存奨の侍者、一〇世紀の人）と「南北の家風」について語りあったと言い、その時の華厳和尚も「若し是れ臨済、徳山、高亭、大愚、鳥窠、船子の児孫ならば、如何若何するを用いず、直ちに須らく単刀直入なるべし。華厳は汝らの与に証拠せん」（『天聖広灯録』巻一四「守廓上座章」）と言っているから、襄州華厳院は南北の禅の情報が集まるところであった。ただし臨済が訪れた華厳和尚の詳細は知られない。

華厳和尚は行脚して来た臨済を見て、眠るふりをした。「睡る勢いを作す」とは、わざと居眠りするしぐさをすること。『聯灯会要』巻九「臨済章」では、「厳は来るを見るや、横に拄杖を按じ、瞌睡の勢いを作す」としている。立ったまま拄杖を横にして眠るふりをするという、行脚僧受け入れ拒否の、いかにもわざとらしいしぐさをして、臨済の反応を見ようとしたのである。すると華厳和尚の予想どおり、臨済は「老和尚、居眠りなどして、どういうつもりだ！」と応じた。華厳和尚は「さすがは作家の禅客だ。凡流と違う」と、わざとらしく持ち上げた。「作家」はもと上手に家を治める義から、能手を評価する語となり、禅宗ではすぐれた応答をする禅僧を指すようになった。義玄は「侍者よ、和尚に茶を点てて持って来て目を醒ましてやれ！」と、あい変わらず威勢がよい。「点茶」は唐代後期からおこなわれた飲茶法で、粉末にした茶を盌に入れ、沸かした湯を瓶から点注して飲む。茶は唐代では目を醒ます作用の飲料であった。そこで華厳和尚は維那を呼んで、「この上座を僧堂の第三位に案内してやれ」。「第三位」とは僧堂内の新到の座位であろう。宋代の『禅苑清規』巻一「掛搭」の条に新到僧が僧院に掛搭するときの次第が規定してある。新到僧は威儀を具して祠部牒（出家受戒した正規の僧たる証明書）を堂司に見せ、維那がこれを点検して同意したあと、堂司が案内して僧堂内の聖僧（文殊菩薩像）の前で大展三拝し、首座位から巡堂して、「前門内南頬牀下板頭に於いて第三位」に坐せしむるという。

この一段の相見の問題は、華厳和尚は義玄の来参を見て、なぜ「睡る勢を作し」たのかである。「行脚」に対して「瞌睡」のまねをして見せるとは、行脚僧の自己の外に求めまわる行為を批判する「無事」の提示であろう。懶瓚「楽道歌」にいう、「兀然として無事に坐す、何ぞ曽て人の喚ぶもの有らん？　外に功夫を覓むるは、総て是れ痴頑の漢。」「飢え来らば即ち飯を喫い、睡り来らば即ち臥して瞑る。愚人は我を笑うも、智は乃ち賢なるを知る。」「謾りに真佛を求む可からず、真佛は見る可からず。妙性及び霊台は、何ぞ曽て勲練を受けん？　心は是れ無事の心、面は是れ嬢生の面」（『祖堂集』巻三）。これが馬祖禅の「無事」の典型的表現である。江戸時代の抄物（注釈）には襄州華厳を馬祖の弟子華厳智蔵に擬するものがあるが、この人は『五灯会元』巻三の目録に名が見えるだけで確証はない。しかし馬祖系の禅僧であろう。

次に江南に転じて、浙江杭州の大慈山の寰中禅師を訪うている（第二章参照）。

臨済はさらに行脚して江南から山東の故郷を経由し、滹沱河を北へ渡って、河北鎮州に至り、城内の金牛院で問答をする。

　金牛に到る。牛は師の来るを見て、横ざまに拄杖を按じ、当門に踞坐す。師は手を以て拄杖を敲くこと三下し、堂中に却帰りて、第一位に坐す。牛は下り来り見て、乃ち問う、「夫れ賓主相見するは、各おの威儀を具す。上座は何従りか来る？　太だ無礼生！」師云く、「老和尚よ！什麼と道うぞ！」牛は口を開かんと擬するや、師便ち打つ。牛は倒るる勢を作す。師又た打つ。牛云く、「今日は著便ならず。」（『臨済録』【一〇六】補遺（11）「金牛」）

金牛院に到った。金牛和尚は師が来たのを見て、門の前に坐りこんで、拄杖を横に構えた。師は手でその拄杖を三回敲き、禅堂に入って首座の座に坐った。金牛和尚は追いかけて来て言った、「相見というものは賓主がともに威儀を整えるものだ。そなたはいったいどこから来たのか？礼儀知らずめ！」師、「老和尚よ、何とおっしゃるか！」金牛和尚が口を開こうとしたとたん、師は和尚を打った。和尚は大げさに倒れるまねをして見せた。師はまた打った。金牛、「今日はうまくゆかんわい。」

金牛院は鎮州城内にあり、馬祖の法嗣の金牛和尚が住したところであろう（『祖堂集』巻一五、『景徳伝灯録』巻八。この人は義玄より一世代前に属する）。臨済は黄檗山を辞し、南方行脚をへて山東の故郷に帰り、そこから河北へと向かい鎮州に到って、この地のひとびとと縁ができ、城南の臨済院に住することになるのであるが、この一段はその間の出来事で、本段が補遺の最後に置かれるのも、これが行脚の終結となるからであろう。金牛和尚は義玄の来たのを見るや、門前で拄杖を横に通せん棒をした。行脚僧の入寺を拒否する意である。鎮州真定県は五台山進香道の東の起点にあたり、ここから先には巡礼者のための普通院が整備されていたから、全国から集まる巡礼者はまずここで休憩することを常とした。城内には寺院が多く、行脚僧は寺院で断中（昼食）をし、あるいは投宿するのである。

金牛和尚の拒否に遭った義玄は、その拄杖を手でコンコンコンと三回敲いてから門から入った。わざわざ三回敲いたのは、拒否に遭った義玄なりの三拝のつもりであろう。そして勝手に門をくぐり、禅堂に入りこんで、第一座（首座）の座に就こうとした。行脚をやめ、金牛院で和尚に代わって雲水を指導してやろうという自信である。「堂中に却帰り、第一座に坐す」の「却帰」は、最終的に落ちつくべきところへ到るときの「帰する」意の口語。和尚は追いかけて来て、「夫れ賓主相見するは、各おの威儀を具す」と相見作法のことを言い出した。「夫れ」は原則論を持ち出すときの句端の副詞。入門相見の作法は『百丈清規』や『禅苑清規』に大叢林の規定がある。無著道忠『疏瀹』は「永平道元和尚云く、師に参じ威儀を具すとは、袈裟を著、坐具を持ち、鞋韈を整理し、一片の沈香・栈香等を帯ぶるなり」（『正法眼蔵』陀羅尼）というのを引いているが、おそらく道元が経験した南宋時代の習慣であろう。「礼儀知らずめ！」と嗔る金牛和尚に、義玄は「老和尚よ！　什麼と道うぞ！」と応じた。「賓主相見の礼儀をわきまえぬのは和尚の方ではないか！」と。金牛和尚が口を開けて何かを言おうとしたとたん、義玄は打った。打ったのは手に持っていた坐具で（大慧『正法眼蔵』巻下に引用する本段）である。どこを打ったのか？　口である。金牛和尚は大袈裟に倒れるしぐさをした。坐具であるから痛くもないし、倒れるほどではないが、「参った！」というメッセージ。義玄はまた坐具で打った。和尚、「やれやれ、今日はうまくゆかんわい。」大慧『正法眼蔵』巻下では、このあと、「遂に方丈へ帰る」（悔みつつ方丈へ引きあげた）とする。「不著便」は運がわるい、ツイていない意の口語。ここでも主客の機縁適わず、義玄は出て行った。

このあと、例によって潙山と仰山の商量が附されている。

潙山 仰山に問う、「此の二尊宿に還（は）た勝負有りや？」仰山云く、「勝つは即ち総て勝ち、負（ま）くるは即ち総て負く。」

潙山、「この二人の尊宿の応酬に、勝負はあったのかね？」叙述のしかたからすれば、義玄が金牛和尚をやりこめたように見えるのに、「勝ったのか、負けたのか？」と問うのは、じつはそういう表面的・通俗的な受けとめをしてはならぬ、という示唆である。仰山は答えた、「勝ったとしたら、ふたりとも勝ったのですし、負けたとしたらどちらも負けました」。つまり、勝負なし。なぜか？ 中晩唐時代の禅問答は、問答することによって互いに真理を確かめ、認識を高めてゆくものという考えかたが普遍的にあった。双方が対話という行為によって、前とは違った新しい地平に到ってはじめて完結するのである。論争ではないのであるから、勝ったところで何の得にもならず、かえって人我の煩悩を増すにすぎない。

潙山と仰山の商量が附されていることから、この補遺が潙仰派の伝承による記録であることがわかる。おそらく臨済の弟子三聖慧然が南方行脚して潙山に伝えたもので、潙山と仰山がこれをめぐって問答をし、それがあらためて記録された。潙山の継承する馬祖禅の立場から、臨済義玄をどう評価するかを示したのであり、またこうした潙仰の評価のしかたが九世紀後半の禅宗の標準と見なされていたのである。

第八節　臨済自身の思想的系譜

つぎに、『臨済録』に現われる禅僧は、臨済がみづからの思想的系譜を語ったつぎの「示衆」の一段に先達として列挙する人たちである。

> 諸君！　わたしの佛法には、はっきりとした伝承がある。麻浴（まよく）和尚、丹霞和尚、道一和尚、廬山の石拽（ひ）き和尚、石鞏（せっきょう）和尚以来の道は、天下にあまねく知れわたっている。ただし俗受けはせず、非難ごうごうたるものであったが。道一和尚の純然たる禅的接化に、会下の四、五百の修行僧たちは和尚の意図がわからず、右往左往するばかりだった。廬山和尚の正しさを失わぬ順逆自在なる接化に、修行者は意表を突かれて、ただ茫然とした。丹霞和尚は宝珠をあやつって、隠したり露わにしたり、修行者が迂闊に手を出すと、ことごとく罵られた。麻浴和尚の接化は味に譬えるなら黄檗の苦（にが）さ、まったく近づくこともできぬ。石鞏和尚の接化は箭（や）をつがえて来参者を試み、みな懼れてたじたじであった。（『臨済録』【八二】示衆一四（1）「山僧の佛法」）

臨済の「示衆」に同時代の禅僧の名が出現するのはここだけであるが、五人の禅師の名を挙げて自身の禅がかれらに由来すると述べている。かれは黄檗希運のもとで開悟して「その法を嗣いだ」とされるのであるが、ここでそれを言わず、むしろ自身が共感を寄せる人の名を挙げているのは、かれ自身に後世のいわゆる法系意識がなかったことをものがたるようである。

まず麻浴宝徹（まよくほうてつ）（生卒年未詳。「浴」は「谷」とも書く。同音）は馬祖道一に参じ、蒲州麻谷山（まよくさん）（山西省永済市）に住した。丹霞天然（七三九～八二四、『宋高僧伝』巻一一）は馬祖道一に参じ、その指示で石頭希遷を訪ね、のち鄧州丹霞山（河南省南召県）に住した。丹霞と麻浴は行脚仲間でもある。馬祖道一（七〇九～七八八）は南嶽懐譲のもとで開悟し、洪州開元寺（江西省南昌市）に住した。その説法は「即心即佛」（わが心こそが佛である）、「性在作用」（佛性は日常の動作に発揮される）、「任運過時」（欲求を起こさず、運命のままに生きる）を主とし、中唐期に新興の禅宗「洪州宗」を形成し、馬大師と呼ばれた。「大師のもとに親しく教えを受けた弟子はすべて八十八人が世に出て名をなし、ほかに隠遁した名もなき者は数知れない」（『祖堂集』巻一四「江西馬祖章」）と言われ、大きな影響力をもった。帰宗智常（生卒年未詳）は馬祖の弟子の麻浴、南泉普願（七八七～八三四）と行脚し、廬山帰宗寺（江西省九江市）に住した。臨済が黄檗の指示で訪ねた大愚和尚は帰宗の弟子とされる。「廬山の石拽き和尚」と呼ばれるのは、巨石運搬の作務で有名だったからである（『碧巌録』第四四則「禾山解打鼓」という公案の頌の評唱）。帰宗は大愚の師であり、黄檗が「馬大師の真正の法眼を得たる者」と高く評価し（『祖堂集』巻一六「黄檗章」）、法眼文益「宗門十規論」（第三）にも「馬大師は八十余人の善知識を輩出したが、どいつもこいつも凡庸で、ただ廬山和尚だけはましだった」と評された。石鞏慧蔵（生卒年未詳）はもと猟師であったが、馬祖と出逢って問答し、たちどころに弓箭を折り、自ら髪を断って出家した（『祖堂集』巻一四、『景徳伝灯録』巻六）。これら同時代の先輩和尚たちが、「ただし俗受けはせず、非難ごうごうたるものであった」というのは、「昔の先輩和尚がたは、どこに行っても理解されず、どこに住持しても追い出されたものだ。追い出されてこそ、始めて本当に立派だったと知られるのだ。もしどこでも安心して受け入れられるようでは、何の役に立つか！」（『臨済録』【六七】示衆四（6））というのに応ずる。これが当時の新興宗教禅宗「洪州宗」の、「心が佛だ」、「日常の営為のすべてが佛行だ」と公言して、坐禅看経を不要とし、「無事」を標榜した人々の、世間における評価であった。

馬祖道一の接化に修行者がみな啞然としたというのは、かれの対話術がそれまでの佛教の教理問答とはまったく違った新しいものだったからである。「中国の禅は、実質的には馬祖から始まった」（入矢義高『馬祖の語録』序）と言われるように、馬祖の禅宗は対話の宗教であり、その「教える／教えられる」関係に立たない問答の性格によって、以後の中国禅の特色ともなった。廬山の帰宗智常は上述のように、最も馬祖の意を得た弟子とされ、その問答も闊達自在である（『祖堂集』巻一五、『景徳伝灯録』巻七）。丹霞天然には「孤寂吟」、「翫珠吟」、「驪龍珠吟（りりゅうしゅぎん）」、「弄珠吟（ろうしゅぎん）」という作品があり、対象化できぬ心を見え隠れする宝珠（心という宝珠）に譬えて詠じた（『祖堂集』巻四、『景徳伝灯録』巻三〇）。麻浴宝徹の接化が「黄檗の如く苦（にが）く、近づくこともできない」と言われるのは、例えば「佛法の大意」を問われて「しばし沈黙した」のみであったこと（『祖堂集』巻一五、『景徳伝灯録』巻七）などを指すのであろう。石鞏慧蔵は出家し石鞏山（江西省臨川市宜黄県）に住して以後、「常に弓箭を以て機を接す」（『景徳伝灯録』巻六）。つまり参問者を追い返した。義玄がここに挙げた五人の接化に共通するのは、かれが罵倒する諸方の老師が「道の修すべき有り、法の証すべき有り」（修行して道を悟れ）と教える接化とは対極にある、草莽の禅僧らしいラディカルな峻厳さである。

第九節　唐末五代宋初の禅宗宗派

さて、以上は臨済みずからが接し、言及した当時の禅僧たちであるが、少しのちの人である汾陽善昭（九四七～一〇二四）の「広智歌一十五家門風」という歌によって、宋初の禅界の俯瞰を見てみよう。楊億（九七四～一〇二〇）が書いた「汾陽無徳禅師語録序」によると、善昭は「七十一員の善知識に歴参した」と言っている。つまり「広智歌一十五家門風」に述べた十五家の門風は、善昭自身が実際に行脚して目にした各地の禅僧の門風を総括したものである。十五家とは、馬祖宗派（江西）、洞山曹山宗派（江西）、石霜宗派（湖南）、潙仰宗派（湖南・江西）、石頭薬山宗派（湖南）、雪峯より地蔵に至る宗派（福建）、雲門宗派（広東）、徳山臨済宗派（湖南・河北）の八宗派。人物は馬祖道一、洞山良价、［曹山本寂］、石霜慶諸、潙山霊祐、仰山慧寂、石頭希遷、薬山惟儼、雪峯義存、玄沙師備、地蔵桂琛、法眼文益、雲門文偃、徳山宣鑑、臨済義玄の十五家の名を挙げている。善昭が歌訣として記述しているのは、むろんこの十五家を受け継いで宋初に活動していた八宗派の禅僧の思想的特徴であろう。歌は三、三（押韻）、七（押韻）、七、七（押韻）という、覚えやすい通俗的な民歌のリズムで作られている（テクストは大正蔵第四七冊『汾陽無徳禅師語録』巻下所収本を『禅林僧宝伝』巻一六「翠巌守芝伝」所引本によって校訂した。守芝は善昭の弟子で、その伝承のほうが信頼できる）。

［一］馬祖の宗派

「心こそが佛である」と言い、時には「それは心でも佛でもない」と言うが、別の物ではないことは昔から明白なのだ。

この真実の心こそがわが心であるが、わが心も方便として言ったにすぎない。

馬祖道一（七〇九～七八八）は「即心即佛」と宣言し、それが教条化されると「非心非佛」、「不是心、不是佛、不是物」と言って、庸俗的に受け取られるのを戒めた。「真実の心」とは人間の本性（すなわち佛性）を指し、それは万人に具わっているが、実体としてあるのではなく、日常の施為動作、言語応対に顕われるのみであり（「性在作用」）、人は何もことさらな修行をして悟りをめざす必要はなく、平常な心で生活することが修行である（「平常心是道」）と考えた。これが唐代禅の基調となり、この馬祖禅の精神をいかにしてみずから実現するかが、以後の禅僧の探究課題となった。以下の禅宗の人びとの思想はこの課題に対応しようとしたものとして読むことができる。

［二］洞山曹山の宗派

ある時は五位、ある時は三路を示し、

相手の機根に随って巧みに対応した。

当今の諱に触れぬことが宗旨であり、両手を拡げて幽玄の本体に導かれるとき佛も祖もない。

洞山良价（八〇七～八六九）は馬祖のほぼ百年後の人、その弟子曹山本寂（八四〇～九〇一）の活躍によって「曹洞宗」と呼ばれた。「三路」とは「玄路、鳥道、展手」のことで、洞山はこれによって修行者を導いたと言われる。「鳥道」は鳥の飛ぶ大空、「鳥道を行く」とは鳥のように蹤跡なき修行のしかた、すなわち功利意識を離れて、「本性を識り本源に達せん」とする沙門行。善昭の理解では、「与うべき何物もないと手を拡げて見せることで、修行者は鳥道を行くように、幽玄なる本体（本性、佛性）へと導かれるとき、みづからが佛祖と同じであることに気づくのだ」と言う。「五位」は洞山が曹山に伝えたとされる「五位顕訣」（正［空、本体］と偏［色、作用］の関係の五つの境位［正中偏、偏中正、正中来、偏中至、兼中到］）のことで、曹山はこれを用いて指導して評判となり、弟子の曹山慧霞が整理した『洞山五位顕訣并先曹山揀出語要』が流行していた。善昭が曹洞宗の宗風を述べるのに、真っ先に「五位」を挙げるのはこういう背景からであろう。良价と本寂じしんの思想の本領がこういう分類と応用にあったとは思われないが、洞山曹山派の綱領として受けとめられていた。こういう傾向は晩唐時代に宗派を形成した時期の一般的な動きであった。

「当今の諱に触れぬ」とは、天子の本名の漢字（諱）を避けることで、禅僧にとっての尊貴なる「佛性」、「法性」の本体は、これを尊んで直接の言及を避けて言い換え（回互（えご））、その確たる存在を暗示する態度をいう。この点が「本体は実体としてあるのではなく、作用としてのみ顕現する」という馬祖禅との違いである。

［三］石霜の宗派

師弟の関係は君臣の如く、父子の如く、

方圓の器に応じて綿密な指導を与えた。

士大夫、庶民、王侯貴族もみな同じ修行の道を歩み、愚者、智者、賢者、豪傑みな示された階梯を踏んで進んでいった。

石霜慶諸（八〇七～八八八）は道吾圓智（七六九～八三五、薬山の法嗣）の弟子であるが、石霜山と道吾山は近く、圓智は晩年に信頼する慶諸のもとへ衆を率いて移り、慶諸は圓智の遷化に至るまで手厚く師に事えた。このような綿密な師弟関係をもって世俗の人をも教化し、俗弟子も修行に務めて大いに成果があったと言う。慶諸は石霜山に二十年間住持し、そこでの修行者の生活は坐禅を重んじ、「長坐して臥せず、屹（きつ）として株杌（しゅげつ）（切り株）の如し。天下これを枯木衆と謂う」（『景徳伝灯録』巻一五「石霜慶諸章」）。善昭の当時はこういう宗風として有名であったのであろう。

［四］潙山仰山の宗派

質問すれば、これに答え、
機根に随って展開する問答応酬は的確である。

修行者への対応はけっして礼儀を失わなかったにもかかわらず、浅はかな者はこれを誹謗する。

問答によって双方が明快となるが、一方が説き明かすこともある。

機鋒の応酬によって禅の理解を一歩進めたらよいのである。

方便としての問答は勝負争いではなく、智慧の光が賢明さを見分けるのだ。

圓相を示すこともあれば、沈黙によって伝えることもあり、
遠くより特に来参した者に対しても視（み）つめ瞬（まばた）きするのみ。

万般の善巧方便がすべて執われなき空の開示、曇りなき金剛の眼は確かに見抜いている。

潙山霊祐（七七一～八五三）と仰山慧寂（八〇七～八八三）の師弟は九世紀の湖南、江西において馬祖禅を継承して、もっとも早く宗派「潙仰宗」を形成し、当時の禅の思想と接化の標準と見なされていたゆえであろう、善昭は比較的詳しい総括をしている。唐末に宰相をつとめた鄭愚が潙山のために書いた碑銘の序（咸通七年、八六六）に、潙山の開拓経営と指導について次のように言っている。

いま長沙郡の西北に大潙山がある。窞林深谷は幾千里続くのか知られず、猛獣毒蛇の棲みかとなって、土地の猟師、山沢の官、樵夫さえも恐れて近づかなかった。師は出家して僧諱を霊祐といい、福州の人である。笠をかぶり麻ぐつを履いて閩地から遊行し、この鬱蒼たる土地に来て庵居した。二時の食事に庵を出る以外、激しい風雨のときも黙然として坐禅をし、昼夜恬淡として生活していると、何者も危害を加えることはなかった。生死を超越し、憂患をものともせず、天地自然の理に随順する人でなければ、このように処することはできない。……

霊祐禅師がこれを実践していると、慕う人が少しずつ集まって来て、ともに力を合わせて禅室を築き、いっしょに森林を切り拓き、ついには千数百人の規模に至った。そこで飲食（自力更生の労働と修行生活）の綱紀を自分たちで作りあげた。ただし師はあれこれ指示し是非することはなく、質問する者があれば、相手に応じて答え、できないことを相手に無理に要求することはなかった。ここ数十年、佛教を論ずる者の輿論として、この指導が最善と見なされた。（鄭愚「潭州大潙山同慶寺大圓禅師碑銘并序」、『唐文粋』巻六三）

湖南の潙山という叢林の形成はこのような情況であった。鄭愚は霊祐の頂相に讃を求められ、その図を見て、「はたして、大人物たる度量の容貌魁偉な人であった」と言っている。その修行者への指導は、善昭の言うように、「礼儀を失わぬ」鄭重さ、また鄭愚の言うように、「質問する者があれば、相手に応じて答え、できないことを相手に無理に要求することはなかった」という鷹揚さが、一千数百衆という規模に至らせた。すなわち禅宗の大衆化現象である。そこで叢林経営の規矩が必要となり、「飲食（自力更生の労働と修行生活）の綱紀を自分たちで作りあげた」。その精神はおそらくは霊祐の師百丈懐海（七四九～八一四）が創始した「禅門規式」（のち増広整備されて『百丈清規』となる）を受け継ぎ、労働と坐禅と対話を柱とした禅の修行生活のありかたの規範を示すものであったと思われる。今にのこる「大潙警策」（敦煌写本P．四六三八、伝世本は「潙山警策」と題する）がこれにあたると言う人もあるが、この文書の内容は出家者の心構えを説いたパンフレットで、一部分禅学入門も兼ねてはいるが、叢林生活上の規矩にはふれないばかりか、全編ほとんどが当時の出家者の堕落ぶりに対する規誡で、大衆化した禅宗教団の内実をうかがうに足る。

　潙山仰山の禅的接化は対話（禅問答）であると同時に、「圓相を示すこともあれば、沈黙によって伝えることもあり、遠くより特に来参した者に対しても視つめ瞬きするのみ」であったと、善昭は仰山の接化の方法を述べている。「見つめ瞬きする」のは馬祖禅の「性在作用」（本性は日常の動作に顕現する）説の提示の継承であり、「圓相を描いて示す」（佛性圓満のシンボリズム）、また「沈黙によって伝える」（以心伝心）ことが、かれらの工夫した独自の方法であった。ただし、陸希声が乾寧二年（八九五）に書いた仰山慧寂の塔銘には、「言葉によらず、直截に修行者に示そうとし、この点では師に及ぶ者はなかった。しかし修行者のほうは往々にして真意を見失い、眉をつり上げたり、眼玉を動かしたり、木を敲いたり、物を指さしたりする動作だけをまねあって、ふざけ芝居のようであった」（「仰山智通大師塔銘」、『全唐文』巻八一二）と言っている。馬祖が歿して百年後、禅宗が大衆化時代を迎えて、馬祖禅の庸俗的理解が蔓延し、その克服が課題となっていたのである。

［五］石頭と薬山の宗派

ある時は本体の全体開示、ある時は作用の全面提示。

本体は森羅万象の世界と同じ次元にはない。

青山は白雲の飛ぶのを妨げず、白雲を突き抜けた金色の鳳凰が台に架かる明鏡にはっきりと映る。

六祖慧能（六三八〜七一三）——石頭希遷（七〇〇〜七九〇）——薬山惟儼（七五一〜八三四）という法系は、洞山、曹山の時代になってから自派のルーツとして追認されたと言われる。善昭が行脚した宋代初期には、江西の洞山、曹山とは別に、湖南にこの系譜の後裔の叢林が存在していたのであろう。ただし、善昭は曹洞系の措辞によってこの宗派の考えかたを表現している。「青山は白雲の飛ぶのを妨げず」、「金色の鳳凰が台に架かる明鏡にはっきりと映る」という二句は、本体と作用はともに偏ることなく重視されるという関係を表わしたものであろう。

［六］雪峯より地蔵に至る宗派

象骨山の鏡、地蔵院の月は、

玄沙師備と崇寿文益に受け継がれて余すところなく照らし出す。
王侯が帰すべき本源を問えば、その旨趣は碧潭に映る明るく皎潔たる月影のようだ。

唐末の福建に展開した雪峯義存（八二二～九〇八）、玄沙師備（八三五～九〇八）、地蔵（羅漢）桂琛（八六七～九二八）、法眼（崇寿）文益（八八五～九五八）の系譜は、閩の王氏、南唐の李氏の帰依を得て、五代宋初の南方禅宗のもっとも有力な宗派であったはずだが、それにしてははなはだ簡単な総括で済ませているのは、善昭の共感を呼ばなかったからであろうか。「碧潭に映る明るく皎潔たる月影」とは寒山詩の句。「吾が心は秋月の似く、碧潭に清くして皎潔たり」。明月は佛性の隠喩である。

［七］雲門の宗派

佛祖の言葉を提示し、批評の語を打ち出すや、
本色の禅僧ならば必ず激発の契機をつかんだ。
言句によって人を明快に悟らせる傑出した手腕は、楔を打って楔を取り出す匠の技だ。
門弟を誘引し、手を差し伸べる接化には、
心を空じてただちに応答させることこそが肝要だ。
雲門禅師の太陽のごとき大悲を解さないで、末裔どもは蝋燭で街路を照らしまわっている。

雲門文偃（八六四～九四九）は雪峯晩年の弟子で、広東の韶州で活動し、五代南漢政権の支持援助を受けて、雲門宗として宋代まで影響力を持っていた。文偃の『雲門広録』三巻の主要部分は早い時期

に成立が認められる整備された語録で、善昭はこれを読んで文偃の言説と接化の方法を知り、その後裔の活動に対する自身の見聞を加えて総括したようであるが、文偃の指導法を高く評価しながら、その末裔への批判的な見かたが対照的に現われている。

［八］徳山と臨済の宗派

徳山の棒と、臨済の喝は、
世界に並びなき鋭い批判の作略。
これを浴びせられると誰も教理の穿鑿をやめ、おしゃべり坊主も舌を巻く。

機に応じて放任と、奪取とを使い分け、
目にも止まらぬ刃の光鈩は稲妻のようだ。
乾坤をわが掌中に収めて自在、竹木に憑依する亡霊も退散する。

四つの賓主のパターンと、四つの対応の分類によって、
禅宗の精神をみごとに展開して正法を見分ける。
三つの奥義と三つの綱要をもって対応し、四つの肯定と百の否定の形式論理をすべて截ち切る。

徳山宣鑑（七八二〜八六五）と臨済義玄（?〜八六六）をひとつの宗派と見ているのは、義玄が若年に江南を行脚して、当時インパクトをもっていた湖南徳山の宣鑑禅師の強烈な個性の影響を受け、のち河北で説法した時に徳山の口調を模倣し、「臨済の喝、徳山の棒」と謳われたからである。善昭は十

五家の宗風の最後に自派の祖たる臨済を置き、詳しく評論してもっとも高い評価を与えている。ただし当時はここに取り上げられている「四賓主」（主人と客の対応の四つのケース）、「四料揀」（参問者への対応のしかたの四種の選択パターン）、「三玄三要」（三つの奥義と三つの綱要）といった一種の禅数学的教理によって宗風を展開する気風が蔓延していたのである。

以上、汾陽善昭「広智歌一十五家門風」によって、臨済百年後の宋初の禅界の俯瞰を見てきたのであるが、当時の行脚僧にとって各地に分立する宗派へのガイダンスとはなっていても、われわれがここから中唐より唐末五代をへて宋初に到る三百年の禅宗の流れを概観できるかと言えば、必ずしも明確なビジョンが得られたとは言い難い。したがって、この課題は次の章において臨済の思想を読み解き、臨済の思想的位置を確認するなかで解決しよう。

第四章　臨済義玄の禅思想

第一節　資料

臨済義玄禅師の禅思想をかんがえるさいの資料をどこに求めるべきか？　現在に伝わる『臨済録』にはふたつの系統がある。ひとつは「四家録」の系統で、馬祖・百丈・黄檗・臨済の四家の語録を一書に編纂した集成。『天聖広灯録』（北宋景祐三年、一〇三六）に収録される。「四家録」はのち黄龍慧南の校訂を経て、楊傑の序（北宋元豊八年、一〇八五）を附し、明版『四家録』（師啓跋［元至正二三年、一〇六三］）に受け継がれる。もうひとつは黄龍慧南校訂本をさらに圓覚宗演が再編し、馬防の序（北宋宣和二年、一一二〇）を附したテクストが『続開古尊宿語要』（南宋嘉熙二年、一二三八）に収録され、さらに『古尊宿語録』（南宋咸淳三年、一二六七）に引き継がれ、この臨済部分が元大徳二年（一二九八）ごろ刊本として単行化され、これによって日本の五山版（元応二年版［一三二〇］、永享九年版［一四三七、大正新修大蔵経第四七冊所収］）が刊行された。

つまり「四家録」系と「古尊宿」系のふたつの系統がある。後者は圓覚宗演によって再編されたとき、編成にも字句にも改変が加えられ、宋代資料による増補があるから、前者のもっとも古い形態を存する『天聖広灯録』（巻十、十一）をもって基本資料となすべきである。

その「示衆」は『臨済録』の主要部分を占めているが、この部分は唐代末期から五代（一〇世紀後半）、すなわち臨済禅師の圓寂（咸通七年、八六六）のほぼ百年後には成立していたと考えられる。「示衆」以外の部分（圓覚宗演再編本に分類された「上堂」、「勘弁」、「行録」に相当する部分）は成立が遅く、し

他徑山五百衆太半奔趂、
上堂云但有來者不虧欠伊揔識伊來處與
麼來恰似失却不與麼來無繩自縛、一切時
中莫亂斟酌會與不會都來是錯分明與麼
道一任天下人貶剝久立珍重、
上堂云、一人在孤峯頂上無出身之路一人
在十字街頭亦無向背那箇在前那箇在後、
不作維摩詰不作傅大士久立珍重
上堂云有一人論劫在途中不離家舍有一
人離家舍不在途中那箇合受人天供養便
下座、
師見僧來展開兩手僧無語師云會麼云不
會師云渾崙擘不開與你兩文錢、
師臨遷化時上堂云吾滅後不得滅却吾正
法眼藏三聖出云爭敢滅却和尚正法眼藏
師云已後有人問你向他道什麼三聖便喝
師云誰知吾正法眼藏向者瞎驢邊滅却乃
有頌曰、
沿流不止問如何眞照無偏說自他離相離
名人不稟吹毛用了急還磨言訖於法座上
端然示寂時咸通七年丙戌四月初十日
勅謚慧照禪師塔號澄靈
[illegible]
廣燈録卷第十

福州開元禪寺住持傳法賜紫慧通大師了一謹募衆緣共成
今上皇帝祝延聖壽文武官僚資崇祿位圓成雕造
毗盧大藏經板一副旹紹興戊辰閏八月　日　謹題

天聖廣燈録卷第十一　勒
鎮州臨濟院義玄慧照禪師
師示衆云今時學佛法者且要求眞正見解
若得眞正見解生死不染去住自由不要求
殊勝殊勝自至道流秖如自古先德皆有出
人底路如山僧指示人處秖是要你不受人
惑要用便用更莫遲疑如今學者不得病在
甚處病在不自信處你若自信不及即便忙
忙地徇一切境被他萬境迴換不得自由
你若能歇得念念馳求心便與祖佛不別你
欲得識祖佛麼秖你面前聽法底是學人信不
及便向外馳求設求得者皆是文字名相終
不得他活祖意莫錯禪德此時不遇萬劫千
生輪迴三界徇好境掇去驢牛肚裏生道流
約山僧見處與釋迦不別每日多般用處欠
少什麼六道神光未曾間歇若能如是見得
秖是一生無事人大德三界無安猶如火宅
此不是你久停住處無常殺鬼一剎那間不
揀貴賤老少你要與祖佛不別但莫外求一
念心上清淨光是你屋裏法身佛你一念心
上無分別光是你屋裏報身佛你一念心上

435

東禪寺版『天聖広灯録』巻10、11臨済録書影（禅学叢書 唐代資料編）

たがって後代の思想を混入している可能性を含むのに対して、「示衆」はもっとも信頼できる資料である。これをもとに「臨済義玄の禅思想」を考察しよう。

第二節　臨済の示衆

臨済禅師の「示衆」は河北鎮州臨済院において、各地から来参した行脚僧に向っておこなわれた説法の集録である。鎮州は当時五台山進香道の東ルートの起点にあたり、日本僧圓仁が記録しているように、一般の参詣者とともに行脚の禅僧が隊を成してこの道を通って五台山へと巡礼し、途中おそらく臨済院を訪れたことがあったであろう。鎮州城外東南（のち城内に移転した）の臨済院は小院であり、「示衆」と言われる説法は主にこうした行脚僧が対象であったから、しぜん求法行脚の問題にふれることが多くなっている。臨済禅師の「示衆」は行脚僧に「真正の見解（しんしょうのけんげ）」（正しい考えかた）を持つことを要求し、「真正の見解」とはなんであるかをくりかえし説いているが、「示衆」の冒頭第一段にその要点が尽くされている。

師は大衆に向って言った、「いま佛法を学ぼうとする者は、とりあえず、正しい考えかたを求めなくてはならぬ。正しい考えかたを身につけたなら、輪廻（りんね）にも陥らず、行くも留まるもみずから決める。解脱を求めなくとも、解脱はひとりでにわがものとなる。諸君！　古来の先覚がたは、みなすぐれた方便をわきまえておられたものだが、わたしが忠告してやれるのはただ、きみたちは人に騙されるな、ということだけだ。忠告に従うなら、従うがよい。迷ったりしていてはだめだ。いまの修行者の欠点は、どこに原因があるか？　原因は自己を信じないところにある。きみたちが自己を信じきれないから、幻覚のままにあたふたと運ばれ、よろづの場面に振りまわされて、自由になれないのだ。きみたちが絶えず求めまわる、その心を終熄できたなら、そのときこそ達磨や佛陀と同じなのだ。きみたちは達磨がどんな人なのか、知りたいと思うか？　今わたしの面前で説法を聴いているきみたちこそが、それなのだ。きみたち自身が自己を信じきれないから、外に求めまわるのだ。外に求めて、たとい得られたとしても、みな文字や言葉ばかりで、けっして活きた達磨の思想ではない。考え違いをしてはいかん！　禅師がたよ！　今生(こんじょう)に善知識に遇わなければ、永遠に三界を輪廻し、臨終に現われる好ましき境界、おぞましき境界のままに、驢馬や牛の腹に入って転生することになる。諸君！　わたしの見かたに拠れば、諸君は釈迦と何の違いもないのだ。毎日の種々の行ないに、何の欠けたるところがあろうか。きみたちの六根が放つくすしき光は、途切れることなく射しつづけているではないか。このように見ることができたなら、諸君はただ一生無事の人である。」（【四四】示衆一（1）「真正の見解を求めよ」）

臨済禅師は言う、「真正の見解」を持つことが解脱である。「真正の見解」とはなにか？　今わたしの目の前で説法を聴いているきみたちこそが祖師・佛陀と変わらないということだ。それを信じることができたなら、求めて行脚することのない無事の人となるのだ、と。すなわち、行脚僧に対して「行脚をやめよ」と言ったのである。これはいったいどういうことか？　その理論的根拠はなにか？

第三節　理論――馬祖の革新

臨済がかく言う理論的根拠は馬祖禅の考えかたにある。中唐の馬祖道一（七〇九～七八八）は「即心即佛」、「性在作用」を説いた。「佛性はわが心にあり、それはわが行為に発揮される」という佛性論である。伝統的な佛教学では、佛性は人人具有ではあっても、煩悩の雲に覆われて発揮されぬゆえに、繁多な戒律に依る煩悩対治、厖大な経論の学修、長期にわたる修行、その果てに佛陀の悟りが設定されていた。これは幾世にもわたって輪廻転生をくりかえし、その果てに最終解脱を得るというインド人の思想であるが、中国人の馬祖はこのような迂遠な考えかたには耐えられず、孔子の「道は人に遠からず」（『礼記』中庸篇）に拠って、「佛は人に遠からず」、「道は衆生を離れず」であるはずだと考えたのである。

師（馬祖）はかつてわたくしにつぎのように言われた、「佛は人と離れた存在なのではない。わが心においてこそ佛なることを悟るのだ。しかし心という法は坐禅を修して治めるものではない。対象に触れたとき実相として現われるのだ。多くの修行法を設定して、修行者を煩わせる必要などないのである。ゆえに夸父や喫詬は追い求めて、ますます遠ざかったのだ。だが金剛と醍醐は、まさしくわが心にあるのである」と。（権徳輿「洪州開元寺石門道一禅師塔銘并序」）

いま如来が仮りの方便として説いた教えについて話すなら、永劫に話し続けても終わらない。まるで罪人の鎖の拘束が断ち切れぬようなものだ。しかし如来の心を悟るならば、一挙に決着がつ

く。（『天聖広灯録』巻八「洪州馬祖道一大寂禅師章」）

人は真理を離れて存在するのではない。いまここにこそ真理があるのだ。いまここのすべてが自己の本体である。もしそうでないなら、いったいわたし以外の誰にその資格があるというのだ！（『景徳伝灯録』巻二八「江西大寂道一禅師語」）

のち洪州の馬祖禅師が禅門の指導者だと聞き、出向いて挨拶をした。無業は六尺の巨漢、馬祖の前に出ると、まるで山が屹立したようで、相手を見るときはギロリと凝視し、加えて梵鐘のごとき大音声。馬祖は一見して大器だと知り、笑って言った、「たいそう立派な伽藍（がらん）だが、本尊がお留守だな」。無業はかしこまって礼拝し、跪いて、「わたくし、佛教の学問はほぼ窮めました。禅門では〈即心是佛〉だと承りましたが、これがまったくわかりませぬ」。すかさず、馬祖「わからぬというその心こそがそれだ！　それ以外にはない！　わからない時が迷いだ、わかったら悟りなのだ。迷えば衆生、悟れば佛だ。道は衆生を離れてあるのではない。衆生のほかに佛があろうか！握れば拳、開けば掌じゃないか。」これを聴くや、無業は豁然大悟した。涙があふれるまま、申し上げた、「わたくし、佛道というものは長く遠い道のり、無限の苦しい修行の果てに、はじめて成道があるのだと思っておりました。今日はじめて知りました。法身という真実相はもともとわたくしに具わっていた、一切のものはわが心より生じ、それは名辞のみあって、実体はないのだ、と」。（『宋高僧伝』巻一一「唐汾州開元寺無業伝」）

馬祖の教説のうちの「即心即佛」（「即心是佛」）は馬祖の創唱というわけではなく、六祖慧能の弟子司空山本浄（六六八～七六二）の伝記にも次のように言っている。

天宝三年（七四四）中使楊光庭に命じて、南岳司空山へ薬草恒春藤を採集に行かせた時、中使は禅師の院に立ち寄って話しこんだ。問う、「わたくしにとって死は一大事です（生死事大）。ゆえに一心に道を慕い、修行につとめております。どうか和尚よ、わたくしをお救いください」。師、「そなたは都よりおいでになった。都は帝王の地、多くの禅師がたがおられる。そこへ行って問われるがよかろう。わたしは一介の老僧、何も知りません」。中使はもう一度ふかぶかと礼拝して教えを乞うた。師、「そなたは佛を求めておられるのか、道を求めておられるのか？　もし佛になろうと求めておられるならば、心こそが佛にほかならぬ（即心是佛）。もし道を求めておられるならば、求めることなき心が道にほかならぬ（無心是道）」。中使はその意味をはかりかねて、説明を請うた。師、「もし佛を求めるならば、心こそが佛にほかならぬ。佛とは心によってこそ得られる。ただしもし無心を悟ったならば、佛と言っても得られる佛はない。もし道の何たるかを知ろうとするならば、無心こそが道である」。中使はそこで申しあげた、「都の大徳がたはみな、布施・持戒・忍辱・苦行によって佛となれると教えています。いま和尚は『人間には完全なる本性の智がもともと具わり、修行によらずとも本来清浄である』と仰せられました。わたくしのこれまでの修行なるものは徒労であったことが、よくわかりました」。（『祖堂集』巻三「司空山本浄和尚章」）

一方、「性在作用」（作用即性）説はただちに南陽慧忠（なんようえちゅう）（？～七七五）の反撥を呼び、圭峯宗密（けいほうしゅうみつ）（七八〇〜八四二）の危惧を招き、のちの宋学の批判もこの点に集中している。

南陽慧忠が禅客に問う、「どこから来たのか？」禅客、「南方から参りました」。師、「南方にはどんな善知識がいるのか？」禅客、「善知識は多くいます」。師、「どういうことを教えているのか？」禅客、「南方の善知識は修行者にずばりと直示します、『心こそが佛である。佛とは覚者の意味である。きみたちの誰にも今現在、見聞覚知する主体の本性が具わっている。この本性が眉をつり上げ、瞬（まばた）きをし、往来し、運用させて、体じゅうにゆきわたっている。頭を突けば頭が知覚し、脚を突けば脚が知覚するように。ゆえに〈正しく隅々までゆきわたる知〉というのだ。これを離れて別に佛はない。この肉体には死があるが、心の本性は太古以来死滅したことはない。肉体には死があるが、龍が換骨し、蛇が脱皮するように、人は古い家を出るのである。肉体は無常であるが、その本性は恒常である』。南方善知識の説の要旨はこういうものです」。師は言った、「もしそういうことなら、あのインドの先尼外道と何の違いもない。外道は『わが身の中に〈神性〉が存在する。この〈神性〉が痛い癢（かゆ）いの知覚をつかさどっている。肉体が壊れる時、〈神性〉は肉体を出る。ちょうど家が焼かれた時、主人が家を脱出するように。家は無常であるが、主人は恒常である』と言った。まことにかようであるなら、邪正をも区別できず、是非も弁別できぬ。わたしは近頃旅に出て、こういう輩にたびたび出逢ったが、最近はたいした勢いだ。四、五百の衆徒を聚め、昂然と胸を張って〈南方の宗旨〉だと言っていた。『壇経』を改作して俗談を紛れこませ、聖人の真意を削除して後人を惑乱している。これが祖師の教えと言えようか！　まったく怪しからぬ！　わが禅宗は滅びる。もし見聞覚知が佛性だとするなら、維摩が『法は見聞覚知を離れている。もし見聞覚知をはたらかせるなら、それは見聞覚知に過ぎず、法を求めることではない』と言うはずがない」。（『景徳伝灯録』巻二八「南陽慧忠国師語」）

いま洪州宗は、『貪欲瞋恚と戒律禅定はひとつだ』などと言っている。この佛性の作用なる者は迷いと悟り、顚倒と正義を鑑別するはたらきを欠いている。（圭峯宗密が裴休の問いに答えた『裴休拾遺問』）

佛教者はただ、視、聴き、言い、思い、動かすものを「性」だと認めるだけだ。視かたは明らかに視てもよいし、明らかでなくともよいのだ。聴きかたははっきりと聴いてもよいし、はっきりでなくともよいのだ。言って人が従ってもよいし、従わなくともよい。思いに叡智があってもよいし、なくともよいのである。やりかたはどうでもよく、すべて「性」だと認めるのだ。行為にはすべて「理」がなくてはならぬのに、それを指摘されるのが恐ろしいので、一切顧みない。これこそ告子の言う「生まれつきを性と言う」（生之謂性）の説である。

かれらが「作用することが本性である（作用是性）。眼にあっては見るといい、耳にあっては聞くという。鼻にあっては匂いを区別し、口にあっては語る。手にあってはものをつかみ、足にあっては歩く」というのは、告子の言う「生まれつきを性と言う」の説である。手でものをつかむのを本性だと言うなら、刀をつかんでやたらに振り回して人を殺すのも本性だと言うのか！（『朱子語類』巻一二六「釈氏」）

人間の本性とは何であるか、それはいかにして知られるか、という大問題の議論である。『孟子』（告子上）に出る告子の「生まれつきを性と言う」説は、「食欲と色欲は人間の本性である」（食色、性也）とともに挙げられ、本能をもって本性とする定義である。しかも儒家に対して、「人間の本性は善悪に属さない」（性無善無不善也）ことを言うための便宜であった。告子は本能を本性と混同したに過ぎず、宋儒があのように倫理的に批判するほどのことではなかった。孟子は「耳や眼の感覚器官は思惟作用を持たぬから、外界の対象に次々に引き込まれて惑わされるのである。しかし心という器官は思惟作用を持ち、これがはたらくことによって、外界に惑わされることはない。感覚器官だけではそうはいかない。心も耳も眼もみな天がわれわれに与えたものである」（告子上）と言って、受動的な感覚に対する心の思惟判断の能動的作用を強調している。これが朱子の言う「行為には〈理〉がなくてはならぬ」の根拠となるものである。

また朱子が引いている、佛教者（じつは禅家を指している）の「眼にあっては見るといい、耳にあっては聞くという」云々は、感覚と運動の作用を本性とみなす説だと朱子は受け取っているし、南陽慧忠も「南方宗旨」を「見聞覚知が佛性である」説と理解しており、どうやら「本性」とその「作用」を混同する受けとめかたが蔓延していたようである。馬祖にも「今の見聞覚知は元と是れ汝が本性にして、亦た本心と名づく」という語が自身の語として伝えられ（『宗鏡録』巻一四）、これも誤解されやすい言いかたであるが、「見聞覚知のはたらきは、もともと諸君の本性の表われであり、本心とも言うのだ」という意味であり、そこで語られた「汝若し心を識らんと欲せば、秖だ今の語言こそ、即ち是れ汝が心なり」も、「諸君の発する言葉に心が表われている」ということである。馬祖の佛性論を朱子は「作用是性」と言ったり、「性在作用」と言ったりしているが、後者の「本性は作用にある（表われる）」を馬祖の立場と見るべきで、故意に範疇を混同して批判を加えるのこそ誤りであろう。

また、南陽慧忠の対話に言う「南方宗旨」とは馬祖禅の考えかたを指して言われているが、ここでも、「見聞覚知する主体の本性」（「見聞覚知之性」）が実体的な不滅の霊魂としてとらえられ、外道の説として批判されている。「南方宗旨」を語った人がそのように理解していたとしても、それは明らかに庸俗的な理解であって、馬祖が「四大より成る肉体は、現に生滅があるが、霊覚の性は実に生滅はない」（『宗鏡録』巻一四）、「心の本性はもともと去来するものではなく、生起したり滅亡したりするものではない」（『宗鏡録』巻四九）と言う「不生不滅」の意味を誤解したのである。

しかし「性在作用」こそが馬祖の教説の新しさであり、「即心即佛」なることを人が感得する方法なのであった。禅の悟り「即心即佛」はいかにしてわがものとして実感されるのか？「性在作用」――見聞覚知の日常の営為のなかに佛性は発揮されているというが、これはいかなる事態であるのか？　馬祖は言う、

すべての人は、はるか大昔から、悟りの智慧の境界からはみ出たことはない。つねに悟りの智慧の境界の中にいて、着物を着、飯を食い、話をし、人と応対しているのだ。六根のはたらき、すべての行為は、ことごとく佛性の発露である。しかるに、人はこの根源に立ち帰ることができず、表面的な名目や姿かたちに気を取られて、むやみに迷いの心を起こし、悪業をかさねている。しかしもし智慧の一念をもって照らすならば、自己の全体が佛の心である。ただし、わしの言葉を鵜呑み

にしてはならぬ。諸君じしんが、みずからの本心に立ち返るのだ。

この「すべてのひとびとは、久遠の昔より今に至るまで、法性三昧（ひらかれた悟りの世界）からはみ出たことはない。つねに法性三昧のただ中で服を着け、飯を喰らい、人と語り、応対しているのだ」という説の背後にも、中国人らしい「百姓は日用して知らず」（人びとは〈道〉を日々はたらかせて生きていながら、それを意識していない。『周易』繋辞伝上）という考え方があるようである。「すべての人が悟りのただ中に在る」とは、証明も説明もできない確信というほかないが、ただ「一念に返照」することによってのみ、このことわりが自己に実感されるという。すなわち「迴光返照」という回心の体験を要するのである。個人におけるこうした事理圓融した世界の実現を、馬祖が「皆な心の迴転に由る」（『景徳伝灯録』巻二八「江西大寂道一禅師示衆」）と言っているのは、かれじしんにその体験があったことを示唆しているようであるが、「一念に返照」して「自心に達する」、その契機はなんであるか？　それが馬祖の「見色即見心」（物を見てわが心を知る）という悟道の方法である。

　ものごとには不変の実体はない。世界内の存在はただ心のみ。ゆえに経に「あらゆる存在と現象は、心が現出したもの」という。ひとに見えるものは、みな心の現出として見えるのだ。心はそれ自体で心なのではなく、物に対してはじめて心なのであり、物はそれ自体で物なのではなく、心を待ってはじめて物なのであって、両者は相依相対の関係にある。ゆえに経に「物を見るとはわが心を見ることである」といわれる。（『宗鏡録』巻一）

ここで馬祖は師の南嶽懐譲の語（『宗鏡録』巻九七）によりつつ、「見色即見心」をつけ加えているのであるが、この「見色即見心」のもとづく経典は未詳である。そしてこれは『楞伽経』の「自心現」、「自心現量」を馬祖が言い替えたものと理解されている。『楞伽経』にはつぎのように言う。

佛は大慧に告げた、「そのとおりだ。凡夫は誤った見かたに執われて、外道の浅はかな智慧のように、夢のようなことだとは知らず、自分の心が現出したものを見て、さまざまの判断をするのだ。例えば絵に描かれた像は平面で高低はないが、凡夫愚夫は見て高低があると思いこむようなものだ。」（『楞伽阿跋多羅宝経』巻二〈一切佛語心品〉）

これは人がいかに認識を誤るかという説である。『楞伽経』の「自心現量説」は「自心が妄想によってありもしない幻想を現出して、さらにその幻想を実体視してさまざまな感情を抱く」というもので、それを譬喩（陽炎・乾闥婆城・夢・画像・垂髪・火輪・水泡・樹影など）によって説明するのである。『楞伽経』の唯識説は、「ものを見るとか知るということは、認識論的にいえば、対象そのものを見、知るというよりは、対象についての像を心内に作り、それを見、知るのである。…すべての存在（われわれが客観的実在と思っているもの）は、実は心内に作られたイメージにすぎない。すなわち、心が現わし出した像であり、われわれはそれを見て、それに執われているのだ」（高崎直道『楞伽経』一二二頁、大蔵出版、佛典講座、一九八〇年）と言われる。ただし「自心現量」という心の習性は『楞伽経』においては自明の理なのであって、証明の必要のない前提として繰りかえし説かれるばかりである。

この心の習性としての「自心現量」はたしかに「見色即見心」という定言の背景をなすものではあ

ろうが、両者はじつは相反する立場から言われた言説なのである。外界は自心の現出だという唯識説にともに依拠しながら、「自心現量」は人が外界を実体視して認識を誤る否定的な心の習性をいうのに対して、「見色即見心」は逆に外界を見るわが心を再発見して、そこに佛性の作用を認めるのであって、肯定的にかくあるべしというテーゼとして提示されるのである。

馬祖によれば、人間はみな覚醒した世界に生きているのであるから、日常の生活の裡に自足しておればよいのであって、このうえ更に「佛法」を学び、「修行」をし、「坐禅」をして「悟り」を求める必要はまったくない、外にそれを求めることはむしろ清浄心を汚すものである、とした。馬祖はいう、「道は修むるを用いず。但だ汚染する莫れ」（道は修する必要がない。ただ汚してはならぬ。『景徳伝灯録』巻二八「江西大寂道一禅師示衆」）。もし「修」をいうならば、「自性は本来具足せり。但だ善悪の事上に於いて滞らざるを、喚んで修道の人と作す」（清浄なる自性が本来具わっているのだ。ただ事の善悪に囚われない人を道を修する人と呼ぶ。『天聖広灯録』巻八「馬祖章」）。宗密も総括していう、「但だ心に任するを修と為すなり」（清浄心のままに生きることが修行である。『裴休拾遺問』）。すなわち、「馬祖は終極的な意義において、いかなる形式の開悟をも否定したのである。開悟ということは迷いと悟り、聡明と愚痴の区別を前提とする。だが平常・完全なる心がすでに佛性なのであり、がんらい区別する必要はない以上、開悟も存在せず、頓悟・漸悟など論外である」（賈晋華『古典禅研究 中唐至五代禅宗発展新探』修訂版、一四二頁、上海教育出版社、二〇一三年）。

この単純明快な「平常無事」論はその当時、僧俗に広く衝撃を与えるとともに、また強い吸引力をもって多くの人を馬祖の禅門に引き寄せたのであるが、冷静になってかんがえてみると、これほど

「言うは易く、行うは難き」ことはなかろう。ここにおいてあらためて「見色即見心」という悟道論が注目されるにいたった。周知のように「性在作用」説の根拠とされるのは、禅宗で伝承された菩提達磨の弟子波羅提尊者と異見王の問答および尊者の偈である。

異見王はさらに問う、「何をもって佛とするのか？」波羅提、「本性を見るものが佛である」。王、「師は本性を見られたのか？」波羅提、「わたしは佛性を見た」。王、「本性はどこにあるか？」波羅提、「本性は作用するところにある」。王、「如何なる作用であるのか？　いまそれが見えぬ」。波羅提、「いま現に作用しているのに、王は自分でわからぬのだ」。王、「師は見るところに作用があると言うなら、朕にもあるのであろうか？」波羅提、「王が作用するなら、現前するものはすべて本性であり、作用しなければ、本体は見えぬ」。王、「もし作用すれば、幾処に現われるのか？」波羅提、「作用すれば、八処に現われるであろう」。波羅提は雲間に立って偈で告げた、「母胎にあっては身といい、世に出ては人という。眼にあっては見るという。耳にあっては聞くという。鼻にあっては匂いを区別し、口にあっては語る。手にあってはものをつかみ、足にあっては歩く。広がっては世界を被い、収斂しては微塵に納まる。わかる者はこれが佛性だと知り、わからぬ者は精魂と呼ぶ」。（『宗鏡録』巻九七）

ただし、この故事の古い淵源は確認できず、おそらく馬祖禅を根拠づけるために作られた『宝林伝』において登場したものらしく、中国人の創作にかかる可能性が高い。すなわち中国的な、中国人に受け入れられやすい理論である。

ここに、「分かる者はこれが佛性だと知り、分からぬ者は精魂と呼ぶ」という一句をつけ加えているのは、のちの批判を先取りして、つまりのちの批判をふまえていることに注意する必要がある。「眼にあっては見るという。耳にあっては聞くと言う」云々という人間の感覚・運動作用をもって、「本性は作用するところにある（現われる）」ことの証明とすることへの批判を知っていて、それを抑下しつつも、この説の作者がなお確信を欠いている表われなのである。「分かる者はこれが佛性だと知り、分からぬ者は精魂と呼ぶ」とは、「名を呼んで応諾し」、「何だ！」と問い詰めて、悟ればよし、悟らねば「茫茫たる業識の衆生」だという潙山と仰山の問答（下文参照）と同じ構図となっている。

仮構された波羅提尊者と異見王の問答は「性在作用」説の根拠とされて伝承されてきたが、従来この問答の根拠とされるのが、求那跋陀羅訳『楞伽経』巻二の一節である。

　言葉があらゆるブッダの世界で交流の手段となっているわけではありません。言葉はあくまで人為的です（言語者作相耳）。あるブッダの世界では瞬きせずに見ること（瞻視）で何事かが示されます。あるところでは身振り（作相）で、あるところでは眉をしかめること（揚眉）で、あるところでは両目を動かすこと（動睛）で、あるところでは笑いで、あるところでは欠伸で、あるところでは咳払いの声（謦咳）で、あるところでは故郷を思い出すこと（念刹土）で、またある所では身体を震わすこと（動揺）で、何事かが示されます。（常盤義伸訳『ランカーに入る――すべてのブッダの教えの核心』九一頁、禅文化研究所、二〇一八年）

ここで列挙されているのは身体言語の例であって、「亀毛」、「兎角」といった名のみあって実のない言葉があるのは、言葉というものは形式である（言語者作相耳）からで、言葉に代わる動作（身体言語）の例として「揚眉」等が挙げられているのである。しかも言葉が存在するからといって、それに対応する実があると誤解してはならない、まして外界にあると見えるものは自己の心が現出したものを見ている（自心現量）のであって、すがたかたちや言葉に執われてはならぬという文脈で言われているのである。したがって、この『楞伽経』の一節を「性在作用」説の根拠と見なすことはできない。

佛典に根拠を求め得ないなら、伝統を創造すればよい。疑偽経典を創作し、佛陀より禅宗祖師に至る系譜「祖統説」さえ作りあげてきた禅宗にとって、佛弟子が「性在作用」説を実践していたという挿話を創作することなど何でもないことであった。禅宗はつぎのような佛弟子の対話を創作して「性在作用」説の根拠とした。

阿難問師：「傳佛金襴外，別傳个什摩？」師喚阿難，阿難應喏。師曰：「倒却門前刹竿著！」（『祖堂集』巻一「大迦葉尊者章」）

阿難は迦葉に問うた、「金襴の袈裟以外に、佛陀は別に何を伝えられたのか？」迦葉は「阿難！」と呼んだ。阿難は「おう！」と答えた。迦葉、「門前の刹竿（せっかん）をかたづけよ！」

この話は十世紀の『祖堂集』に見えるのがもっとも早く、それ以前の資料には見いだせない。「名を呼ばれて応答するのが佛性の表われである」などというのは、中国人が考え出した「性説」であって、古代インドにあるはずはないが、迦葉はこの作略をやってみせ、期待どおり功を奏し、説法の終幕を告げて、刹竿を収めさせたのである。佛陀の涅槃ののち、佛説を結集（けつじゅう）する事業が迦葉を中心におこなわれたが、禅宗の伝承では、佛陀が説いた教え以外に「正法眼蔵」（正しき法の眼目を蔵する心）を「教外別伝（きょうげべつでん）」として、一代にただ一人伝え、その証拠として金襴の袈裟を授けたという。右の話はその内容を「性在作用」説だとする、あきらかに馬祖禅の考えかたをインドの佛弟子に持ち込んでその根拠とした完全な創作である。

ともかく、こうして馬祖道一による「即心是佛」、「性在作用」という佛性論、「見色即見心」という悟道論、および「平常無事」という修道論をそなえた新しい中国禅が八世紀後半に登場した。この理論は馬祖の弟子の百丈懐海（七四九～八一四）とその弟子潙山霊祐（七七一～八五三）、黄檗希運（?～大中年間［八一四―八五九］）らによって広まり、九世紀江西・湖南を中心に多くの修行者を引きつけていた。そうして、馬祖以後の中晩唐時代は馬祖禅の再検討ということが課題となって禅思想が展開してゆくのである。唐代の禅僧が最も関心を持っていたのは、「性在作用」説の実践としての「見色即見心」という悟道論であったから、これが馬祖禅再検討の中心的課題となった。以下にそのあらましを叙べよう。

馬祖の「見色即見心」という悟道論を継承したのは、その弟子潙山霊祐であった。

僧が問うた、「達磨は印度から来て何を伝えたのでしょうか（如何なるか是れ祖師西来意）?」師

（潙山）は払子(ほっす)を立てた。その僧がのち王常侍に会った時、王常侍は問うた、「潙山和尚は近頃どういうことを言っておられますか？」僧はさきの問答を話した。王常侍、「そこの雲水はどのように受け止めていますか？」僧、「対象を見ることによって心を悟り、物に即して真理を明らかにすること（借色明心、附物顕理）であると。」（『五家語録』潙仰宗、潙山霊祐禅師）

仰山が問うた、「達磨は印度から来て何を伝えたのでしょうか？」師（潙山）は灯籠(とうろう)を指さして言った、「立派な灯籠だな。」仰山、「そういうことなのですか？」師、「それは何なのか？」仰山、「立派な灯籠です。」師、「果たして、見えておらぬ。」（同）

これが潙山の「見色即見心」という悟道論の方法である。すなわち外界の物（この場合は「払子」、「灯籠」）が見える時、それは唯識説によれば心が現出したものであるから、その物を見ることはわが心を見ることであり、「心の本性は見るという作用に現われる」（性在作用）、「見聞覚知する主体の本性を識る」ということである。したがって、仰山は「心」だと答えるべきであったということになる。右の問答から潙山はこの方法を常用していたことが知られ、しかもたいていは効果を挙げていなかったことも知られるのである。

僧が問う、「古人は〈ものを見ることは心を見ることだ〉（見色便見心）と言っています。この禅床はものです。どうかものを離れて、わたしの心を指し示してください。」仰山、「どれが禅床か？指さしなさい」。僧は答えられなかった。（『景徳伝灯録』巻一一「仰山慧寂禅師章」）

潙山の弟子仰山慧寂もこの方法を用いたが、これも失敗している。「見色即見心」の悟道論によれば、「禅床が見える」とは「心」が見えることである。なぜなら禅床は心の現出であるから、見る者は心と禅床を同時に見ているということでなくてはならない。

しかしこのような方法は、はたして有効であろうか？　雪峯義存は、弟子の鏡清道怤（八六八〜九三七）とこの方法について検討しようとした。

またある日、普請（作務）をしていたとき、雪峯が話しかけた、「潙山は『ものを見ることは心を見ることだ』（見色便見心）と言ったが、この言いかたに間違いがあるだろうか？」師（鏡清）は答えた、「古人はどうしてそんなことを言ったのでしょうね？」雪峯、「そうではあるが、わしはきみと検討したいのだ。」師、「そんな検討をするより、わたしは钁をふるって作務をしているほうがましです。」（『祖堂集』巻一〇「鏡清和尚章」）

雪峯は潙山のことば「見色便見心」について「間違いがあるだろうか？」と訊ねているが、これはかれじしん潙山のこのことば（の理解）には誤りがあることに気づいていて、そのことを確認したいという口吻である。はたして鏡清も「しかり。古人がこういう誤解しやすい言いかたをしたのは、なぜだったのでしょうね？」と含みのある答えをした。雪峯、「そうなのだが、そこをきみと検討したいのだ。」鏡清、「そんな検討は無用。わたしは作務をします」と、これで対話は終わっている。雪峯の意図は鏡清によって挫かれ、検討はおこなわれないまま終わってしまった。鏡清にとって「見色便見心」という言いかた（の理解）に誤りがあることは明白であるらしく、それについての議論など戯論だというわけである。有名な趙州従諗の「柏樹子の話」も失敗の例である。

師は上堂して修行者に語った、「この一大事は明白である。大力量の人釈尊でも、ここから出ることはできぬ。わたしは行脚して潙山に行った時、ある僧が質問した、『達磨は印度から来て何を伝えたのでしょうか？』潙山和尚は言われた、『ここへ禅床を持って来てくれ』と。このように、まともな指導者ならば本分事で接化しなくてはならぬ。」その時、僧が問うた、「達磨は印度から来て何を伝えたのでしょうか？」師、「庭先のヒノキ（庭前柏樹子）！」僧、「和尚、もので示してはいけませぬ！」師、「わたしはもので示してはおらぬ。」僧、「では、達磨は印度から来て何を伝えたのでしょうか？」師、「庭先のヒノキ！」（『古尊宿語要』「趙州真際禅師語録」巻上）

潙山が「禅床を持って来てくれ」と答えたのは、僧に「作用」させて、「作用」する自己の本性に気づかせる（性在作用）作略であり、趙州はこれを「まともな指導者の本分事による接化」と評し、趙州が「庭先のヒノキ（を見よ）！」と言ったのも、「性在作用」説の応用としての「見色即見心」という悟道論の方法であったが、例のごとく失敗に帰している。この失敗の問題を考えるために、成功の例も見てみよう。有名な霊雲志懃（潙山霊祐の弟子）の場合である。

霊雲和尚は潙山の法を嗣いで、福州に住んだ。師の僧諱は志懃、福州の人である。湖南の大潙山に行き、霊祐禅師の教えを聞いて発奮し、昼夜疲れも厭わず修行に励んだが、いつまでたっても悟ることができず、まるで父母を喪ったかのように悲嘆にくれるばかりで、その絶望ぶりは喩えようもなかった。やがてある時、たまたま春の満開の花を目にしたとき、忽然と開悟し、喜びのあまり偈を一首作った。

三十年來尋劍客　　三十年ものあいだ失った剣を捜し求めて
幾逢花發幾抽枝　　その間幾度花が咲き枝をのばすのを見てきたことか
自從一見桃花後　　しかしここで桃の花を見てからは
直至如今更不疑　　もうけっして疑うことはない

潙山和尚に報告して悟った内容を告げると、潙山は言った、「桃花を見たという因縁によって悟境に達したのだ。けっしてそこから退いてはならぬ。そなたはいまや至ったのだ。その境地をしっかり保ちつづけよ。」（『祖堂集』巻一九「霊雲和尚章」）

霊雲は「自分は三十年のあいだ、失った剣を捜し求めていたが、ここで桃の花を見てからは、もうけっして疑うことはない」と言う。「失った剣を捜す」とは「舟を刻んで剣を求む」（『呂氏春秋』察今篇）という喩えを用いて、無駄な捜索をしたことをいう。つまり失ってなどいなかった。「決して疑わぬ」とは、それが失われずにわが身に具わっていたことを確信したということで、剣というのは「佛性」の譬喩である。したがって、「我が心に佛性の具われること」をもはや疑わぬということにほかならない。が、もうすこし霊雲に即して言えば、まずこういうことであったであろう。霊雲はあるとき偶然に満開の桃花の咲き乱れるのを眼のあたりにした。この世のものとも思われぬみごとな桃の満開の景色に、かれは生まれてはじめて遭遇したかのように、われを忘れて、ただ茫然と立ちつくしていた。そうしてふと、われに返って、沈思するに、この感動こそが、わが長年求めつづけていた「見色便見心」だった、とようやく気づいたのであった。

霊雲の悟りの物語で知られるのは、長期にわたる深刻な煩悶と絶望、そのあとに訪れた偶然の契機に激発する開悟の体験である。その契機は満開の桃の花を見たことにあったが、春の開花は平常だれしも見るところであり、霊雲も述懐しているとおり、かれじしんが三十年も見ていたことではあった。しかしかれにおいて今はじめて、それが開悟の契機となったのである。これを総括して言えば、まさしく「見色便見心」であったと言うほかはない。霊雲の報告を聞いて証悟を認めた潙山が「縁に従って悟達せり」と言ったのは、まさしく〈ものを見てわが心を再発見した〉ということであった。「見色見心」と並挙される「聞声悟道」の香厳智閑（潙山霊祐の弟子、?〜八九八）の物語も潙山門下のできごとである。

香厳和尚は潙山の法を嗣ぎ、鄧州に住んだ。師は諱は智閑、実録を見ていないが、青州の人と言われている。身の丈七尺の巨漢、博識で弁がたち、才能学識ともに及ぶ者なく、湖南の潙山門下にあって奥義を討論し、禅匠と称せられた。さかんに問答応酬し、潙山の問難に對しても立て板に水のごとく、まったく滞ることがなかった。潙山はかれの学問が浮薄で、根本に達していないのを見抜いていたが、その舌鋒を制することはできなかった。のちのある日、潙山は言った、「そなたのこれまでのすべての学解、眼と耳で見聞し、経巻と抜き書きからおぼえこんできたものを、わしは問わぬ。そなたが親の腹から出て来て、まだ東も西も見分けぬ時のそなた自身の本分とは何であるか、それを言ってみよ。言えたら、わしは認めてやろう。」師はこの時ばかりは咄嗟に答えることができず、うなだれ、ややあっていくつか言ってみたが、潙山は承認しなかった。そこで、やむなく教えを請うた。潙山は言った、「わしが言うのは適当ではない。そなたがみづから言ってこそ、そなた自身のものではないか。」師はそこで僧堂に帰り、抜き書きをくまなく調べてみたが、答えとなるべき言葉は見つからなかった。絶望して全部焼いてしまおうとした。ある者が飛んできて、それをくれと言った。師は「おれの一生はこいつのために惑わされたのだ。こんなものをもらって、どうするのだ！」と、眼もくれず焼いてしまった。「おれは今生で佛法を学ぶのはもうやめた。生まれてからこのかた、おれにかなう者はいないと思っていたが、今日ばかりは潙山和尚の一撃で木っ端微塵になった。今後は修行者を供養して余生を送ろう。」かくて潙山に別れの挨拶をして、泣く泣く門を出た。のち鄧州香厳山の慧忠国師の遺跡に行き、そこに落ち着くことにして、荒れた境内を整備しようとした。瓦礫を投げ捨て、物にあたったそのとき、急に笑いがこみあげ、ハッと大悟した。そして偈を作った。

竹林の中の香厳寺塔

一挃忘所知　　一突きされてすべてを忘れた
更不自修持　　なんの修行もいらなかった
處處無蹤跡　　どこにも足跡はなく
聲色外威儀　　耳目の及ばぬ威儀あるその姿よ
十方通達者　　通達したすべての人は
咸言上上機　　みなこの体験があったのだ

ただちに室に帰って、香を焚き、威儀を正し、五体投地して遥かに潙山和尚に礼拝し、讃えて申し上げた、「真の善知識は大いなる慈悲をもって衆生を救済したまう。もしあのときわたくしに代って言われたなら、今日の事は起こり得なかったでありましょう！」（『祖堂集』巻一九「香厳和尚章」）

香厳智閑の開悟の物語においては、潙山から出された課題が「生まれたままの、いまだ知的分別意識を持たぬときの本分事」、いわゆる「父母未生以前の本分事（ぶもみしょういぜんのほんぶんじ）」＝「本來の自己とはなにか」であった。後得知にあらざる本性、賢愚にかかわらぬ万人にひとしくそなわる人間の本質的なるもの（佛性）、これを悟ったわけである。「どこにも足跡はなく、耳目の及ばぬ威儀あるその姿よ」（処処無蹤跡、声色外威儀）とはその形象（法身）である。香厳はこれまで努力して積み重ねてきたことをすべて忘れて、初めて「本来の自己」に立ち返ったのである。この物語は『景徳伝灯録』（巻一一）では「ある日、慧忠国師の祠の草を刈り、雑木を伐採し、瓦礫を投げた時、竹にあたって音をたてた。思わず笑いがこみあげて、カラリと悟った」と、瓦礫が竹にあたった音を聞いて道（本来性という真理）を悟ったという伝承（聞声悟道）になっている。偈はその体験を、「瓦礫を投げてあたった音で一切の知解（ちげ）を忘却した。特別な修行によってではなく」（一撃忘所知，更不假修治）と総括している。いずれにしても、作務労働の疲労からくる昂揚感のうちに一種特別な体験をしたのである。投擲して物にあたった音を聞いて、ハッと氣づいた「本来の自己」の存在を、偈では「処処に蹤跡無き、声色外の威儀よ」と形象している。――それは声を聞き、色を見る現実のわれとは次元の異なるところにある。しかし「本来の自己」がどこに見い出せるかといえば、それは「現実の自己」を離れてはありえない。

すなわち、今いる現実のわれとは不即不離である。そのように受けとめる契機を「上上の機」と言い、道に達した人はみなこれを体験したのだ、と。

こうした香厳のきわめて個人的な体験から発した「処処に蹤跡無き、声色外の威儀よ」は佛性を見た「感興のことば」であって、悟ったときにのみ発せられる「おおっ！　そうであったのか！」という驚きがことばとなったものにほかならない。「見色見心」、「聞声悟道」とは、これの総括である。佛教で言われるさまざまの説、たとえば「自心現量」、「万法は本来空なり」、「三界唯心(さんがいゆいしん)、万法唯識(まんぼうゆいしき)」という説も、がんらいはそのように発せられた「感興のことば」にもとづく総括の言説であった。そうした体験の裏づけなくして、これらをテーゼとして受け取り、外から与えられた原理によって現象を見ようとしても、現象はそのようには見えてこないのであり、「見色即見心」という原理から演繹的に現象を見よう（見色して見心する）とすれば、かえって懐疑と煩悶に陥らざるをえないのである。このように考えるならば、「見色即見心」という悟道論は潙山門下においてたしかに有効性を持っていたのである。

「見聞覚知する主体の本性」を探究する一連の「性説」にはいろいろあり、たとえば鈴木大拙が見出したところの「喚(よ)べば答えるもの」は、さしずめその代表である。いわく、『おい』と呼んで『うん』と答えるところに禅の端的を指示せんとする実例は、禅録のいたるところに見える。これが禅をさとらしめるに、最も直接な一方法であろう」（『禅百題』）。この作略(さりゃく)は馬祖に始まるが、たとえばかれが汾州無業の参問を受けた時に見える次の例。

汾州和尚は座主であった時、四十二本もの経論を講義していた。馬祖のところに来て問うた、「佛陀が説かれた三乗十二分教は、わたくしほぼ窮めたつもりです。禅門の教える核心（宗門中事）はどういうことでしょうか？」師（馬祖）は汾州をじっと見て、「今ここは人が多いからな。出なおしてきなさい」。汾州が堂を出ようとして、閾を跨いだその時、師はいきなり呼んだ、「座主どの！」汾州は振り返って、「おう！」と答えた（応喏）。師、「何だ（是什麼）！」汾州はただちに悟った。ふかぶかと礼拝して、起ちあがって申しあげた、「わたくしは四十二本もの経論を講義してきて、もう人から教えを受けることは何もないと思っておりました。今日和尚に出逢わなければ、一生を無駄に過ごすところでありました。」（『祖堂集』巻一六「江西馬祖章」）

また馬祖の弟子の紫玉道通の話。

（襄陽節度使の于迪〔頔〕相公は）さらに問うた、「何を佛というのでしょうか？」師（紫玉）はいきなり名を呼んだ、「于迪！」相公は「おう！」と答えた（応喏）。師、「他に求めてはなりませぬ（更莫別求）」。相公は言下に大悟し、ただちに礼拝してわが師となした。ある人がこのことを薬山和尚に話した。薬山、「こんな奴は縛りあげろ！」その理由を問うと、「何だ（是什麼）！」（『祖堂集』巻一六「紫玉和尚章」）

これが「喚べば答えるもの」に自己の「本性」を見る「性説」の例である。汾州の問うた「宗門中の事（禅）とは何か」、于頔の問うた「佛とは何か」、それがかく質問し、呼ばれてただちに応じた即今の自己にほかならぬことを示唆するものである。紫玉和尚の話で、薬山が怒りを露わにして「〈是什麼！〉と問うべきなのだ」と言ったのは、紫玉の「更莫別求」という懇切な教えが禅宗の「教理」に堕しているからで、薬山にとっては「喚べば答えるもの」を喚起する作略の核心が「是什麼！」と直接に相手の自己を問うところにある、と考えていたからであった。右の二話では、ともかくこの作略によって「悟り」に至ったという。

もうひとつの「近前来」（ちこう寄れ）と呼びかけて相手が応ずるところに「本性」を見る作略も、「性は作用に在り」を実演した「喚べば答えるもの」の変奏である（その手の類話は小川隆『語録のことば 唐代の禅』（禅文化研究所、二〇〇七年）に集めてある）。しかし、「名を呼ばれて返事をする」、「こっちへ来いと呼ばれて前に出る」というごとき習慣による反射神経の生理的行動に「本性」があるなどと言われると、最初はその意外性に意表を衝かれて、つい「なんだ、そういうものだったのか」と思わせたのであるが、そのような条件反射的な動作はなんぴとにも表われるただの生理的機能（「南方宗旨」に言う「頭を刺せば頭が覚知し、脚を刺せば脚が覚知する」という痛覚）に過ぎず、その認知をもってこれを「本性」とする、すなわち佛陀・祖師と違わぬ「佛性」を具有することの証明と言えるであろうか？　これも本能を本性と混同した誤りではなかろうか？「喚べば答えるもの」の認知が「禅の入門段階」だとされたとしても、こういう作略の模倣者が続出するに及んで、その単純な思いつきの愚かしさが批判にさらされることになったのも必然である。潙山と仰山の対話に次のようにいう。

潙山はさらに問うた、「もし誰かが『一切の衆生はただ〈茫茫たる業識（ごっしき）〉があるだけで、拠るべき根本がない』ということを訊ねたら、きみはどう答えるのか？」仰山は答えた、「やにわに僧の名を呼びます。僧が『おう！』と答え（応諾）たら、『何だ（是什摩物）！』と言ってやります。僧が『わかりません』と言ったら、『そなたも〈茫茫たる業識〉があるだけで、拠るべき根本がない』と言います。」潙山、「これこそ〈獅子の一滴の乳を垂らして六斛の驢馬の乳を飛び散らせる〉という手並みだ。」（『祖堂集』巻一八「仰山和尚章」）

名前を呼ばれて「応諾」する（『景徳伝灯録』巻一一「仰山章」では「回首」、振り向く）者を「茫茫たる業識の衆生」と決めつけている。「業識」は『大乗起信論』に言う「無明の力によって不覚の心が動く」もの、ここでは外境に反応して振り回されるだけの作用を指す。仰山は「一切の衆生はただ〈茫茫たる業識〉があるだけで、拠るべき根本がない」ことを明らかにするために、いきなり僧の名を呼んで反応を試したのであって、僧が「わかりません」と答えるのを見通した実演をやって見せると言ったのである。さきの二つの話では、「宗門中の事（禅）とは何か」、「佛とは何か」という問題が提示されていて名を呼んだのであるから、名を呼ぶことは「禅的な作略」と言えたが、ここではそうした前提なしに名を呼んだのであるから、「何だ！」と言われても、僧は「わかりません」と言うしかない。そういう仕組まれた一幕の芝居であって、目的は「一切の衆生はただ〈茫茫たる業識〉があるだけで、拠るべき根本がない」ことを明らかにするための所作であり、「名を呼んで応諾させる」方法がすでに批判の対象となっていることを示した話なのである。『景徳伝灯録』で仰山が「何だ！」と言ったプロットを省いているのは、そのためであるが、『祖堂集』も『景徳伝灯録』も主題に変わりはない。

陸希声の「仰山通智禅師塔銘」（乾寧二年、八九五）に当時の「性在作用」説の受容の情況を書き留めている。

　師は慧忠国師から禅の指導法を体得し、六祖の心地の教えをさまざまに応用して参問者に直示しようと試み、その手法は他の追随を許さなかった。しかるに修行者の方では往々にして師の意図を見失い、眉をつり上げたり、眼を動かしたり、木を敲いたり、物を指さしたりする動作のまねだけを互いにしあって、まるでふざけ芝居の演芸場と化してしまったのは、師の罪ではないのだ。（『全唐文』巻八一三）

ここに例挙された「眉をつり上げたり、眼を動かしたり」（揚眉動目）は自己の作用、「木を敲いたり」は相手に音声を聞かせ、「物を指さしたり」は相手にその対象物を目睹させる、いずれも「性在作用」説の応用である。陸希声はこうした滑稽な情況を「師の罪ではない」と儀礼的に擁護してはいるが、接化の手法としての「性在作用」説の応用の試みが、すでに破綻を来していることは明らかである。これらの応用はそれぞれに淵源をもち、臨済の批判した「宗門の模様」（無著道忠）であった（下文参照）。

馬祖の弟子百丈懐海（七四九～八一四）は自己の「鑑覚」（見聞覚知）の作用に気づくことを「初善」の前のレベルに位置づけている。

今の自己にそなわる鑑覚の認知について言えば、ただ聖を清く凡を汚れとする見かた、色声香味触という対象、世間出世間という区別に対して、毛一筋ほども執着を持たぬのが初善の段階である。これは煩悩を調伏して満足する声聞の人、川を渡ってなお筏を捨てきれぬ縁覚の人であって、坐禅修行の一応の成果に過ぎない。このことに執着しないうえに、執着せぬことをよしとするその境地にも安住しないのが中善である。しかしこれも不完全な教えであり、無色界であって、声聞・縁覚の道、魔民の道に堕するのを免れはするが、なお禅病・菩薩の呪縛である。執着しないことにも安住せず、また安住しないという知解をも持たないのが後善である。これが完全な教えであり、無色界に堕するのを免れ、禅病・菩薩乗に堕するのを免れる。……しかしこの三段階を透過して拘束されぬのが最上乗であり、上上の智であり、この人こそが佛である。（『百丈広録』）

すなわち、見聞覚知の作用を自覚しても、それに「毛一筋ほども執着を持たぬのが初善の段階である」とは、それをもって「本性の自覚」とするにはほど遠く、見聞覚知の作用に執着しないのが「初善」だと百丈は言っているわけである。

やはり馬祖門下で百丈と同門の弟子であった南泉普願（七四八〜八三四）は、より直接な言いかたで見聞覚知の作用を「道」と見なすべきではないとしている。

佛陀が世に出て法を説いたのは、ただ道を会得させせようとしただけであって、別のためではない。このことを祖師がたが代々伝え、江西の老宿馬祖に至っても、人びとに道を会得させせようとしたのである。佛法が中国に伝わって五百年、達磨がインドから中国に来て、諸君らが三乗五性といった教理学にかかずらっているのを懸念して、法を説いて諸君らの迷いを救おうとしたのだ。五祖弘忍の門下に五百人の弟子がいたが、ただ盧行者（慧能）だけは、佛法がわからなかった。かれは文字を知らなかった。ただ道がわかっただけだった。今の人はその道を明らかにすべきであって、それは智に関わりはなく、決して対象化して理解できる物なのではない。大道は形がなく、真理には言い換えて対応するものはない。不動の空に等しく、生死輪廻の流れではなく、三界に摂取されず、過去未来現在に関わらない。……今ある人は鑑覚し知解する者を道だとしているが、それはみな目の前の対境に引きずられ、生死輪廻に流されているのである。これでは自由は得られない。……ただ無量劫来に変異せぬ本性を悟るのだ。それこそが修行である。（無著校写『古尊宿語要』池州南泉普願和尚語要、一二b）

南泉が「ただ盧行者（慧能）だけは、佛法がわからなかった」、「心は枯れ木の如く」（同、一二a）、「痴鈍人、少神人に似て、百事も知らざること最も好し」（同、一四a）、「狸奴白牯の如きは却って快活なり」（四a）とまで言うのは、教学佛教への反撥と、鑑覚をもって「本性」とする「性在作用」説の双方への批判であろう。かれは「佛性」の語を使わず、中国の伝統的な「道」の語を用いた。かれの言う「大道」とは、「佛未出世」の時の「真理は一如にして、潜行密用し、人の覚知する無し」（真理はただひとつで、密やかにゆきわたりはたらいているが、人間の知覚で捉えられるものではない。六a）であるゆえに、「須らく冥契自通すべし」（われ知らず道と契合して、道に通達すべし。六b）、「佛は道を会せず、我自ら修行せん」（三a、七a）と言ったのである。

また、百丈の弟子黄檗希運は「即心是佛」を継承しつつ、馬祖の創唱した「性在作用（見聞覚知）」について、つぎのように言う。

そなたの心こそが佛である。佛とはそなたの心であり、そなたの心は佛となんら変わるところはない。ゆえに「心こそが佛である」（即心即佛）と言われるのだ。もし心を離れたなら、その他に別の佛などありはしない。（『宛陵録』）

ここまでは馬祖の説法そのままであるが、続けてつぎのように言っている。

十方の諸佛がたは世に出て、ただ一心の法だけを説かれたのである。ゆえに佛陀は摩訶迦葉にこれを伝授された。この一心の法の本体は大空の続く限りのあまねく法界に遍満しており、これを諸佛というのである。この法を理論として述べようとしても、諸君が言葉によって納得できるものではないし、何かの作用を対象として見て取っても、納得できることではない。この意はただ黙契して得るのみである。こういう法門は「無為の法門」と呼ばれる。もし会得したいなら、ただ無心であるときに、ふとした機会に悟るだけである。もしも心を凝らして学び取ろうとするなら、遠く離れてしまうだけだ。左か右かの判断をしたり、取捨の分別をしたりする心を捨て、木石のような心であって、初めて道を学ぶ資格がある。（同）

感覚知解を働かせたり、何かの作用（一機一境）に対象を感覚によって捉えたりすることによっては、「一心の法」（心という教え）を会得することは不可能であり、ただ木石のように「無心」であって

初めて可能だと言う。また、

心こそが佛である。上は諸佛から、下は小さな生き物のすべてに佛性が具わっており、すべて同じ心の本体なのである。ゆえに達摩は西から来て、一心の法だけを伝え、一切の衆生はもともと佛であって、修行という手段を用いる必要のないことを直示したのである。今こそみづからの心を識り、みづからの本性を見よ。他に求めてはならぬ。ではどのようにみづからの心を識るのか？いま言葉を発しているものこそが、まさしくそなたの心なのである。もし言葉を発せず、作用もしない時でも、心の本体は大空のように姿かたちはなく、その場所もないが、それがないというのではなく、あっても目には見えないだけである。……今こそ行住坐臥のあらゆる場合において「無心」なることを学べ。分別するものもなく、依りかかるものもなく、執着するものもなく、終日運に任せてのほほんと、阿呆のようであれ。世の中の人は誰もそなたを識らず、そなたも誰にも識ってもらおうとせず、心が石のようにひび割れがなければ、どんな教えも心に入る隙はない。ごろんとして何物にも執われがなければ、初めてそれと少しはぴったりするというものだ。(同)

黄檗は言う、木石のように「無心」である人こそが、佛陀と同じ心の本性を見た人である。しかし、この道家の無為自然に通ずる「無心」を理想とするに至ったとは、これが佛教かとまったく人を驚かせる。黄檗がかく言うに至ったのは、「一機一境」の作用に本性を覚知せよという「性在作用」説の流行に対する批判であることは明らかである。

> 何かの作用を対象としてそこに本性を見て取ること、たとえば眉をつり上げ、目を動かし、問いに適切に答えたりするようなことをして、「おれは本性に契った、禅理を悟った」などと言う人がいるが、……こういう心で禅を学ぶやりかたは、まったく禅と関係がない。これでいっぱしの理窟を会得しても、所詮は心ででっちあげたものにすぎず、禅とはまるで関係はない。（同）

では「人間の本性」、「人間の本来性」とは何か、と問われたなら、なんと答えるべきか？　こういう人間存在の一大問題には、なんぴとも容易に答えることはできない。南嶽懐譲が六祖慧能に参じた。六祖が問う、「什磨物ぞ与磨来る？」こうして参問に来たそなたは何者か？　問われた懐譲は、「師、無語」。意表を衝かれて答えに詰まった。「八歳を経て、忽然、省有り。乃ち祖に白す」。八年たって、ふと答えが見つかった。そこで六祖に申し上げた。「某甲箇の会れる処有り」。わたくし、わかりました。「祖云く、作磨生？」どうわかったのか？「師云く、一物と説似せば即ち中らず」。何かであると言えば、はずれてしまいます（『天聖広灯録』巻八「南嶽大慧禅師章」）。この話は古い『祖堂集』、『景徳伝灯録』の伝承では、懐譲は六祖の問いに、間髪を容れずにこう答えたと記録されているが、『天聖広灯録』（一〇三六年）になって、六祖の問いが懐譲のその後の修行の課題となり、日常のすべてにおいて「わたしとは何であるか？」を問い続け、八年後にようやくこの答えを得たという記述に変化した。これは馬祖禅洪州宗の晩唐五代宋初における経験を背景とした結果であろう。「そなたは何者か？」そのような問いには、とりあえず、こう答えるしかない。その問いは探究の課題と受けとめてのみ意義がある。「何かであると言えば、はずれます」という答えは、答えとして完結したものではなく、断えざる自己の探究、すなわち「己事究明」に向かうということに他ならない。伝承では、六祖に参ずる前、懐譲は坦然禅師とともに嵩山に慧安を訪い、「西来意」を問うた。慧安は「達磨の意ではなく、なぜ自己の意を問わぬか?」と応じ、坦然が「自己の意とは?」と問うと、慧安は「密作用」して「目の開合をもって示し」、坦然はこれに契合したが、懐譲は納得しなかった、つまり「性在作用」説に疑問を抱いていたということが前提としてあり、「自己の本性」を安易に何かであると措定せず、探究の道を歩んだのである。以上の経緯はあきらかに馬祖以後の視点から仮構されたものであろう。洞山良价は「法身」を問われて、「吾此に於いて常に切なり」(わたしは法身の問題をいつも切実に受けとめている)と答えたのも、また法眼文益が羅漢桂琛に「行脚の事は如何?」と問われて「知らず」と答えると、桂琛が「知らざること最も親切」と言ったのを聞いて「豁然開悟した」(『景徳伝灯録』巻二四「清涼文益禅師章」)のも、「己事究明」という自己の課題をはっきりと認識したということである。

巨視的に見れば、時代は唐から宋へ、社会は中世から近世へと大きく転移するなかで、中唐馬祖に始まる禅宗は、唐代佛教の過激な新興宗教として登場し、その教説は相当に衝撃的であったため、この新興禅宗は多くの出家者を呼び込む吸引力をもっていた。晩唐五代の動乱期に当って、藩鎮の実力者が競って支持し、私的戒壇を設けて度僧し、その結果、禅宗社会に大衆化現象が起こった。当時は潭州潙山霊祐の同慶寺が千六百衆を擁し、同じく潭州石霜山慶諸(八〇七～八八八)のもとへ一日に「二百来个もの新到僧」が訪れ、洪州雲居山の道膺(?～九〇二)のもとには千五百衆、福州雪峯義存(八二二～九〇八)のもとには千七百衆が聚まったという時代である。臨済禅師も若年の南方行脚でこの新しい禅思想に深く影響を受けていた。馬祖道一から百年後の九世紀後半、唐末の禅宗は江西の洞山、曹山、雲居山、湖南の潙山、仰山、石霜山、徳山、福建の雪峯山、そして河北の趙州（観音院従諗）、鎮州（臨済義玄）などで、唐宋変革期といわれる動乱の時代に対応する生きかたが模索されていたのである。

第四節　実践――行脚僧への説法

河北鎮州臨済院にあって、義玄禅師は馬祖禅の基本理論に拠りつつ、各地から参問に来る行脚僧に「示衆」説法をした。その基調は「外に求めまわる行脚をやめよ」ということであった。上掲「示衆」に言うように「人惑（にんわく）を受けてはならぬ」と忠告したのである。

（一）「人惑」の第一は伝統的佛教学である

行脚僧はすでに既成の佛教に限界を感じて、新興宗教たる禅宗に身を投じ、行脚に出たのであるが、臨済によれば、かれらはこれまで馴染んできた佛教教学の羈絆を脱しきれないで、いくつもの「誤った考え」に執われている。

(1)その第一は、佛陀を究極の理想と設定してその境涯に至らんことを求めることである。

『佛陀こそは究極のおかたである。三大阿僧祇劫の長きにわたって修行を積まれ、その成果として初めて成道されたもうたのだ』などと修行者に向って説教を垂れる坊主がおるが、諸君よ！　もしきみたちまでがそのまねをして、『佛陀こそは究極のおかたである』と言うなら、いったいどうして八十歳で拘尸羅城の双林樹のもとで横たわって死んでしまったのか？　佛陀は今どこにいるのか？　われわれの生き死にと何ら変わらぬことがわかるであろう。きみたちは『三十二相、八十種好こそは佛のあかしだ』と言うが、それならあの転輪聖王こそ聖人ということになる。佛陀も現身の人だったとわかるであろう。古人が『如来の全身のすがたは、眼に見たいという世間の人情に随って表わしたにすぎぬ。疑り深い人は虚無の心をいだきやすいゆえ、間に合わせに名目を立てたのだ。でまかせに三十二と言っただけで、八十と言うのもでたらめである。かたちあるは覚者の身体ではない、かたちなきこそが真のすがたである』と言うとおりである。きみたちは『佛陀はすばらしい六神通を発揮なさる』と言う。ならば、天の神、地の神、阿修羅、大力鬼もみな神通を発揮するのであるから、佛陀ということになるであろうか？　諸君！　間違えてはならぬ！　阿修羅は帝釈天と戦って敗れるや、八万四千の眷属を率いて蓮の糸の中に隠れたというが、こんなのを聖人と言えるか？　わたしがいま挙げたのは、みな業通、依通にすぎない。（『臨済録』【七一】示衆六（1）「佛は今いずこにか在る」）

この時代に「佛陀はわれわれと同じ血の通った人間であって、八十歳で死んだ人である」という「人間佛陀」はまったく新しい佛陀像であった。これは南方行脚の時に接した徳山宣鑑の示衆に影響を受けたものにほかならない。徳山いわく、「諸君らも聞いておるだろうが、『佛陀は三大阿僧祇劫にわたって修行されたのだ』と言われる。永遠と言うなら、今いったいどこにいるのか？　八十年後にくたばったではないか！　諸君とどこが違うのか？」（大慧『正法眼蔵』巻上）。これはおそらく会昌の廃佛の徹底的破壊を目睹したかれらの感慨から生まれたものであろう。

⑵第二は、「佛陀の悟りの境涯に到達するには、多くの修行の階梯を踏まねばならぬ」という教学の修道論である。

諸君！　わたしの見かたによるならば、わたしは報身佛（ほうじんぶつ）、化身佛（けしんぶつ）の頭も尻に敷く。十地に至った菩薩は小作奴隷、等覚・妙覚は囚われの罪人、羅漢・辟支佛は糞尿、菩提・涅槃は驢馬を繋ぐ杭にほかならぬ。なにゆえかく申すかといえば、それら修行の階梯が空名にすぎぬことに、諸君が達観できない障害があるためなのだ。まことの正しき道人ならば、けっしてそうではない。ただ因縁のままに宿業を受けとめて生き、運に任せて身に合った衣裳をつけ、行こうと思えば行き、坐ろうと思えば坐り、ことさら悟りを得ようなどとはチラリとも思わぬ。なぜか？　古人の言うとおり、「もしも修行して佛になりたいなどと思うならば、そのとき佛こそは生死輪廻の重大な契機となる」からなのだ。（『臨済録』【四八】示衆一（5）「山僧の見処」）

佛教学が構想した巨大な修道体系がすべて激越な批判の対象となっている。臨済がこれに対して「随縁任運（ずいえんにんうん）」という禅的＝老荘的生き方を対置しているのは、やはり中国人らしい主張である。

諸君らのところでは「修行して真理を悟る」と言っているが、考えちがいをしてはならぬ。たといそういう修行をしたところで、みな生死輪廻の業となるのみだ。諸君らは「六度万行のすべてを修せん」と言うが、わたしから見ればみな造業、佛を求め法を求めるのは地獄行きの業、悟りを求めるのも造業、経典を読むのも造業である。佛陀と祖師がたは、外に何も求めず、為すことのない無事の人であった。（『臨済録』【六六】示衆四（3）「随処に主となる」）

諸君よ！　きみたちのところでは「修すべき道があり、悟るべき法がある」と言っている。では訊くが、いったい何の法を悟り、何の道を修するのか？　いまこうして活動しているきみたちに、いったい何が欠けているというのか？　どこを修理して繕おうというのか？　新米の坊主どもはこのことがわからず、ああいった狐ツキの輩が説法して人をしばりつけ、「教えられた教理どおりに自ら修行し、心口意（しんくい）の三業（さんごう）の清浄を大切に守って、初めて成佛できる」などと言うのに丸め込まれている。このように言う者は春の細雨のごとく絶えない。古人は言う、「道を修している人に出逢ったら、けっして話しかけてはならぬ」と。ゆえにまた、「もし道を修しようとするなら、道は歩けない。あらゆる邪鬼悪魔が現われて妨げるのだ。智慧の剣を一振りすれば、すべて消え失せ、光明が真っ暗に、暗黒が明るい」と言われる。ゆえにまた古人は言う、「平常の心で生活することが道である」と。（『臨済録』【六八】示衆五「平常心是れ道」）

臨済は「修行して道（真理）を悟るのではない」と言う。なぜなら、理想とする佛陀と祖師は求めることのない無事の人であったからだ。「修行して佛陀になるのではない。自己の外に佛を設定して求めても、永遠に得られはせぬ。今の諸君こそが佛陀と同じなのである。そのように信じて生きるのみだ。」と。

問う、「正しい考えとはどういうことなのでしょうか？」師の答え、「諸君がいつものように俗人の世界に入り、佛の世界に入り、汚れた世界に入り、清浄な世界に入り、さまざまな佛のおわす世界に入り、弥勒菩薩の住む高殿に入り、毘盧遮那佛の光明世界に入って探究しても、そこではさまざまの世界が成立し、持続し、壊滅し、空無となることを、諸君の心が現出しただけなのだ。たとえば、『佛陀はこの世に出生し、教えを説き、涅槃に入られた』と言うが、そこに佛陀その人が現われ、去って行った姿が、本当にあると思ってはならぬ。そこに生きて死んだという実像を求めようとしても、つかむことはできぬ。たとい諸君が不生不死の真実世界に入らんと、あちこち訪ねてさまざまな佛の世界を遍歴して、ついに蓮華蔵世界に行きついたとしても、結局のところ〈一切は空〉であって、実体がないことがわかる。ただ、今ここにわが面前で説法を聴いている無依の道人だけが、諸佛を生み出す母なのである。ゆえに佛はその無依なるところから生み出される。もし無依ということを悟ったならば、佛すらもまた外から手に入れるものではなくなる。かくのごとく見ることができたなら、これが正しい考えというものだ。」（『臨済録』【五七】示衆三（6）「真正の見解」）

ここで臨済は「真正の見解」を行脚僧に即して述べている。諸方を行脚して老師からさまざまな教えを受けてその境涯を探究するが、それらはみな言語による観念の世界に過ぎず、今わが目前に説法を傾聴している諸君らがその観念を生み出しているのであり、観念が空なるものと分かったとき、外に佛を求める行脚の必要はなくなる。それが「無依の道人」であり、それを自覚することが「真正の見解」である、と。

（二）「人惑」の第二は禅宗的教条である

馬祖禅の「性在作用」という佛性論は、佛性のありかを身体動作によって示す方法である。眼を開閉したり、凝視したり、身体を振わせたり、指さしたり、手を振ったり、払子（ほっす）を立てたりという、日常的動作にこそ佛性のはたらきが現われている。また「見色即見心」という悟道論は、そうして示された対象を見ることによって、「見るという作用」に自己の佛性を発見するというものである。この単純明快な手法は、その明快さによって当初、衝撃をもって迎えられた。が、単純であるだけに、模倣者によって安易に乱用され、禅宗社会の大衆化によって庸俗的理解を生み、安易なワンパターンの方便と化した。臨済はこうした方便を用いる老師や修行者を「老禿兵（ろうとくへい）」、「野狐精魅（やこせいみ）」と大いに罵っている。

禅師がたよ！　まずは平常であれ！　人まねをするでない！　もののよしあしもわきまえぬゴロツキ坊主どもは、狐ツキをやって、あちこち指さしたり、「よき晴れかな」、「よき雨かな」などとほざいておる。こいつらこそ借金を償うために、死んでから閻魔王の前に引き出され、焼けた鉄の玉を呑まされる日がくる。きみたちよいところのお坊ちゃん、お嬢ちゃんが、あんな狐ツキに騙されて奇怪なまねをするとは！　ドメクラども！　飯代を請求される日が来るぞ！（『臨済録』【四九】示衆一（6）「時光惜しむべし」）

諸君！　真の佛はすがたを持たず、真の法はかたちがない。しかるにきみたちはひたすら現身（うつしみ）の上にワンパターンのひとまねばかりして、それで佛や法を求め得たと思っても、そんなものはみな狐に化かされたに過ぎず、けっして真の佛ではない。外道の考えかただ。（『臨済録』【七二】示衆七「真佛無形、真法無相」）

また、見識を欠くゴロツキ坊主は、あちこち指さして、「今日はいい天氣だ」、「いい雨だ」とか、「みごとな灯籠だ」、「立派な露柱だ」とやる。見よ！　眉毛が抜け落ちておるぞ！　修行者はてんでわからず、「これぞすぐれた接化だ！」などと、それに惑わされて舞い上がる。こういった連中はみな狐ツキ、化け物だ。まっとうな修行者にはあざ笑われて、「ドメクラのゴロツキ坊主め！天下の人をかどわかしおって！」とやられる。（『臨済録』【七三】示衆八「主客相見」）

よそからここへ来る行脚僧は、どいつもこいつも何かに依存して出て来るやつばかりだ。わたしがここで片っ端から始末してやる。手振りで来るやつには手振りを始末する。口で来るやつには口を始末する。眼で来るやつには眼を始末する。そういうものから脱出して、わたしの前に出て来る者は一人もおらぬ。みな古人の手管に惑わされておるのだ。わたしが諸君に与えるものは何もない。ただ諸君の病を癒し、自縄自縛を解いてやるだけだ。よそから行脚に来た諸君！　何物にも依存しないで出て来てみよ！　わたしはきみたちとともに問題を突き詰めたいと思っているが、五年十年このかた、相手になる者はひとりもおらぬ。みな草葉に依りついた亡霊やら竹木の妖怪やら狐の化け物やらであって、他人の野糞によってたかって喰らいついておるのだ。ドメクラども！　多くの信者から施しを受けながら、報いることもできず、「わたくしは出家人ですから」などと言って、当然だという料簡でいる。きみたちに言おう、他に求むべき佛もなければ法もない。修行をして得べき悟りなどないのだ。それなのに叢林を軒なみに訪ねまわって、何を求めておるのだ？　ドメクラども！　自分の頭の上にもうひとつ頭をのっけるのか！　きみたち自身にいったい何が欠けているというのか！（『臨済録』【七五】示衆九（2）「一法の人に与うる無し」）

ここに「模様」と言っているのは、「如何んが是れ佛法の大意？」（佛法とは何か？）、「如何んが是れ祖師西来の意？」（禅とは何か？）と問われて、「自己である」ことを示すのに、馬祖禅の「性在作用」説の身体動作のパターンで応ずるやりかたである。臨済はこれを批判して「古人の手管に惑わされている」と言い、「あちこち指さしたり、『よき晴れかな』、『よき雨かな』などとほざいておる」と言うのも、外境を指し示して、物を見る自己の作用が佛性のはたらきなることに目覚めさせる接化の手段であり、当時は馬祖の弟子の潙山霊祐が用いた「見色即見心」の具体的手段として広く知られていたのである。

（三）禅宗の見解

以上の二種の「人惑」に対して、臨済は「真正の見解」、「禅宗の見解」という立場を打ち出している。

出家者というものは、平常で正しい考えかたをよく見分けねばならぬ。すなわち何が佛で何が魔であるのか、何が本物で何が偽物であるのか、何が俗で何が聖であるのか。ここのところをよく見分けることができてこそ、本物の出家と言えるのだ。魔と佛さえも見分けられないなら、家を出たり入ったりするだけの、いわば地獄行きの衆生であって、本物の出家とは言えない。ただし、たとえば佛魔（佛という魔）なるものがあって、佛と魔が水と乳の溶け合ったごとくに一体不分であったとしよう。鵝王ならば乳だけを飲む。しかし道眼を具えた禅僧ならば、魔も佛もともに打ちのめすのだ。〈きみがもし聖を慕って俗を憎むなら、煩悩の海に浮き沈みをくりかえすほかない〉。（『臨済録』【五二】示衆三（1）「平常無事」）

「真の出家」は佛と魔、真と偽、凡と聖を区別せねばならない。が、しかし「明眼の道流」すなわち禅僧はその区別の価値意識そのものを打破するのである。ここに教家と区別される禅家の特徴が表われている。

問う、「佛魔とは何なのでしょうか？」師は答えた、「きみの不信の念が佛魔だ。きみがもし、あらゆるものは空（くう）、心も幻（まぼろし）、何物も実体として存在せず、世界はカラリと清浄なのだとわかったとき、佛魔はいない。佛と衆生は一方は清浄、他方は汚染の境涯とされているが、わたしの見かたでは、佛と衆生の区別はなく、古えも今もない。得ている者は初めから得ているのであって、年月をかけて得たのではない。修行もいらねば、悟りもない。新たに何かを得たわけでも、失ったりもしない。わたしの見かたはいつでもこういうことだ。これ以外のものはない。〈たといこれに勝る見かたがあろうと、そんなものは夢まぼろしに過ぎぬ〉。わたしの言いたいことは、以上のとおりである」。（『臨済録』【五三】示衆三（2）「佛魔」）

諸君！　大丈夫の漢よ！　きみたちは今日にして初めて知ったのだ、本来無事であるにもかかわらず、ただそのことを信じきれぬために、絶えず外に求めまわって、今の自己をないがしろにし、外に自己を捜す愚をやめられなかったことを。最高位の圓頓菩薩（えんどんぼさつ）すら、俗を嫌って聖を慕い、浄土の世界に生れかわろうと願っている。こういう連中は分別取捨の意識が払拭できず、清浄と汚染の分別に執われた心がなお残存しているのだ。わが禅宗の考えかたは、まったく異なる。無条件に現在だけを問題にして、無限の修行の果てに時節因縁が熟してから成佛するなどとは言わぬ。ただし、わたしの説法は、ただ凡聖の執着に対する一時の対症療法なのであって、けっして固定して受け取るべきものではない。このように見ることができたなら、真の出家者である。それこそ〈日（ひび）に万両の黄金の供養さえ受けてよい〉のだ。（『臨済録』【五五】示衆三（4）「禅宗の見解」）

「圓頓菩薩」は佛教教学では修行の階梯の最高位に至った菩薩であるが、それでさえなお分別心に執われていると断じ、「禅宗の見解」は聖意識（修行の階梯を踏んで俗より聖位に至る）を払拭するところにあることを宣言している。これが唐代禅宗の重要な特徴であり、臨済禅師の思想の核心でもある。「外に凡聖を取らず、内に根本に住さず」（外なる聖「佛」を求めない、かといって内面「心＝佛性」にも安住しない【五二】）、「心外に法無し、内も亦た得べからず」（心以外に法はない、しかしその心も実体はない【六四】）は臨済禅師の思想的立場の表明として重要かつ有名である。人は聖なるものへのやみがたい希求があるが、それの持つ魅力は必然的に人を虜にし屈服させる魔力を持ち、元来そなえていた人を浄化させる力が却って人の自由を束縛するものへと転化する。臨済はこれを「佛魔」（佛という魔）と呼んだのである。有名な上堂で臨済自身が使った「一無位の真人」もまさしくそれであった。

上堂して言った、「さあ！　諸君らの肉体にひとりの位階なき真人がいて、諸君らの顔面からいつも出入りしているぞ！　それを確かめておらぬ者は、とくと見よ！」すると、僧が前に出て問うた、「その位階なき真人とは何でありましょうか？」師はすぐさま禅床を降り来って、僧の首を捕まえて言った、「さあ言え！　言え！」僧はなにやら言わんとした。師は突き放して、「位階なき真人が何たる糞棒か！」と言って、方丈へ帰ってしまった。（『臨済録』【一〇】上堂（一）「無位の真人」）

〈一無位の真人〉が顔面（「面門」）から出入りしているとはどういうことか？　人間の見聞覚知の感覚作用を「顔面から〈六すじの神光〉がつねに光を放つ」（【四四】示衆一）と譬喩表現をし、これを「無位の真人が出入りしている」と擬人化したのである。「真人」とは道家でもちいられた道の体得者（『荘子』大宗師篇）で、魏晋南北朝時代の漢訳佛典では阿羅漢（修行の最高位に達した人）をいうが、「無位」を冠しているから、もはやそれらとは異なって、地位・位階の価値枠に収まらないものの形象化である。しかもそれが生身の人間そのものであることは、古い伝承の『宗鏡録』（巻九八）、『祖堂集』（巻一九）が「五蘊身田内に無位の真人有りて堂堂と顕露し、毫髪許りの間隔も無し」（肉体の中からはっきりと〈無位の真人〉が現われ出ている。しかもその〈無位の真人〉は肉体とは毛一筋も隔たりがない）と表現していることから明らかである。「赤肉団上に一無位の真人有り」、「五蘊身田内に無位の真人有り」

などと、「赤肉団」、「五蘊身田」（肉体）と「無位の真人」を別のように言ってはいるが、「無位の真人」とは生き生きと活動する生身の人間のことにほかならない。生身の人間のほかに超越的な実体を認めているのではないのである。ここが重要なところである。しかし「赤肉団上に一無位の真人有りて、常に汝等諸人の面門より出入す」という言葉には、容易に「超越的なるものの存在」を想像させてしてしまいやすい。「真人」の語は道教における道の体得者（仙人）でもある。果してこの上堂においても、「それを確かめておらぬ者は、とくと見よ！」と言うと、さっそく僧が「如何なるか是れ無位の真人？」と問うた。臨済はただちに禅床をおりて、僧を捕まえ、「道え、道え！」（このお前こそが〈無位の真人〉なのだ。問うのでなく、みずから〈無位の真人〉たるところを言え！）。僧が何やらもぐもぐするや、臨済は突き放して、「〈無位の真人〉がなんたる糞棒か！」と言い捨てて、方丈へ帰ってしまった。格調高く切り出された「無位の真人」の説法は、失敗に終わり、臨済は〈無位の真人〉の揚言を悔いつつ、不機嫌に方丈へ引きあげざるを得なかった。以後、かれは二度とこの語を使わなかったのも、このような誤解を恐れたためである。福建にいた雪峯義存（八二二～九〇八）はこの話を伝聞して「林際（臨済）は大いに白拈賊に似たり！」と舌を巻いたという（『景徳伝灯録』巻一二。『祖堂集』巻一九では、「林際は大いに好手に似たり！」）。「白拈賊」とは素手で強盗をはたらき、痕跡をのこさぬ大胆な白昼強盗をいう。それは「無位の真人」と言って、それが僧に誤解されるや、ただちに「乾屎橛」（糞棒）に転化して僧を悪罵した、臨済の電光石火の手腕を讃えたた感歎の語である。同時代の雪峯も唐末の禅宗大衆化のなかにあって馬祖禅の庸俗的理解をいかに克服するかという課題を抱えていたので、臨済の「無位の真人」の上堂の問題点をただちに認識し、同時に臨済に深い敬意を示したのである。この上堂はその結末と雪峯の評語全体から考えなくてはならない。なぜなら、ここには唐代禅学と臨済禅師の思想にかかわる重要な問題があるからである。

第五節　言葉

臨済が行脚僧に向かって説いた記録「示衆」のなかで、特にくりかえし注意しているのが、言葉の問題であった。

諸君！　必ずや正しい見かたを求めなくてはならぬ。そうすれば天下を闊歩したところで、あんな野狐精どもに惑わされなくてすむ。無事であることが高貴の人である。このうえ余計なことをしてはならぬ。平常であれ！　諸君は自己を棄て措いて、叢林を軒なみに訪ねまわって、規範を求めようとしているが、それは大間違いだ！　佛を求めようとばかりしているが、佛というのは言葉にすぎないのだ。きみらは探しまわっているそのご本人が何者かわかっているのか！　過去、現在、未来の諸佛諸祖がたが出現したのも、みな法を求めんがためである。いま諸君たちが参禅学道するのも、法を求めてのことに他ならぬ。法が得られたなら、大事了畢だ。得られなければ、またもとどおり五道に輪廻するのをくりかえすばかりだ。しかし、法とはなんであるか？　法とは心という法である。心というものは形なくして至るところに現れ、今この場に、現にはたらいているのだ。このことを信じられぬから、言葉にしがみついては、文字の中に佛法を捜し求め、穿鑿ばかりする是れ貴人」）

ことになるのだ。ああ、そんなことではまったく天地懸隔だ！（『臨済録』【五〇】示衆二（1）「無事是れ貴人」）

このごろの修行者どもがいかんのは、結局、言葉に執われて解釈ばかりしているためである。大判の帳面に死にぞこないの老いぼれ坊主の言った言葉をれいれいしく書き写してからに、三重五重に袱紗に包んでは、人に見せまいとしおって、『これぞ玄妙なる奥義だ』などと後生大事にしまっておる。大間違いだ！　ドメクラどもめ！　諸君らは干乾びた骨を齧って何の汁を吸おうとするのか！　見識のない連中どもは、経典をひねくりまわして、あてずっぽうで相談しては意味をでっち上げようとばかりしておる。人のウンコを口に入れてくちゃくちゃ咬んでは、また吐き出して他人に食わせてやるようなものだ。まるで俗人が早口言葉を言わせるようなことをやって、一生を無駄に送るつもりか！（『臨済録』【八五】示衆一四（4）「名字を認むる莫れ」）

諸君！　外から手に入れる佛などありはしない。たといれいれいしく説かれた三乗、五性、圓頓の教理であろうと、みなかりそめの方便であって、本当の中味などありはしない。あるのはそのものではないただの説明、大仰な宣伝の文句であって、指示する説明にすぎないのだ。（『臨済録』【九二】示衆一六「佛を究竟と為す莫れ」）

禅師がたよ！　考え違いをしてはならぬ！　わたしはおんみらが佛教学の経論に通ずることを求めぬ。また国王や大臣たることを求めぬ。また立て板に水式の雄弁家たることを求めぬ。また聡明なる智慧を求めぬ。ただ正しい見かたを持ってもらいたいだけなのだ。諸君！　たとい百本の経論を理解したとしても、ひとりの無事の和尚であるほうがよい。経論の専門家になったとたん、他人を軽蔑して論破を競う修羅となって、人を馬鹿にする無明を増長させ、地獄行きの悪業を造るだけだ。（『臨済録』【九三】示衆一七「無事底の阿師」）

「三途地獄」も「極楽浄土」も「佛」も「解脱」もすべては観念（佛教教学の術語）に過ぎず、こういう空なる観念に惑わされず、「無事」でいるのがいちばんよい。人はこうした観念によってもっとも騙されやすいのである。観念は言葉によって表出される。言葉とはいかなるものか？

禅師がたよ！　着けている衣裳に執われてはならぬ。衣裳が人を動かすのではない。人が衣裳を着けているのだ。清浄という衣裳、不生不滅という衣裳、菩提という衣裳、涅槃という衣裳、祖師という衣裳、佛陀という衣裳など、何でもある。禅師がたよ！　こういったすべての言葉は、みな衣裳の変奏にすぎない。言葉というものは、〈風ガ臍ノ輪ノ気海ヨリ出テ、歯デカチカチヤッテ、意味トナッタ〉にすぎず、明らかに実体なき幻である。禅師がたよ！〈音声をもって語業を外に発することにより、内なる心の思いを表現する〉と言われるように、心に思うことによって観念が生まれる。それが言葉になるのであるから、みな衣裳である。諸君はひたすら衣裳に執われて実体があると思い込んでいるのだ。こんなことではいつまでたっても衣裳の専門家になるにすぎず、三界をぐるぐるまわって輪廻転生をくりかえすだけだ。外に求めぬ無事がいちばんよい。〈出逢っても誰だかわからぬ、言葉を交わしても名前も知らぬ〉、それでよいのだ。（『臨済録』【八四】示衆一四

（3）「衣を認むる莫れ」

言葉は風である。言葉が紡ぎ出す観念は空なる幻に過ぎない。人間がもっとも執われやすいものが言葉によって紡ぎ出される観念である。むろんあらゆる観念を信ずるなと言うのではない。人間がもっとも執われやすい、信じ込みやすい観念とは、「菩提」、「涅槃」、「祖師」、「佛陀」等の聖なる観念・術語なのであって、臨済はこのことに注意を喚起するのである。「達磨が中国へ来たのは騙されぬ人を見出すためだった」（【八七】）とさえ言っている。いわゆる「如何なるか是れ祖師西来の意？」（達磨大師がインドから来たのは、何のためだったのか？）、すなわち「達磨は何を伝えたのか？」に対する臨済の答えが、これである。またこうも言う、「もし何か伝えようとする意図が達磨にあったのなら、人を救うどころか、達磨は自身さえ救うことはかなわぬ」（【八八】）と。しかし人間は言葉から離れることができない。臨済も示衆説法では饒舌に語る。多くの言葉を費やして、言わんとするところは、言葉を妄信するなという一事である。これがすなわち禅宗で言われる「不立文字（ふりゅうもんじ）」という句の意味にほかならない。

禅師がたよ！　わたしは今やむを得ず、しゃべりまくって汚らわしい物を垂れ流す結果となったが、どうか諸君よ！　誤解しないでもらいたい。わたしの見かたでは、じつは多くの真理があるのではない。使いたいなら使え！　使わぬならそれまでだ。（『臨済録』【八四】示衆一五（4）「用処に蹤跡無し」）

言葉を妄信してはならぬ。すべては自己の問題、「己事を究明すること」に尽きる。真理はあれこれ議論することを離れている。「ただちに迴光返照して、外には一切求めず、わが身と心が祖師や佛陀と別ではないと知って、今こそ〈無事〉に落ちつくこと」しかない。みずから「黙契するのみ」（黄檗希運）である。臨済禅師はこのように言って、さらに「わたしの言葉にも執われてはならぬ」と言う。「わたしの見かたでは、じつは多くの真理があるのではない」とは、若き日に大愚の語によって黄檗禅師の真意を悟って叫んだ言葉、「元来黄檗の佛法に多子無し！」（黄檗の佛法の真理はひとつであったのだ！）のことである。「ひとつ」とは黄檗のいう「即心是佛」（わが心こそが佛に他ならぬ）ということであり、「わが身と心が祖師や佛陀と別ではない」と信ずることである。以上を総括して言うなら、「〈信じこむこと〉からの自由と、〈信じきること〉への勇気と」（見田宗介「自我のゆくえ」、『これからどうなる 日本・世界・21世紀』岩波書店、一九八三年）ということになるであろう。

第五章　『臨済録』を読む

第一節　「書写された口語」

この章では『臨済録』のテクストの読解をこころみる。禅語録を読むには、心すべき点がいくつかある。禅語録として記述されているのは口語を用いた口語性の強い文章である。口語とは話し言葉、文語は書き言葉である。口語とは言っても、話された言葉そのままではありえないので、「書写された口語」と称するのであるが、書写される際には、それなりの口語体としての規範化が施され、すでに形成されていた標準的口語体というべきものに準拠していたであろう。それは明らかに文語体とは異なっていて、口語的語彙・語法のレベルだけでなく、文語による創作の常道である典故技法という古人の事跡にあやかった表現を用い、来歴のある古典語を選択し、散文であっても韻律に注意をはらって整え、対句仕立てという発想で綴られるような、文語特有の修辞作法とは距離を置いている。できうる限り話された時の口吻を保存することが話者の真実を伝えるという考えかたは、『論語』以来の伝統でもある。

『景徳伝灯録』の場合、永安道原が蘇州で資料を収集したあと、北方の開封へ行って北方資料を補充し『佛祖同参集』二〇巻を編成した。その資料は、基本的にはすでに書写された記録を収録したものであろうが、また禅僧の口碑の伝承も含まれていたと想像される。これを景徳二年（一〇〇五）に真宗皇帝に上進すると、真宗は文臣楊億らに命じて「刊削を加えて裁定」せしめた。おそらく叙述に問題が多かったのであろう。楊億らはほぼ一年を費やして修訂し、『景徳伝灯録』三〇巻に校定した。楊億はその作業をつぎのように報告している。

……事実の記録は、優れた叙述によってこそ遠くまで伝わるのであり、洗練を欠く文章では不可能である。師資の機縁の始末を詳細に述べた部分に、表現が乱れ、言葉が卑俗な場合、改削して筋道が通るように調整した。儒学の士や居士との問答において、その爵位姓氏の明らかな者は、暦書に照らして年代に誤りがあり、史書の記述と食い違いがある場合、みな削除して信用が置けるようにした。……旧録の採用した資料が、糟粕を取って精華を捨てている場合、別集が存していれば、そこから取って置き換え、増補することに努めた。古人の作でない序文や論がいくつも収録されて、いたずらに冗長となっているものは、正しく選別して、棄てたところが多かった。（金蔵版『景徳伝灯録』巻首「刊修景徳伝灯録序」）

これを見ると、かなり全面的で大幅な改訂だったようであり、再び上進されたのち、勅命で大蔵経に編入公布され、このことによって、『景徳伝灯録』は士大夫にも受け入れられる「語録体」の規範となったのである。唐の李義山（商隠）『雑纂』という諧謔書の続編に宋の王君玉『続雑纂』があるが、その「少道理」（筋が通らぬ）の代表的な例として「和尚撰碑記」（和尚の書いた碑銘）が挙げてあり、僧侶の作文は下手くそというのが相場だったようである。文語で格調高く書かれるべき碑銘が、口語まじりの均衡を失った文章であったということであろう。『景徳伝灯録』が文臣による規範化をへているのに比べ、同時代に同時期の資料によって福建で編纂された『祖堂集』二〇巻は、より口語性が強く、素朴な文章が多いように感ぜられる。したがって口語研究の立場から見れば、より高い価値を有するのであるが、それゆえに読みづらい箇所がいくつもある。

　日本では古来から漢文を訓読するならわしである。訓読が形成された時代は、漢語史の区分では中古漢語の時代に相当し、当初は漢訳佛典（これは口語性のつよい文体）を中国語としてではなく、日本語として「読み下す」特殊な読解方法であったが、しだいに文語文を読む方法として規格化され、却って中古漢語後期から近代漢語にわたる禅語録のような口語文献には適用しがたいものとなったが、やむを得ず無理を承知で搬用している。訓読とは基本的には中国語を日本語の語順に並べ変え、日本語の助詞、助動詞、送り仮名などを補い、日本語の古文として「読み下す」もので、意味がわからなくとも、形式的に運用して訓読文にすることはできる。訓読はそういう機械的な方法であるから、訓読すること自体は容易だが、それで意味が理解できるわけではないのである。したがって、口語文の意味を正しく理解したうえで、はじめて正しく訓読できる。訓読によって意味を知ろうとするのに、意味を知っていなくては正しい訓読はできない、という困った方法が訓読なのである。ほんとうは、訓読に頼らずに、中国語の原文から直接に意味を把握するのがよいのだが、音読と訓読の両方を使って正確で周到な意味理解ができるというのも、日本人の読解能力である。従来このように応用して、独特な「禅語録の訓読体」を発達させてきたのであるが、しかしわれわれが原文の意味を完全に理解するには、自分で現代日本語に翻訳する必要がある。訓読を媒介にしても、原文と現代日本語をたえずフィードバックして意味を確認しつつ、完全に把握せねばならない。他人の翻訳だけに頼っていると、よくわからない場合が多い。世には誤読、悪訳があふれている。そういう心づもりで『臨済録』を読んでみよう。

まず「示衆」を読んで、臨済の基本的な考えかたを知り、そのうえで「上堂」、「勘弁」、「行録」に相当する対話を読解するという順序を取るべきである。テクストは『天聖広灯録』巻一〇、巻一一に収録される臨済録部分を用いる。

第二節　示衆（一）真正の見解を求めよ

師示衆して云く、「今時の佛法を学ぶ者は、且らく真正の見解を求むることを要す。若し真正の見解を得たらば、生死にも染まず、去住も自由なり。殊勝を求むるを要せずして、殊勝自ら至る。

道流よ！　秖だ古えよりの先徳の如きは、皆な出人の路有り。山僧の人に指示する処の如きは、秖是だ你らの人惑を受けざらんことを要するのみ。用いんと要せば便ち用いよ。更に遅疑する莫れ！　如今の学者の得からざる、病は甚処にか在る？　病は自ら信ぜざる処に在り。你ら若し自信不及ならば、即便ち忙忙地として一切の境に徇って転じ、他の万境に廻換せられ、自由なるを得ず。你ら若し能く念念に馳求する心を歇め得ば、便ち祖佛と別ならず。你らは祖を識らんと欲得すや？　秖だ你らという、面前に法を聴く底こそ是れなる。学人信不及ならば、便ち外に向って馳求す。設い求め得たるも、皆な是れ文字名相にして、終に他の活祖意を得ず。錯まる莫れ！

禅徳！　此の時遇わずんば、万劫千生に三界を輪迴し、好悪の境に徇って撥ばれ、驢牛肚裏に去きて生れん。

道流よ！　山僧の見る処に約せば、釈迦と別ならず。毎日多般の用処、什麼をか欠少す？　六道の神光、未だ曾て間歇せず。若し能く是の如く見得れば、秖だ是れ一生無事の人なり。」（『臨済録』【四四】示衆一（1）「真正の見解を求めよ」）

　師は僧衆に説示した、「いま佛法を学ぼうとする者は、とりあえず、正しい考えかたを求めなくてはならぬ。正しい考えかたを身につけたなら、輪廻にも陥らず、行くも留まるもみづから決める。解脱を求めなくとも、解脱はひとりでにわがものとなる。

　諸君！　古来の先覚がたは、みなすぐれた方便をわきまえておられたものだが、わたしが忠告してやれるのはただ、きみたちは人に騙されてはならぬ、ということだけだ。忠告に従うなら、従うがよい。迷ったりしていてはだめだ。いまの修行者の欠点は、どこに原因があるか？　原因は自己を信じないところにある。きみたちが自己を信じきれないから、臨終に際して現われる幻覚のままにあたふたと運ばれ、よろずの場面に振りまわされて、自由になれないのだ。きみたちが絶えず求めまわる、その心を終熄できたなら、そのときこそ達磨や佛陀と同じなのだ。きみたちは達磨がどんな人なのか、知りたいと思うか？　今わたしの面前で説法を聴いているきみたちこそが、それなのだ。修行者自身が自己を信じきれないから、外に求めまわるのだ。外に求めて、たとい得られたとしても、みな文字や言葉ばかりで、けっして活きた達磨の思想ではない。考え違いをしてはいかん！

　禅師がたよ。今生に善知識に遇わなければ、永遠に三界を輪廻し、臨終に現われる好ましき境界、おぞましき境界のままに、驢馬や牛の腹に入って転生することになる。

諸君！　わたしの見かたに拠れば、諸君は釈迦と何の違いもないのだ。毎日の種々の行ないに、何の欠けたるところがあろうか。諸君の六根が放つくすしき光は、途切れることなく射しつづけているではないか。このように見ることができたなら、諸君はただ一生無事の人である」。

これは「示衆」の冒頭の一段で、臨済院に参じた行脚僧に向かって「真正の見解」とは何かを説く。「真正の見解」は義玄の示衆の核心であり、「示衆」の全体は「真正の見解」とは何であるかをめぐって開陳される。

「示衆」は僧院大衆への垂示説法。「晩参示衆」、「上堂示衆」とも言われるように、夕刻に法堂（はっとう）に上って大衆に説示された。義玄の「示衆」は臨済院における長期にわたっておこなわれた説法の整理・集成であろう。

「且（しば）らく要す」とは次善の策を勧める場合に言う。「佛法を学ぶ必要は、本来ないのであるが、もし学ぼうとしている者があれば、ひとまず…」と言うニュアンスである。「生死にも染まず、去住も自由なり」という「生死」は輪廻の意味の漢訳語。「不染生死」（生死に染まらず）というべきところを、「生死不染」に倒置して「不染」を強調する。「去住」は行くことと留まることで、「脱著」（着物を着る、脱ぐ）と並挙される「生死」の譬喩である。「自由」は「自（みずか）らに由（よ）る」、自分で決めること。三祖僧粲が「生死自由なり」と言って立化（りゅうげ）（立ったまま遷化）したといわれ（『楞伽師資記』）、先達が「火に入るも焼けず、水に入るも溺れず、倘（も）し焼けんと要（ほっ）せば即ち焼け、溺れんと要せば便ち溺れ、生きんと要せば即ち生き、死なんと要せば即ち死し、去住自由なり。者箇の人自由の分有り」（火の中に飛び込んでも焼けず、水中でも溺れ死なない。しかし焼けようと思えば焼け、溺れようと思えば溺れられる。生きようと思えば生き、死のうと思えば、いつでも死ねる。死ぬも生きるも自由自在だ。こういう人こそ自由の資格があるというものだ。『古尊宿語録』巻二「百丈広録」）であったように、世人が生を喜び死を厭うのに対して、生に執着せず、いつでも死ねることを示すのに用いた。臨済が継承するのは、敦煌本『六祖壇経』にいう「六塵中に於いて離れず染まず、来去自由なる、即ち是れ般若三昧にして、自在に解脱するを、無念行と名づく」（この現実世界にあって、引きずられず、また離れず、自由に往来する。これが般若の智慧による生き方で、どこにあっても自在に解脱した生き方ができる。これを何も求めぬ行ないという）という独立独歩の自在な生きかたである。百丈懐海も言う、大智の人は「生に処して生に留められず、死に処して死に礙えられず、五陰に処して門の開くが如く五陰に礙えられず、去住自由、出入無難なり」（生きていても生きることに何の妨げもなく、死んでも死ぬことに妨げがない。五蘊の肉体であるが、はたらきに妨げはなく、死ぬも生きるも、出るも入るも自由自在だ。『百丈広録』）。

「殊勝」は「めでたく勝れたること」であるが、臨済は「示衆」七で「夫れ真の学道人の如きは、並して佛を取めず、菩薩羅漢を取めず、三界の殊勝を取めず、迥然として独脱して、物に拘せられず」（ほんものの修行人は、けっして佛とならんことを求めず、菩薩・羅漢とならんことを求めず、解脱しようと求めたりせずとも、超然として三界を脱け出て、何物にも拘束されぬ）と言っている文脈から見れば、一般的なめでたきことではなく、われわれが生きる三界における殊勝、すなわち解脱を意味している。真の学道人は三界からの脱出を求めない。「示衆」九（3）に言う、「山僧の見処に約せば、如許多般無し。

秖是だ平常にして著衣喫飯し、無事にして時を過ごすのみ。你ら諸方より来る者は、皆な是れ有心にして佛を求め、法を求め、解脱を求めて三界を出離せんことを求む。痴人！　你は（三界を）出て什麼処にか去かんと要す？」（わたしの見かたは、あれこれ多くは言わぬ。ただ平常であれ。衣装を着て飯を喰い、無事で過ごすということだ。きみたち他所から行脚に来た連中は、みな佛を求め、法を求め、解脱を求め、この三界を脱出しようという魂胆だ。馬鹿者め！　きみたちは三界を出て、どこへ行こうというのか？）

「道流」という語は義玄が修行者に呼びかける独特の呼称。「諸方学道流」（『臨済録』【七五】「示衆」九（2））の省略であろう。「道流」はもと、後漢の班固が劉向『七略』にもとづき、『漢書』芸文志で分類した儒家・墨家・法家など九流学派の一つの道家者流（道教、道士）を指し、唐代においてもその用法が主であった。禅の修行者への呼称として用いるのは、義玄以外では同時代の宗密（七八〇～八四一）と洞山良价（八〇七～八六九）にわずかの例があるのみで、後世まれに用いられる場合も「真正の道流」・「本色の道流」など、義玄その人を回想する口吻を帯びている。

「出人底の路」は人よりすぐれた手だて。「出人」は「出人頭地」（人より一頭地出る）、つまり人より優れた、並みはずれた、抜群の意。ここは「人を救う」という意味ではない。王維「従弟司庫員外絿に贈る」詩に「少年は事を識ること浅く、彊いて名利を干むるを学ぶ。徒らに聞く躍馬の歳、苦だ出人の智無し」（若いときは見識が浅くて、がむしゃらに科挙の勉強をしたものだ。富貴を築くに十分な時間はあったが、ざんねんなことに人より優れた智慧がなかった〔『王右丞集箋注』巻二〕）。呉融「李長吏に贈る歌」に「咨嗟す長吏の出人の芸、如何せん此の艱難の際に値うを」（ああ、あなたの人並外れた技量も、今時の災難に遭遇しては発揮されなかった〔『全唐詩』巻六八七〕）。「～底」は修飾関係を表わす口語の構造助詞。

文語では右の「出人智」、「出人芸」のように「底」は使わない。「路」は方法。「人惑」は他人からする惑乱。善意、悪意を問わず、他人からの示教をいう。意図的なかどわかしは無論のことだが、とくに聖なる教え、魅力的な価値、壮大な理論など、みずからのめり込む高尚な観念についていう。「人惑を受くる莫れ」は徳山宣鑑（七八〇～八六五）が言った言葉（大慧『正法眼蔵』巻上）、義玄も示衆において繰り返し用いた。「示衆」九（1）に言う、「道流よ！　你ら如法の見解を得んと欲せば、但だ人惑を受くる莫れ。裏に向いても外に向いても、逢著せば便ち殺せ！　佛に逢わば佛を殺せ！　祖に逢わば祖を殺せ！　羅漢に逢わば羅漢を殺せ！　父母に逢わば父母を殺せ！　親眷に逢わば親眷を殺せ！　かくて始めて解脱を得、物に拘せられず、透脱自在ならん」（諸君！　まっとうな見かたを得たいなら、人に騙されてはならぬ。内面においても外界においても、諸君を騙すやつに出くわしたら殺せ！　佛に出逢ったら佛を殺せ！　祖師に出逢ったら祖師を殺せ！　羅漢に出逢ったら羅漢を殺せ！　父母に出逢ったら父母を殺せ！　親族に出逢ったら親族を殺せ！　そうして始めて解脱できるのだ。何者にも拘束されず、透脱して自在になれるのだ）。また「示衆」九（2）「山僧には一法として人に与うるもの無し。秖是だ病を治し縛を解くのみ」（わたしが諸君に与えるものは何もない。ただ諸君の病を癒し、自縄自縛を解いてやるだけだ）。「示衆」一五（2）にも「達磨大師は西土より来りてより、秖是だ箇の人惑を受けざる底の人を覓む。後に二祖に遇い、（二祖は）一言に便ち了じて、始めて従前に虚しく功夫を用いしを知れり」（達磨が印度から来て、他人から騙されぬ一箇のまっとうな人間を捜そうとして、のちに二祖となるその道人神光に出逢うと、かれは一言のもとに悟って、始めてこれまでの努力が無駄な骨折りだったと了解したのだ）。つまり義玄にとっては「人惑を受くる莫れ」ということが、達磨が伝えた禅の意義であった。「人惑」のほか「法惑」（悟りの誘惑）、「境惑」（外境の誘惑）についても同じく「受くる莫れ」とくりかえし言っている。南泉普願（七四八〜八三四）も「我行脚せし時、一个の老宿有りて某甲に教えて道わく、『返本還源せよ』と。噫！　禍事なり！　我は十八の上に解く活計を作す。三乗十二分教も我に因りて有る所なり」（わたしが行脚していた時、ある老師が「根源に返れ」と教えた。ああ！　あの時は危ないところだった！　わたしは十八歳で独り立ちできた。どんな佛典の教えといえども、わたしが実践してこそ意味があるのだ。『祖堂集』巻一六「南泉和尚章」）と言った。「要用便用，更莫遅疑」は、「人惑を受くる莫れ」という忠告を受けとめるのも拒否するのも、きみたちの自由だ、迷い疑い、議論することではない。「示衆」一五（4）にも、「大徳よ！　山僧は今時、事已むを獲ず、話度して許多の不才浄を説き出す。你ら且らく錯まる莫れ。我が見処に拠らば、実に許多般の道理無し。用いんと要さば便ち用いよ。用いずんば便ち休む」（禅師がたよ！　わたしはいま已むを得ず、ともに商量して、ごたごたと汚らしいものを並べ立てたのであるが、どうか禅師がたよ、誤解しないでもらいたい。わたしの見かたでは、本当はあれこれの道理などないのである。使いたければ使うがよい。使わなければそれまでだ）と言っている。「遅疑」は迷うこと。「遅」はおそい義から疑い迷って進まないことをいう。ゆえに二字は同義複詞である。白居易「陶潜の体に効う詩」十六首之十五に「但し未だ生死の、勝負は両つながら如何なるかを知らず。遅疑して未だ知らざる間は、且らく酒を以て娯しみと為さん」（しかし、生と死はいずれが優っているのか？　迷って決着がつかぬあいだは、酒でも飲んで楽しむとしようか。『白居易集』巻五）。

「学者」は道を学ぶ者、修行者。「得」は文語の「可」（よろしい）に相当する口語。「甚処」は場所を問う口語疑問詞（文語の「何処」にあたる）。「不自信」は自分で自分を信じない。「自信不及」は自分で自分を信じきれない。「～不及」は動作がそこまで至らない、徹底できない意の可能補語。「示衆」四（1）に「如今の学道人は、且らく自ら信ずるを要す。外に求むる莫れ」（いま、道を学ばんとする人は自らを信ぜよ。外に求めてはならぬ）。自己の何を信じきれないのかは言われていないが、「示衆」九（2）に「你らに向って道わん、佛無く法無く、修する無く証する無きに、秖与麼に傍家に什麼物をか求めんと擬す？　瞎漢！　頭の上に頭を安くとは！　是れ你ら、箇の什麼をか欠少す！　道流よ、是れ你らというわが目前に用く底こそ、祖佛と別ならざるに、秖麼に信ぜずして更に外に求む。錯まる莫れ！」（きみたちに言おう、他に求むべき佛もなければ法もない。修行をして得べき悟りなどないのだ。それなのにひたすら軒なみに叢林を訪ねまわって、何を求めておるのだ？　ドメクラども！　自分の頭の上にもうひとつ頭をのっけるのか！　きみたち自身にいったい何が欠けているというのか！　諸君！　きみたちという、わが目前に活動している者こそが、佛陀や祖師と違わないのだ。このことを信じきれずに、ひたすら外に佛陀や祖師を求めまわるとは！　ここを間違ってはならぬ）というように、「自身が祖佛と同じである」ことである。「自身が祖佛と同じである」ことを、ほんとうに信ずることができるか？「不信」から「自信」へ、これが人生の大転換だ、と臨済は言うのである。

「即便」は「若し」に呼応する口語の二音節同義複詞。「忙忙地」は「せわしなく、あわただしく」。「～地」は副詞を構成する口語の構造助詞。『景徳伝灯録』巻二八では楊億らが手を加えて文語的な表現にしたため「地」を省いている。「忙忙地として一切の境に徇って転じ」以下は臨終に際してのふるまいを言う。一般の人間ならば、王梵志が言うように、「憭（繚）乱して精神を失う」（王梵志詩第九首）情況を指す（項楚『王梵志詩校注』上、四六頁、上海古籍出版社、一九九一年）。「徇」は随順の義であるが、ここでは望ましくないマイナスのニュアンスをもつ（ゆえに大慧『正法眼蔵』巻上、『指月録』巻一四はケモノへんの「狗」に作る）。本段後文にもまた「三界に輪廻して、好悪の境に徇って掇ばれ、驢牛肚裏に去きて生れん」と言っている。「転」は底本『天聖広灯録』は「縛」であるが、『続開古尊宿語要』以下の古尊宿系テクスト、明版『四家録』、『聯灯会要』巻九に拠って改めた（おそらく「轉」、「縛」の形似による誤り。古い『景徳伝灯録』巻二八は「脱」になっているが、これに拠っている大慧『正法眼蔵』巻上は衍字とみて省いている）。「示衆」一〇に第二十二祖摩拏羅尊者の伝法偈の「心は万境に随って転ず」という引用があり、「示衆」三（9）にも「若し能く是の如く認得めなば、境に転ぜられず、処処に境を用う」と言うように、「転」を用いている。「他の万境に迴換せらる」の「迴換」は取り換える、変更する意の同義複詞であるが、ここでは引伸して、振りまわす、引きまわす意で使われている。「示衆」三（3）にも「一切境の差別に入るも、（境はこの人を）迴換する能わず」（境遇の違いにかかわらず自由自在、引き回されることがない）。「自由を得ず」とは悪趣（地獄、餓鬼、畜生道）に転生することの暗示。

「念念に馳求する心」の「念念」は「念念相続」、絶え間ない妄念（欲求）の連続。「歇得」は求めまわる心（馳求する心）を止めることができる。「能く念念に馳求する心を歇め得ば」というように、「能」と「〜得」をあわせ用いて強く可能を表わすのは、口語表現の特徴である。「祖佛」は祖師と佛陀。通常いわれる「佛祖」と異なり「祖」に重点を置く禅宗の用語（つまり実際の意味は「祖」だけという偏義複詞）。「你らは祖を識らんと欲得すや？」という「識」は識別の義で、外表によって見分けること。「君たち、その祖佛に会いたいと思うか」（岩波文庫『臨済録』入矢義高訳）というニュアンスである。「祖」は古い『景徳伝灯録』巻二八では「祖師」であり、古尊宿系テクストは「祖佛」とするが、下文に「活祖意」というように、臨済の念頭にあるのは祖師達磨である。「秖だ你らという、面前に法を聴く底こそ是れなる」の「秖」は「是你」という場合の「是」と同じく、「その次にくる語を強く規定し、それを主題として大きく提示する機能をもつ。したがってその語は常にセンテンスの主語になる」（入矢義高「禅語つれづれ」、『増補　求道と悦楽』岩波現代文庫、二〇一二年）。「你」と「面前聴法底」は同格で、「きみたちという、わが面前で法を聴く底（もの）」の意。「きみたちの面前で聴法する底（もの）」ではないことに注意。すなわち、いま現に臨済の話を聴いている修行者を「祖」と等置して言うのであって、「きみたちの前に現われ出ているもの」でも、「きみたちの中に内在している超越的なるもの」でもない。「秖你面前聴法底是」は「（祖）是秖你面前聴法底」の語序を替えて「秖你面前聴法底」を特に強調した形式。

「学人」は「学者」と同じく学地にある人。行脚して師友を求める修行者を言う。「名相」は名前と形、すなわち言葉（名辞や概念）をいう佛教用語。「活祖意」は「活祖師意」。活きた祖師の意図とは、達磨が伝えた禅の思想を指す。

「此の時に遇わずんば」とは「今生で善知識のよき指導に遇わなければ」の意。じつは、臨済が説法し、行脚僧が傾聴している、今この場を指していう。「三界」は佛教でいう苦の世界、人間の輪廻する三つの境界。欲望の世界（欲界）、精神の世界（無色界）とその中間（色界）。しかし臨済はみずから再定義していう、「你らは三界を識らんと欲すや？你らという いま法を聴く底（ところ）の心地を離れず。你らが一念心の貪、是れ欲界。你らが一念心の嗔、是れ色界。你らが一念心の痴、是れ無色界。是れ你らが屋裏の家具子なり」（三界とはなにか、きみたちは知りたいか？　教えてやろう。三界とは、今わたしの説法を聴いているきみたちの心と離れてあるのではない。きみたちが起こす貪りの心が欲界だ。怒りの心が色界だ。愚痴の心が無色界だ。これらはみなきみたちという家の中にころがっている家具なのだ。示衆九（3））。佛教学の術語に惑わされず、自分で再定義することを、臨済は「安名」と言っている。「好悪の境に徇って掇ばれ」の底本は「好境に徇って掇ばれ」であるが、『景徳伝灯録』に拠って「悪」字を補った。「驢牛肚裏に去きて生れん」というのは悪境に順って行く先、三悪道の畜生道であるからである。「掇」の原義は拾う、手に取る意であるが、上文には「転」と表現されていたから、ここでは「掇転」と熟する場合の「向きを変える」意であろう。元末の楚石梵琦（一二九六～一三七一）の「中天竺の吾蔵主の日本に還るを送る」偈に「船頭を掇転せば是れ故郷、龍は呑み尽くさず瑠璃の碧」（ここから舳先を転じて行けばそなたの故郷だ。海龍は荒れても海水を飲み尽くさず無事に帰着できるであろう。『楚石梵琦禅師語録』巻一七）。「驢牛肚裏に去きて生る」とは、俗人が生前に借金を返せず、死後に驢馬や牛に生れ変わり酷使されることで返済する運命をいうが、僧の場合は布施を受けて生活しながら、施主の期待に背いて無駄な生きかたをした結果、驢馬や牛に転生することをいう。

　百丈懐海の次の説法も「臨終の時の自由」を説いている。「臨終の際、所有る習念、尽く勝境と為って現前し、心の愛重する所の処に随って先に受く。秖だ如今悪事を作さずんば、此の時に当っても亦た悪境無し。縦い悪境有るも亦た変じて好境と成る。若し臨終の時憧狂して自由を得ざるを怕るれば、即ち須らく如今便ち自由にして始めて得し。秖だ如今、一一の境法に於いて都て愛染無く、亦た依住の知解莫きこそ、便ち是れ自由の人なり」（臨終の時には、これまでに心に染みついた想念が、みな荘厳された場面として現前し、執着の激しいものから順に体験してゆくことになる。今、煩悩に任せて悪事をなさねば、臨終の時にも不幸なおぞましい場面は立ち現われぬ。現われたとしても、幸せな好ましい場面に変わる。臨終の時に慌てふためいて自由でなくなるのを心配するなら、今すぐに自由であらねばならぬ。今、ひとつひとつの対境に愛着を持たず、また愛着しないという知解にも安住しないなら、これぞ自由人というものだ。『百丈広録』）。黄檗希運『伝心法要』にも言う、「凡そ人終らんと欲る時に臨んでは、但だ観ぜよ、『五蘊は皆な空にして、四大は我無く、真心は無相にして、去らず来らず、生まるる時もこの性は来るにあらず、死ぬる時もこの性は去るにあらず、湛然として圓寂し、心と境は一の如し』と。但だ能く是の如く直下に頓了せば、三世の拘繋する所と為らざる、便ち是れ世を出る人なり。切に分毫の趣向を有つを得ざれ。若し善相の諸佛来迎し、及び種種現前するを見るとも、亦た心の随い去かんとする無し。若し悪相の種種現前するを見るとも、亦た心の怖畏るる無し。但自だ心を忘れて法界に同じくせば、便ち自在なることを得ん」（およそ人間たるもの、必ず死がおとずれるものだが、その臨終に際してはかく諦観せよ。「わが肉体と精神を構成する五蘊（色、受、想、行、識）は空なるもの、その動因たる四大（地、水、火、風）も実体はない。しかし人間の本性たる真心は、実体として姿かたちがあって行き来するものではない。したがって生まれる時に現われ来るのでもなく、死ぬ時に消え去るのでもない。それは本来涅槃の湛然圓寂のままに、環境のなかに溶けあってあるのだ」と。ただちにこのように悟ることができたなら、もはや過去、現在、未来という時間に束縛されることはない。これが現世を超えた人である。いささかも欲求の心を起こしてはならぬ。つまり、たとい聖衆の来迎や種々の荘厳が現われるのが見えても、ついて行こうという心を起こさず、おぞましい地獄のイメージが現われるのが見えても、恐怖を感じはしない。ただ分別好悪の妄心を起こさなければ、真理の世界と一つになって、無得自在の境地となることができる。これが要諦である）。

「山僧の見る処に約せば」という「約」は準拠の義。「釈迦と別ならず」の主語は「道流」である（『宗鏡録』巻九八、『景徳伝灯録』巻二八では「如今の諸人は古聖と何の別かあらん」に作るのを参照）。その根拠は「六道の神光、未だ曽って間歇せず」である。「六道の神光」とは六根の作用をいう。汾陽善昭（九四七～一〇二四、臨済下六世）の「都釈六根圓明短歌」はこのことを詳しく敷衍している。「眼耳鼻舌身と意、六用皆な一法の智を同じくす。百千巧妙、機縁に応じ、物物倶（とも）に圓かにして塵翳を離る。眼色は空にして、耳声は離れ、香味觸法倶に滞る無し。和融自在にして圓通と号し、這箇の圓通は真偽を絶す。分明なるを要す、須らく審細なるべし、六道の神光は常に閉じず。心は万境に随うも境は唯だ心のみ、心と境は元より空にして総て周（あま）ねく備わる。重重たる帝網（ていもう）、六門開き、鏡と象は圓かに真にして一切明らかなり」（眼、耳、鼻、舌、身、意の、六根のはたらきはみな「一法の智」から出ている。機縁に応じてさまざまにみごとに対応し、そのはたらきのひとつひとつが完成し、対象から惑乱されることがない。たとえば、眼が色を見る時、何の執着も起こさず、耳が音を聴く時、執着から離れている。鼻で匂いを嗅ぎ、舌で味を嘗め分け、肌で触れて感触を知り、体全体で体感する時、何の妨げもない。このようなスムーズで差し障りないのを「圓通している」という。この圓通は真偽の穿鑿を超えたものである。さあ、しっかりと、はっきりと観察せよ。六根の作用が光として絶えまなく射し続けていることを。心はあらゆる対境に従って転ずるけれども、その対境はただ心の現出なのだ。その心も対境も実体のない空であるが、欠けることなく完備している。世界は物事がびっしりと網の目のように交錯して構成されている。そこに人間の六根の門が開かれ、網の目に架かった鏡が像を完璧に映し出すようにし、一切のものが明らかとなるのだ。『汾陽無徳禅師語録』巻下）。この偈の「六用皆な一法の智を同じくす」が、本段下文につぎのように言うのに相当する。「道流よ！　心法は形無くして十方に通貫す。眼に在りては見ると曰い、耳に在りては聞くと曰い、鼻に在りては香を齅ぎ、口に在りては談論し、手に在りては執捉し、足に在りては雲（運）奔す。本と是れ一精明にして、分れて六和合と為る」（諸君！　心というものは形なくして至るところに現れるのだ。つまり、眼にあっては見るはたらきと言い、耳にあっては聞こえると言い、鼻にあっては香りを嗅ぐと言い、口にあっては語り論ずると言い、手にあってはものをつかむと言い、足にあっては歩くと言うのだ。いわゆる〈もと一つの精明が六つの和合となる〉ということだ）。つまり「六道の神光」とは「眼耳鼻舌身意の六用」であり、「一精明」たる「心法」（一法の智）の作用である。福州大安（七九三～八八三）も六根の作用を放光に譬えて言う、「汝ら諸人、各自の身中に無価の大宝有り、眼門より光を放って山河大地を照らし、耳門より光を放って一切の善悪の音響を領覧し、六門より昼夜常に光明を放つを、亦た放光三昧と名づく。汝ら自らに有り、何ぞ識取せざる！」（『祖堂集』巻一七）。また『宝蔵論』広照空有品にも、「夫れ天地の内、宇宙の間、中に一宝有りて、形山に秘在れ、物を識り霊照するも、内外ともに空然たりて、寂寞として見難し」と言う。

義玄は「佛と祖師は是れ無事の人」（「示衆」一二）、「古人云く、演若達多は頭を失却う、求心歇む処即ち無事」（本段下文）、「無事是れ貴人」（「示衆」二（1））と言い、「無事」なることを理想とした。「無事」とはもはや求める事のないこと。佛は完成された人であるから、満ち足りて欠けたるところがない、完全であり、完成している、ゆえに何も求めぬ。「無事」とはもと「有事」（戦争、また煩わしい事）に対する語であったが、禅宗では「多事」（よけいなこと。司空山本浄は言う、「道は本と無事なるに、強いて多事を生ず」［道は本来無事であるのに、そなたは無理やりよけいな事をしでかす］。『祖堂集』巻四）に対して言い、その様相は懶瓚の「楽道歌」に詠ずるところを典型とする。いわく、「じっとして何事も無いし、何も手を加えることはない。無事でよいのだから、講釈することも要らぬのであるが。わが真心は散乱せず、他人の事におせっかいはいらぬ。過去は過ぎ去った、未来は算段するな。じっと無事に坐ったたまま。誰もおまえに用はない。努力の目標を探すのは、みんなど阿呆だ」（『祖堂集』巻三）。

義玄の「無事」の思想は徳山の示衆の影響下にある。徳山は言う、「諸子よ！　老漢が此間には一法として你ら諸子に与えて解会を作さしむるもの無し。自己も亦た禅を会せず。老漢も亦た善知識に不是ず、百く解する所無し。只是だ屙屎放尿し、乞食乞衣するのみにして、更に甚麼事か有らん？　徳山老漢は你らに勧む、無事にし去り、早く休歇し去るに如かずと」（「諸君！　わしのところには諸君に与えるべきどんな法もありはしない。わし自身、禅などわからぬし、善知識でもない。無能そのものだ。ただ衣食を乞うて、糞をたれ小便をするだけで、ほかに何の能もない。わしとしてはきみたちに無事であれ、早く休めと忠告するだけだ」。大慧『正法眼蔵』巻上）。

第三節　示衆（二）随処に主となる

道流よ！　你ら若し如法ならんと欲得せば、直だ須らく是れ大丈夫児にして始めて得し。若し萎萎随随地ならば則ち得からざるなり。夫れ㽋［音西］嗄［所嫁切］の器の如きは醍醐を貯うに堪えず。大器なる者の如き、直だ人惑を受けざらんことを要せば、随処に主と作りて、立処皆な真なり。但有そ来る者は皆な受くるを得ず。你らが一念の疑いは、即ち魔の心に入るなり。菩薩疑う時、生死の魔便を得たるが如し。但だ能く念を息め、更に外に求むる莫れ！　物来らば即ち照せ。你ら但し現今の用く底を信ぜば、一箇の事も也た無し。你らが一念心に三界を生じ、縁に随って境を被り、分れて六塵と為る。你ら如今応用する処、什麼をか欠少す？（『臨済録』【六三】示衆四

（３）「随処に主となる」

諸君！　きみたちがもしもまっとうでありたいと思うならば、大丈夫の漢の気概がなくてはならぬ。おめおめと人の言いなりになるようではいけない。およそひびの入った器には、醍醐を貯えられぬ。大器たる者は、人に騙されることさえなければ、いづこにあっても主人公たることを失わず、居場所がただちに真実解脱の場となるのだ。

すべて外から来るものに随ってはならぬ。きみが一瞬でも自己を信じないで躊躇する時、それは悪魔がつけ込んだのだ。「菩薩が疑いを抱く時、死の悪魔がつけ入る」と言われるように。みづからを疑う一念を起こさず、また外に求めてはならぬ。外から来る物があれば、ただちに見とどけよ。きみたちがいま作用している自己を信ずるならば、それが〈無事〉なのだ。きみたちが一瞬でも欲求の心を起すや、迷いの世界が生起し、種々の条件に随い、環境に影響されて、煩悩を起こす対象となる。きみたちのいまの作用にいったい何が欠けているというのか！

臨済の説法で有名な「随処に主となる」の一段。

「直だ須らく…にして始めて得し」は「必ずや〜でなくてはならぬ」という強い要請の句。「如法」は「正しい教えのとおりに」の意であるが、臨済の用いる意味は、「真正の見解」に支えられた

独立不羈の禅僧のありようを言う。「大丈夫児」は志気堅固な男子。「萎萎随随地」は主体性なく人の言うままに随う形容。「～地」は副詞を作る口語助詞であるが、ここでは「萎萎随随地」が述語として用いられている（太田辰夫『中国語歴史文法』三五二頁「地」の項参照）。

ここには音注がついている。「㽄嗄」は堅い物がひび割れる音の擬音語。『広韻』斉韻に「㽄、先稽切、瓦の破るる声」（音注にいう西と同音、「瓦が割れる音」）、また同書の禡韻に「嗄、所嫁切」とある。「嘶嗄」とも言う。『宋高僧伝』巻一七「周洛京福先寺道丕伝」に、「未だ終らざる前に、寺鐘故無くして嘶嗄す」（ゆえなくして梵鐘にひびが入ったとは凶兆をいう）。「大器」はもと玉製の宝器や大きな鐘鼎などの重器を指していうが、佛教では機根の優れた人を指す譬喩（上根大器）。「醍醐」は上質のヨーグルト、正法の譬喩。ここの「直要」は「必ずや～でなくてはならぬ」という強い要請の義であるが、次にその結果の一文がつづくから、「只要」（～でありさえすれば…）の義に近い。大器たる者は本来無事なることを知っているゆえに、「人惑」を受けない。

「随処に主と作りて、立処皆な真なり」二句は、「示衆」三（1）にも「你且らく随処に主と作れ。立つ処は皆な真なり」（「諸君、いかなる場においても主人公たれ。そのとき、そこが真実の世界となるのだ」）と言う。この「随処に主と作る」は義玄自身の言葉で、「主と作る」とは境惑・人惑を受けず、みずからが主体として決定すること。「立処皆な真なり」は僧肇（三八四～四一四）の「不真空論」の句にもとづく。「…故に経に云く、『甚だ奇なり、世尊よ。真際を動かずして、諸法の立処と為す』と。真を離れて立処あるに非ず。立処即ち真なり。然らば則ち道は遠からんや、事に触れて真なり。聖豈に遠からんや、之を体せば即ち神なり」（ゆえに経典に言う、「世尊よ、素晴らしいことです。真理の場を動くことなく、諸法が立ち現われています」と。真理を離れたところに現実の世界があるのではなく、現実世界が真理そのものなのだ。そういうことならば、道は遠くにあるのであろうか？　今ここのすべてが真理である。聖人の境地は遠いのであろうか？　誰でもその境地を体得できるのである」）。僧肇のいう「立処」は諸法を建立する場所（ものが立ち現われる場、すなわち現実の世界）の意である。馬祖道一の「示衆」にもこれを引いて、「種種の成立は皆な一心に由るなり。建立も亦た得し、掃蕩も亦た得し、尽く是れ妙用、尽く是れ自家なり。真を離れて立処有るに非ず、立処即ち真にして、尽く是れ自家の体なり」（「種々のものが立ち現われるのは、みな心が現出するのである。打ち立てても、解消しても、すべては佛性の妙なるはたらき、すべては自分である。真理を離れたところに現実の世界があるのではなく、現実世界が真理そのものなのだ。すべて自分の本性の表われなのだ」。『馬祖の語録』、禅文化研究所、一九八四年／筑摩書房、二〇一六年）という。これが義玄の直接に拠るところで、「みずから立つ処」という意味で用いている。

「但有」はある範囲（ここでは「来者」）に例外のないことを表わす総括詞。「菩薩疑う時」とは『摩訶般若波羅蜜経』巻一九「魔愁品」に、「復た次に阿難よ！　菩薩は是の深般若波羅蜜を聞説く時、意に『是の般若波羅蜜は為た実に有るや、為た実に無きや？』と疑う。是の如き菩薩に、魔は其の便を得るなり」というように、佛典にいう「菩薩の疑い」は悟りを求めて修行する人が、悟りがほんとうにあるのかと疑い迷うことである。「便りを得る」は隙に付け入ること。義玄の「一念の疑い」は自己を信じきれず、自己の外に悟りを設定して求めることを指す。次の「但だ能く念を息め」の「但」は限定から命令に転じた副詞。「物来らば即ち照せ」の「照」とは光が射してものが見えるように、眼で見ること。「示衆」の後段では「照燭」という。「還って是れ道流、目前に霊霊地として万般を照燭し、世界を酌度する人」（「逆に諸君という、わたしの目前で、はっきりとすべてのものを見分けて、この現実世界を観察する人である」。「示衆」九（３））、「還って是れ你という、目前に昭昭霊霊として鑑覚聞知し照燭する底」（「逆にきみという、わたしの目前ではっきりと感覚作用をはたらかせ観察する人である」。「示衆」一三（２））。

「現今用うる底」、「如今応用する処」はいずれも見聞覚知の感覚作用をいう。「自己にこの作用があることを信ぜよ」とは、自己にこの作用のあることが佛性を具えた佛と同じなのだ、という馬祖禅の主張である（見聞覚知の感覚作用が佛性なのではない。しかしそこを離れて佛性を具えた人を考えることはできない）。「一箇の事も也た無し」とは「無事」であることを言う。みずから作用することが佛性の現われなのであるから、これ以上何も求める必要はない。「你が一念心…」は「心生じて種々の法生ず」（『大乗起信論』）というように、心が動くとき対象世界が現われること。「三界」は人が輪廻する三つの境界（欲界、色界、無色界）。「境」は外なる世界、「六塵」は感覚の対象（色、声、香、味、触、法）。「你如今…」二句は、さきに読んだ「示衆」一（１）にいう、「道流よ！　山僧の見る処に約せば、（你らは）釈迦と別ならず。毎日の多般の用処に什麼をか欠少す？　六道の神光、未だ曽て間歇せず。若し能く是の如く見得れば、秖だ是れ一生無事の人なり」と同じである。

第四節　示衆（三）人惑を受くる莫れ

道流よ！　你ら如法の見解を得んと欲せば、但だ人惑を受くる莫れ！　裏に向いても外に向いても、逢著ば便ち殺せ！　佛に逢わば佛を殺せ！　祖に逢わば祖を殺せ！　羅漢に逢わば羅漢を殺せ！　父母に逢わば父母を殺せ！　親眷に逢わば親眷を殺せ！　かくて始めて解脱するを得、物の与に拘せられず、透脱して自在ならん。（『臨済録』【七一】「示衆」九（1）「人惑を受くる莫れ」）

諸君！　まっとうな見かたを得たいなら、人に騙されてはならぬ。内面においても外界においても、諸君を騙すやつに出くわしたら殺せ！　佛に出逢ったら佛を殺せ！　祖師に出逢ったら祖師を殺せ！　羅漢に出逢ったら羅漢を殺せ！　父母に出逢ったら父母を殺せ！　親族に出逢ったら親族を殺せ！　そうして始めて解脱できるのだ。何者にも拘束されず、透脱して自在になれるのだ。

「如法の見解」とは言い換えれば「真正の見解」（「示衆」四（3））である。「人惑を受くる莫れ」の「人惑」は『臨済録』に頻出し、注意を引く説法の語である（示衆一（1））。ここでは「人惑を受けぬ」とはどうすることかを激しい口調で言う、「出逢ったらすべて殺せ！」。「向裏」は上古漢語の「内」の口語、「向外」は「外」の口語。「向」は方位詞に前置する中古漢語の接頭辞。内面（心）と外部に権威として現われる者。以下の「佛」、「祖」、「羅漢」は佛教（出世間）の、「父母」、「親眷」は世俗（世間）の尊重すべき権威。偶像となったこれらを悉く殺し尽せとは甚だ激越な言葉であるが、大乗経典の説にもとづく譬喩である。貪愛を母に、無明を父に、諸使（煩悩）を羅漢に、覚境の識を佛に譬えて、これらを断滅することを「殺害する」と言うのは『楞伽経』に見え（四巻本巻三）、この「父母を殺す」という修辞は『法句経（真理の言葉）』（二九四、二九五）に淵源するという（常盤義伸『ランカーに入る――すべてのブッダの教えの核心――』巻三、一二五頁）。

『法句経』（二九四）「母（欲望）と父（我執）とを殺し、武士階級の二王（断滅論と常住論）を［殺し］、王国（眼耳鼻舌身意、色声香味触法の十二の感官とその対象）とその従臣（喜びや貪り）とを殺して、バラモンは苦患なく行く」（前田恵学訳「真理のことば」、筑摩書房世界文学大系『インド集』）。

また『宝積経』には、過去に犯した罪悪に悩む菩薩の分別心を除くために、文殊が剣を取って佛を殺害しようと斬りかかる演技を見せて、罪性の空なるを示した話が見える（巻一〇五「神通証説」）。同時代の曹山本寂（八四〇～九〇一）にも以下のような殺気立った問答があるのは、唐末の時代相であろう。

問う、「国内に剣を按ずる者は誰ぞ？」師云く、「曹山」。僧云く、「何人をか殺さんと擬す？」云く、「但有る一切を総て殺す」。云く、「忽し本生の父母に逢わば作摩生？」師云く、「什摩をか揀ばん！」。

問う、「教中に言う有り、『一闡提を殺すは、福を獲ること無量なり』と。如何が是れ闡提？」師云く、「佛見法見を起こす者」。云く「如何なるか是れ殺す？」云く、「佛見法見を起こさざる、是れ殺すなり」（『祖堂集』巻八「曹山章」）。

これも偶像視する考え方に対する激越な批判である。「透脱」の「透」は「跳」の義、拘束、羈絆から脱出すること。本段の殺佛殺祖は「五無間業」を解説する「示衆」一五（6）にも再説される。

第五節　示衆（四）信不及

道流よ！「実情に大いに難し！　佛法は幽玄なるも、解り得ること可可地なり」と。山僧は竟日他の与に説破するも、学者は総て意に在かず。千徧万徧、脚底に踢過して黒没窣地たり。一箇の形段無く、歴歴として孤明なるを、学人は信不及して、便ち名句上に向いて解を生じ、年半百に登るまで、秖管に傍家に死屍を負うて行き、檐子を担却いで天下に走く。草鞋銭を索めらるること日有り！（『臨済録』【七九】示衆一二「信不及」）

諸君！『しんじつまことに難しいことです！　佛法は奥深い。が、いささか理解してはおります』などと言う。わたしはそう言う輩に朝から晩までこんこんと言い聞かせてやっておるのに、いっこうに気にも留めない。性懲りもなく千万回も地面を足の裏に踏んで、真っ暗なままにさまよっている。いかなる決まった姿形も持たず、しかもはっきりと独自に輝いているものを、行脚僧は信じきれず、言葉で理解しようとしておる。人生の半ばになるまでひたすら屍を背負い、荷物を担いで、あちこちあくせくと歩きまわっておる。草鞋銭を閻魔さまに取り上げられる日が来るぞ！

「実情大難、佛法幽玄、解得可可地」は従来難解とされた句なので、少し丁寧に用例を挙げて説明しよう。この句は臨済が行脚僧の言葉をまねて言ったいいぐさと解すべきである。「実情大難」は、「ほんとうに難しい」ということ。「実情」（『古尊宿語要』以下のテクストでは「寔情」に作る。同義）は「真実の心情」であるが、会話文中には「まことに」、「ほんとうに」という口語副詞として用いることがある。『楚石梵琦禅師語録』巻一に、「三世の諸佛、歴代の祖師、天下の老和尚は心を説き性を説き、古を挙げ今を挙ぐるも、総て是れ無風帀帀の波、実情に二十柱杖を与うるに好し」（過去現在未来の諸佛も、歴代の祖師も、今の天下の老師がたも、みな心はどうだ、本性はこうだ、昔の聖人はどうした、今の老師はこうしたと、こんなことばかり言っているが、みな風なきに起こる波のようなものだ。まったく二十棒打に値いする）。「情実」も同義。『続高僧伝』巻九「釈羅雲伝」に、「彼の道士は蜂飛び蟻聚まるがごとく、牛を掠み法を盗み、情実に容し難し」（あの道士どもは蜂や蟻のように群れては、牛を盗み法を犯している。まことに許しがたい）。敦煌本「黄仕強伝」に「王即ち文書を把る人に語ぐ、『仕強を得え将ち来り、猪の胎中に送置せよ』。仕（強）は既に此の話を聞くや、即ちに分疎して云う、『仕強は小さきより来た実に猪雞の肉を食いしも、実に曽て猪を煞さず。猪胎に入らしむるは、情実に伏さず』と」（「閻魔大王は寿命管理の役人に命じた、『黄仕強を捕えて来て、豚の胎内に送りこめ』。黄仕強はこれを聞いて、すぐに大王に申し開きをした、『わたくしは小さい時から豚や鶏の肉を食べてはきましたが、けっして豚を屠殺したことはございません。豚の胎内に送りこまれるなど、まことに承服しがたいことです』。」P．二二八六、P．二二九七）。「佛法幽玄」は佛教教理についての見解、または入門者の見解である。敦煌本「廬山遠公話」にいう、「我が仏如来の妙典は、義理は幽玄にして、仏法は思い難し。君の会する所に非ず」（「わが佛如来がお説きになった素晴らしき経典は、幽玄なる理法、難解な教えである。そなたごときに理解できるわけがない。」黄征、張涌泉『敦煌変文校注』二六四頁、中華書局、一九九七年）。敦煌本「頓悟真宗要決」に「（侯莫陳）琰は智達禅師に問う、『佛法は幽玄にして、凡人は測らず。文字は浩瀚にして、意義は知り難し。禅師に法要を請問せん』。」（侯莫陳琰が智達禅師に問うた、「佛法は幽玄で、凡夫には理解する手がかりがありません。膨大な佛典の意味を知り尽くすことはできません。禅師に佛法の核心をお聞きしたいのです。」P．二七九九）。「解り得ること可可地なり」の「可可地」はここでは「相当に、かなり、甚だ」という程度の高さを表わす口語副詞（「地」は副詞をつくる口語接尾辞）。『遊仙窟』に「双の燕子、可可だ風流を事とす。即今人は伴を得たらば、更に亦た相い求めず」（つがいで飛ぶ燕は、はなはだ風流なものだ。わたくしも今よきお相手を得たからには、もはやほかの誰も要りませぬ）、寒山詩に「昔時は可可だ貧しかりしが、今朝は最も貧凍」（以前はひどく貧乏だったが、今日ときたら最悪の貧しさ。項楚『寒山詩注』第一五八首、中華書局、二〇〇〇年）、王梵志詩に「経紀は須らく平直なるべく、心中は側斜なる莫れ。些些しく微かに利を取るも、可可に他家を苦しむるなり」（商売は正直公平でなければならぬ。心がけは邪まではいけない。わずかな利益を得たとしても、ひと様にはかなりな痛手だ。項楚『王梵志詩校注』第二三三首、上海古籍出版社、一九九一年）。ただし、張相『詩詞曲語辞匯釈』巻一に「可可」を解して「恰恰」（ちょうど）、「小小」（すこし）の義の例を挙げるように、文脈によって程度に幅があり、もともとあいまいな語なのである。したがって「可可」は日本語の「いささか」、「まあまあ」といった語に相当するようである。

「脚底に蹋過す」は大地を踏んで行脚すること。「示衆」一五（1）にも「大徳よ！ 你ら波波地として諸方に往きて什麼物をか覓めて、你らの脚板を踏んで濶からしむ?」（禅師がたよ！ おんみらはいったい何を求めて、あたふたとあちこちを偏平足になるまで歩きまわっておられるのか?）。「黒没窣地」の用例は未見。『朱子語類』に見える「黒窣窣地」と同義であろう。巻一二五「老子書」に「玄とは只だ是れ深遠にして黒窣窣地の処に至る、那れぞ便ち是れ衆妙の所在なる」（「玄」とはただただ深遠で、真っ暗の所に行き着いた、そこのところこそがいわゆる「衆妙」のところである。『朱子語類』第八冊、二九九五頁、中華書局、一九八六）。その意味は、「夜半は黒淬淬地」（巻一「大極天地」上、七頁）というように「まっくら闇」の意（「窣窣」、「淬淬」は暗さを表わす畳語で、音にその意味があり、文字表記は意味を荷わない。「窣」、『集韻』蘇骨切、没韻／「淬」、『集韻』即聿切、術韻。ただし宋代では二韻は合併していたから「窣」「淬」は同韻）。またこの語は心理的な意にも用いる。「今文字を看るに未だ熟さず。所以に鶻突して、都て只だ一片の黒淬淬地と成るを見るのみ」（今、文字を読んでもまだ目が熟していないから、ぼんやりして、まっくら闇の状態だ。巻一〇「讀書法」上、一六八頁）、「聖人の楽しみとは、且らく粗く之を言えば、人の生まるるや、各おの此の理を具うるも、但是だ人は此の理を見ず。這裏は都て黒窣窣地にして、猫子狗児の如くに相い似て、飢ゆれば便ち食わんことを求め、困るれば便ち睡らんことを思う」（聖人の楽しみとは、粗っぽく言えば、人は誰もが生まれながらに〈この理〉が具わっていることである。しかし人には〈この理〉が見えず、そこはまっくら闇だ。猫や犬のように腹がへったら食べ、疲れたら寝るだけ。巻三一「論語」一三、七九七頁）。「黒没窣地」は『古尊宿語要』以下のテクストでは「黒没焌地」に作る（「没」、『集韻』莫勃切、没韻／「焌」、『集韻』促律切、術韻。宋代では二韻は合併）。「焌」は火の滅する意。「黒」（暗い）の意味に合わせて「窣」を「焌」に換えたのであろう。

「一箇の形段無くして歴歴孤明なる」は法身の形容。「示衆」一（3）に「是れ伱らという目前に歴歴たる底、一箇の形段無くして孤明なる」（ほかでもない、きみというわが目前に歴然と立つもの、形なくしてひとり輝けるもの）、また「示衆」六（1）にも「現今目前に法を聴く無依の道人、歴歴地に分明にして、未だ曽て欠少せず」（いまここでわが説法に聴き入っている無依の道人は、紛れもなくここにあり、そのはたらきには何の欠けたるところもない）と言う。「学人信不及して、名句上に解を生ず」は「示衆」二（1）にいう、「心法は形無くして十方に通貫し、目前に現に用く。人は信不及して、便乃ち名を認め句を認め、文字中に向いて求め、佛法を意度る。天地のごとく懸殊る！」（心というものは形なくして至るところに現われ、今この場に、現にはたらいているのだ。このことを信じきれぬから、言葉にしがみついては、文字の中に佛法を探し求め、穿鑿ばかりすることになるのだ。ああ、そんなことでは天地懸隔だ！）と同趣。「半百」は五十。唐の李益「置酒行」に「百齢は久長に非ず、五十は将に半百ならんとす」。百歳は理想的長寿。ひとは五十歳になって人生の蹉跌を知る。「祇管に傍家に死屍を負うて行き」以下は徳山宣鑑の示衆をまねた言い方。大慧『正法眼蔵』巻上に、「徳山老漢は你らに勧む、無事にし去り、早く休歇し去るに如かずと。顛狂を学ぶこと莫れ。毎人箇の死屍を担ぎて浩浩地として去き、到る処に老禿奴の口裏より佗の涕唾を愛んで喫って便ち道う、『我は是れ三昧に入り、蘊を修し行を積み、聖胎を長養し、願わくば佛果を成ぜん』と。斯の如き等輩は、徳山老漢の見るに、毒箭心に入り、花針の眼を乱すが似し。先祖に辜負き、我が宗を帯累にし、図他（？）道う、『我は是れ出家児なり』と。此の如きは、佗の十方の施主を消くるに、水も消け得ず。……閻羅王你らに草鞋銭を徴すること日有り！　你らの鼻孔を穿ち、橛上に繋著がれて、佗の宿債を償わん。老漢道わざりしと言う莫れ！」（わしとしてはきみたちに無事であれ、休めと忠告するだけだ。求めまわるまねをしてはいかん。一人ずつ屍を背負い歩きまわっては、至るところで禅坊主どもの口の中の唾を吸って、「おれは三昧に入って、積むべき修行をおこない、聖胎を長養して、佛果を完成したい」とうそぶく。こういう連中は、わしの見るところ、毒矢に心臓を射ぬかれて、眼が眩んでおるのだ。先祖の期待に背き、我が宗門までまきぞえにしながら、なお「おれは出家人だ」などとほざく。このていたらくでは、施主の供養を受けようにも、水一滴さえ受けるに値いせぬ。……閻魔王に草鞋銭を取られる日がくるぞ！　鼻に穴を穿たれて杭に繋がれ、借金を取り立てられたとき、わしが忠告しなかったなどと言うでないぞ！」）。

「檐子」は下段「示衆」一三（2）に「大徳よ！你ら鉢嚢・屎檐子を担いで傍家に走き、佛を求め法を求む」（禅師がたよ！　きみたちは鉢嚢と屎袋を担いで、叢林を軒なみに行脚して、佛を求め、法を求めまわっているが）と言うのによれば肉体の譬喩で、「檐子を担却す」は「死屍を負う」と同義並列。「天下に走く」の「走」は「奔跑」（はしる）ではなく「行走」（あるく）の意。後漢から六朝期に「はしる」から「あるく」意に変化が生じ、唐代ではすでに一般化していた（蒋紹愚「従〈走〉到〈跑〉的歴史更替」、『漢語語彙語法史論文続集』、商務印書館、二〇一二年）。

第六節　臨済院での対話（一）露柱

師軍営に入り斎に赴くに因りて、門首に員僚に見う。師露柱を指して云う、「是れ凡か、是れ聖か？」員僚語無し。師露柱を打って、「直饒い道い得るも、也た秖だ是れ箇の木橛なるのみ」と云いて便ち入り去く。（『臨済録』【三一】河北臨済院（三）「露柱」）

　師は軍営内で営まれる斎会に招かれ、門前で幕僚に出逢った。師は露柱を指さして問うた、「凡か聖か？」幕僚は無言。師は露柱を拄杖で打って、「たとい言えても、木材にすぎぬ」と言って軍営に入っていった。

「露柱」は建物の外に立つ二本の柱（項楚『敦煌変文選注（増訂本）』「醜女縁起」注、中華書局、二〇〇六年）。灯火を掛ける場合もあった（下の陸游詩参照）。臨済は露柱を指して幕僚に「これは凡か聖か」と問うた。これはどういうことであろうか？　当時の「露柱」をめぐる思想史を知らねばならない。

　この場合の露柱は「無情説法」の例として言われたものであろう。無情とは有情（人間）に対する外界の「もの」をいう。山水のなかで理を悟る、桃花を見て道を悟る、投げ捨てた石が竹に当った音を聞いて「父母が自分を生む前の自己の面目」を悟るなど、「見色見心」、「聞声悟道」と言われるように、外境に触れて真理に気づく（見る、聞くという自らの見聞覚知の作用が佛性のはたらきにほかならぬと悟る）ことを「無情物がわたしに法を説いてくれていたのだ！」、つまり「無情物の説く法を聞く」というのである。雲門文偃（八六四～九四九）がこのことについて多く取り上げている。いわく、

　我尋常汝らに向かって道えり、「微塵刹土中の三世の諸佛、西天二十八祖、唐土六祖、尽く拄杖頭に在りて法を説く」、と。（『雲門広録』巻中）

　わたしはこれまでいつも諸君に「宇宙に散在するあまたの国土の中の過去現在未来の諸佛たち、印度の二十八祖師、唐の六代の祖師がたがみなこの拄杖にあって法を説いている」と言って

きたが……。

無情説法を挙すとき、忽と鐘の声を聞き、云く、「釈迦老子 法を説くなり」。驀に拄杖を拈起して僧に問う、「者箇は是れ什麼ぞ？」。僧云く、「拄杖子」。師云く、「驢年に夢を見る！」（同）

「無情が法を説いている」という話をしていた時、ふと鐘の音がした。師は言った、「それっ！釈迦おやじが説法しておるぞ！」やにわに拄杖を持ち上げて、僧に問うた、「これは何か？」僧、「拄杖です。」師、「きみは度しがたい人だね。」

これが「拄杖説法」であり、「古佛が露柱と交わる」（同）と言うのは、古佛が露柱にのりうつって法を説く「露柱説法」である（南宋の陸游「拄杖歌」に「灯前に帰り来れば夜半ばならんと欲す、露柱の説法君応に聞くべし」、『剣南詩稿校注』巻二八）。すなわち、外境に触れて法を悟るべし、と示唆するのである。しかし雲門はのち自らこれを「佛法中の見」として否定に転じ、「拄杖は是れ法身ならず」、「露柱を見れば秖だ喚んで露柱と作す」（『雲門広録』巻中）と言い、このことを自ら演じて、

師（雲門）行く次、拄杖を以て露柱を打つこと一下して云く、「什麼処よりか来る？」自ら云く、「西天より来る」。復た云く、「這裏に来って什麼をか作す？」自ら云く、「佛法を説く」。乃ち喝して云く、「我が唐土の人を欺く！」又た拄杖を以て打つこと一下して便ち行く。（『雲門広録』巻中）

師は出かける時に、拄杖で露柱を一発バシッと打って言った、「どこから来たのか？」自分か

ら返事をして、「印度から来ました」。また問う、「ここに来て何をしているのか？」自分で答えて、「佛法を説いております」。師は怒鳴って、「わが中国の人間を馬鹿にしおって！」また露柱をバシッと打ってから出て行った。

師或る時、拄杖を以て露柱を打つこと一下して云く、「三乗十二分教、説き得著せるや？」自ら云く、「説き著せず」。復た云く、「咄！　這の野狐精！」（同）

師はある時、露柱を拄杖で一発バシッと打って言った、「おまえは佛陀の説いた教説を佛陀に代って説くことができるのか？」。自分で答えて、「できません」。そこで言った、「チェッ！　この野狐精め！」

或るとき云く、「佛法は学ぶを用いず。灯籠、露柱は你を欺き去る。作麼生が你を欺き去らざるを得たる？」（同）

ある時言った、「佛法を学ぶ必要はない。佛法を学ぼうとしたとたんに、灯籠や露柱がきみたちを馬鹿にするぞ。どうしたら馬鹿にされないか？」

雲門は一人芝居のパフォーマンスをやって弟子に見せ、自己の思想の変化を照れ隠しで示したのである。雲門文偃は臨済の一世代あとの人ではあるが、露柱をめぐる唐末の「見色明心」をめぐる問題意識には共通するものがあり、本段の理解には以上のような思想史的背景をふまえる必要がある（雲門文偃については、入矢義高「雪峰と玄沙」、「雲門の禅・その〈向上〉ということ」、『増補 自己と超越 禅・人・ことば』岩波現代文庫、二〇一二年参照）。

この幕僚は臨済と知り合いで、禅についても関心があり、「無情説法」について議論していたのであろう。問われた幕僚は咄嗟に答えられなかった。臨済は拄杖で露柱をいっぱつ打って言った、「凡か聖か、何と言おうと、ただの木材にすぎぬ」。これは雲門の最終的な立場と同じである。

この斎会はあるいは軍営に祀られた毘沙門天にちなむ法要であったかも知れない。宋の龐元英『談藪』に「今軍営中に天王堂有り」と言い、華厳休静の問答に「大軍、天王斎を設けて勝を求む。賊軍も亦た天王斎を設けて勝を求む。未審（はた）天王は阿誰（たれ）の願に赴くや？」（『景徳伝灯録』巻一七）。『汾陽無徳禅師語録』巻中「拈古代別」に「鎮州天王院主。官人問う、『什麼（なん）の功徳（神像）ぞ？』云く、『護国天王』。云く、『只だ此の国を護るのみなるや、偏ねく余国をも護るや？』云く、『秦に在りては秦の為にし、楚に在りては楚の為にす』。…」。毘沙門天はイラン起源の軍神であり、唐の天宝以来、西北偶の城楼、軍営内および天王院に像が安置せられた（宮崎市定「毘沙門天信仰の東漸について」、『中国文明論集』岩波文庫）。『禅林方語』に「軍営裏の天王」（その意は「門に入れば便ち見ゆ」と説明している）の語がある（『禅語辞書類聚』禅文化研究所）。

第七節　臨済院での対話（二）徳山三十棒

師第二代徳山の垂示（すいじ）に、「道（い）い得（え）たるも也（ま）た三十棒、道（い）い得（え）ざるも也（ま）た三十棒」と云うを聞く。

師楽普をして、「去きて問え。道い得たるに為什麼にか也た三十棒なる、と。伊の打つを待って、汝棒を接住めて送一送し、他の作麼生にするかを看よ。」楽普彼に到り、教えの如く問う。徳山便ち打つ。普接住めて送一送す。徳山便ち方丈に帰る。普廻りて師に挙似す。師云く、「我従来より者の漢を疑著えり。是の如しと雖然ども、汝は還た徳山を見るや？」普擬議す。師便ち打つ。（『臨済録』【二四】河北臨済院（三）「徳山三十棒」）

師は第二代徳山和尚が大衆への垂示で、「言えても三十棒で叩きのめし、言えなくとも三十棒で叩きのめす」と言ったのを聞いた。そこで侍者の楽普に命じて、「そなたは徳山に行って和尚に問え、『どうして言えても三十棒で叩きのめすのか？』と。やつが打ってきたら、そなたは受け止めて、押し返し、やつがどうするかを見てこい。」楽普は徳山まで行って、教えられたとおりに問うた。はたして徳山は打ってきた。楽普は受け止めて、押し返した。徳山は方丈へ帰ってしまった。楽普は臨済院に帰ってきて顛末を報告した。師、「わたしは以前からあいつを疑っていたのだ。そうではあるが、そなたは徳山和尚に会ってきたのか？」楽普は何かを言おうとしたとたん、師は打った。

第二代徳山は宣鑑和尚（七八〇―八六五）。『景徳伝灯録』巻一五「徳山章」の夾注に「（三角）総印禅師開山創院し、鑑は即ち第二世住なり」。宣鑑は剣南西川（四川省成都市）の人。俗姓周氏。『金剛経』の青龍疏を講ずる座主で「周金剛」と称されたが、「南方禅宗の大いに興るを聞き、疏鈔を将て巻衣して南邁し、龍潭（崇信）に見えて心地を発明す」（『祖庭事苑』巻五引『徳山広録』）。のち澧陽（湖南省澧県）に三十年住したあと、会昌の廃佛に遭って山に隠れ、大中の初め（八四七年）武陵太守に見いだされて朗州（湖南省常徳市）の徳山古徳禅院に住した。

「垂示」は大衆に語った言葉。法堂にて陞座し大衆に説法する「上堂」、「示衆」を指す場合もある。「言えても打つ、言えなくとも打つ」。「三十棒」は罰棒。ではなにを言って三十棒なのか、ここでは示されていないが、佛教用語でいえば「佛性」、「法性」、「真如」、中国風にいえば「道」、今ふうにいえば「絶対の真理」、その獲得であることは、じつは暗黙の了解であった。つまり「道とはなにか?」、「道を体得した佛とはなにか?」、「佛法の大意とはなにか?」、「禅とはなにか?」などと、幾度もくりかえし問われたテーマに他ならない。ただし、それを言葉で言いとめることがじつは不可能事であることも、原則として確認されてきたところであった。なぜなら言葉で限定してかかるのは、全一なる道そのものを破壊することになり、言えば誤るからである。しかしまた、絶対なる真理を欲するのは、人のやみがたい希求でもある。ここにアポリアがある。徳山和尚は「問わば即ち（それを）犯す。問わざれば則ち（それに）乖く」（『景徳伝灯録』巻一五）とも言っている。道を問い求めれば、かえって道を傷つけることになる。といって、問い求めないなら、道と乖離してしまうのである。このジレンマをどう処理するか。徳山はこのジレンマを果敢に断ち切ったのである。言いとめたと思ったら誤る。言えなかったとしても、言わんとしていること自体が誤りである。いずれも三十棒に値いする。したがって徳山は「我が這裏（ところ）に一法の人に与うる無し」（わしのところには、人に教えるべきものは何もない）と言った。道とは言葉で表現することも人に伝えることもできず、ひとりひとりがみづから体得するしかないものである。ゆえに何も教えない、外に求めることをやめさせる、教えを乞うて来参する者は、峻拒して追い返し、そのことを知らしめることしかできぬ。これを「第一義に立つ」接化という。徳山は拄杖で来参者を打ちすえて叩き出した。これが「徳山の棒」と言われ、「臨済の喝」と並び称された。百丈が馬祖に問う、「如何なるか是れ佛法の旨趣?」馬祖云く、「正に是れ汝が身命を放(す)つる処なり」(『馬祖語録』)。佛法を人に訊ねることは、きみの命をみづから捨てることだ。

　臨済は楽普に言い含めた、「そなたは湖南の徳山へ行って問うてこい、『どうして言えても三十棒なのか』と。やつが棒で打って来たら、棒を受けとめて押し返せ。やつがどうするかを見てこい」。「伊」、「他」ともに第三人称代名詞で徳山を指す。「接住」の「住」は動詞の後について動作(ここは棒の動き)を止める意を表わす結果補語。「送一送」は一回向こうへ押す。

　その結果、楽普に棒を奪われ押し戻されて、徳山はなすすべなく、すごすご方丈へ引きあげた。楽普はもどって、いきさつを臨済に報告した。「挙似」は話を取りあげ、聞かせること。

「わたしは以前からあいつを疑っていたのだ。果してそうだったか!」。「疑著」の「著」は動作の持続態を表わす助詞。楽普の「なぜ言いとめても三十棒なのか」に対し、徳山和尚はそれも葛藤であると、いつものように棒打しようとして、逆に棒を奪われ、なすすべなく方丈へ逃げ帰ったのであるから、まったく精彩を欠く対応であった。おそらく徳山も老いて、若い楽普(五六歳も若い)の体力にはかなわなかったのであろう。「徳山は一条の脊梁骨(せきりょうこつ)」と言われ、第一義に立つ棒打一本槍を生涯貫いたのであった。が、ここにおいて棒打以外に臨機応変の接化の手段を持ちあわせていなかったことが端なくも露呈し、それを臨済に見破られた。『景徳伝灯録』巻一五「徳山章」では、この一段のあとに徳山の弟子の巌頭全豁(がんとうぜんかつ)の評語が附してある。「徳山老人は尋常(ひごろ)只だ目前の一个(いっこ)の杖子(つえ)に拠り、佛来るも亦た打ち、祖来るも亦た打つ。較うこと些子なるを争奈せん」（徳山老人はいつもただ一本の杖を頼りに、佛が来ても打ち、祖師が来ても打つだけだった。いま一歩の感があるのは否定しがたい）。臨済は徳山から大きな影響を受けた。しかし両者の違いは、ここにある。臨済の「示衆」には参問者をいかに接化するかの「研究」がたびたび語られている。「臨済の喝、徳山の棒」とは言うものの、「徳山の棒」は参問を峻拒して追い返す棒であったが、「臨済の喝」は参問者に、みずからを顧みて行脚を終熄せよという示唆であった。

臨済は報告を聞いて言った、「そういうことであったか。だが、そなたは自身の眼で徳山和尚を見て取ったのか？」楽普はなにか言おうとした、義玄はすかさず打った。この部分は本段を収録する早い時期の資料、十世紀後半に泉州で編纂された『祖堂集』「臨済章」（巻一九）、十一世紀初の『景徳伝灯録』「徳山章」にはなく、『天聖広灯録』（景祐三年［一〇三六］序）の段階に至って現われる。つまり『祖堂集』、『景徳伝灯録』の本文は「我従来より者の漢を疑著えり」までであったが、『天聖広灯録』からこのあとに臨済と楽普との問答が附加される。附加されたことによって、楽普はただの伝語の漢にすぎず、みづからは徳山の面目を見ていなかったという結末になり、この一則の話のテーマが不鮮明になっている。

第八節　臨済院での対話（三）剣刃上の事

問う、「如何なるか是れ剣刃上の事。」師云く、「禍事！　禍事！」僧擬議す。師便ち打つ。（『臨済録』【三三】増補「剣刃上の事」）

問う、「剣刃上の事とは何でありましょうか？」師、「大変だ！　大変だ！」僧は何かを言おうとするや、師は打った。

「剣刃上の事」とは文字どおり「剣の刃の上でのこと」であるが、これはいったいなにか？　またなぜこれが問題になるのか？「作家は相見すること、両刃の相い向かうが如く、剣刃上に性命を安立して、相い触れず。個中し是れ好手ならずんば、便是ち命を喪う。所以に作家は相見して、語無かる可からず」（辣腕の禅者の相見は、両者が対峙して真剣の刃を構え、刃の上に命を置く如く、触れたりしない。もし凡手ならばただちに命を落とす。ゆえに禅者は相見ではぎりぎりの語を使う。『（重編）曹洞五位顕訣』巻二「宝篋論」）。この記述から知られるように、「剣刃上の事」とは相見問答の場合の真剣勝負を指している。ゆえに勝れた禅僧の応対を「剣刃上に走る」、「剣刃上に翻身する」、「剣刃上に殺活を顕わす」などと言うのは、一瞬のうちに相手を覚醒にみちびく対応の俊敏さを意味している。「剣刃上の事」の語の文献に見えるもっとも早い例は潙山霊祐（七七一～八五三）である。

師（仰山）臥する次、僧問う、「法身は還た解く説法するや？」師曰く、「我は説き得ず。別に一人有りて説き得たり」。曰く、「説き得る底の人は甚麼処にか在る？」師枕子を推し出す。潙山聞きて云く、「寂子は剣刃上の事を用いしなり！」（『景徳伝灯録』巻一一「仰山章」）。

佛の三身（化身、応身、法身）のうち真理の法を説くことができるのは法身であることは佛教学の常識であるから、僧はこのことを知ったうえで、「和尚は法身としてわたしに法を（なにが真理かを）説いてください」と言うのである。しかも仰山慧寂（八〇七〜八八三）が横臥していた非時の参問で、この僧は切羽詰まって、やむにやまれず押しかけて問うたのである。「我は説き得ず、別に一人有りて説き得たり」とは、わたしは肉身だということ。「では法身はどこか」の問いに仰山は寝ていたときの枕を押し出し、「作用するもの」（本性＝法身）を現わして見せ、これによって「肉身と法身は不即不離の一体なること」を即座に示した。潙山はこれを「剣刃上の事」と評して、瞬時のみごとな対応だと仰山を褒めたわけである。本段の問答で、ある僧が「如何なるか是れ剣刃上の事？」と問うたのは、「剣刃上の事」の意味を知らぬから問うたのではなく、「真剣勝負で対応してください」、つまり「方便ではなくて、わたしに真理を直指してください」と要求したのである。

　臨済の応答、「禍事」とは恐ろしいこと、驚くべきこと（凶事）をいう。例えば金の董解元『西廂記諸宮調』巻一に、「天暁け、衆僧恰も斎の罷りしとき、忽ち一小僧走り、荒急て来りて称す、『禍事！』と。」（あくる朝、衆僧がちょうど朝食が終わった時、小僧が慌てふためいて叫んだ、「大変です！」人民文学出版社、一九六二年）張生の止寓する河中府普救寺に、軍兵が突如現われて寺を取り囲んだのを「大変です！」と報じた。「剣刃上の事とは何か」＝「真剣勝負で対応してください」＝「方便ではなくて、わたしに直指してください」の要求に、義玄が「禍事！」（そりゃあ、えらいこっちゃ！）と応じたのは、如上の意味である。

　しかし要求した僧は、大上段に大真面目に問うたので、義玄の意外な対応に意図をはかりかねた。そこで、「擬議」した。「擬」は「欲」の義の口語、「〜しようとする」。「議」は「語也」（『説文』言部）、言葉で言うこと。おそらく「真面目に答えてくれ」とでも言おうとしたのであろう。義玄が拄杖で打ったのは、「そなた自身の問題ではないか！　打たれて痛みを感ずる〈自己〉のことだ」と、懇切な対応をしたのである。義玄の棒打は、自身がかつて黄檗に打たれた時のあの「老婆心切」の意味をもつ。

第九節　上堂（一）与麼と不与麼

上堂して云く、「但有そ来る者は、伊を虧欠せず、総て伊の来処を識る。与麼来るは恰も失却うが似く、与麼来らざるは無縄自縛なり。一切時中、乱りに斟酌する莫れ。会するも会せざるも都来て是れ錯りなり。分明に与麼道いて、一えに天下の人の貶剝するに任す。久立、珍重！」（『臨済録』【三九】増補　上堂（五）「与麼と不与麼」）

上堂して言った、「わたしのところに来て参問する者には、その意図を見抜き、期待に背かず対応してやる。〈あるがままで来る〉のは、失ったも同然。〈あるがままで来ない〉のは、自縄自縛である。いかなる時もむやみにみづからを忖度してはならぬ。〈わかった〉と思うのも〈わからぬ〉と思うのもすべて誤っている。わたしの立場をはっきりとこのように表明しておく。評論家どもには勝手に言わせておこう。長く立たせてご苦労！　おんみ大切にされよ」。

上堂の語。「但」は「凡」（およそ〜は）の義。ある範囲内に例外のないことをいう総括詞で、「但有」、「但凡」、「但是」（あらゆる、すべての）という同義複詞を構成し、あとにくる名詞を修飾する。ここも「但有そ〜は総て…」という形式である。「示衆」四（2）にも「山僧の此間では僧俗を論わず、但有そ来る者は、尽く伊を識得る、任い伊が甚処より出で来るとも」（わたしのところでは、僧俗を問わず、来る者はどこから来ようとも、一人のこらずその意図を見抜く）と言っている。『父母恩重経講経文』に「慈母の心は、順［境］逆［境］と無く、但是そ男女は皆な護惜しむ」（母親の心は、順境にあろうと逆境にあろうと、どの子に対しても大切にあつかうものだ。『敦煌変文校注』九七六頁、中華書局、一九九七年）。

「伊」は不特定の人を指す第三人称代名詞。臨済院へ義玄に参問に来る行脚僧を指す。「虧欠」は「足りない」義から、のち「期待にそむく」義に転じた。元の李治『敬斎古今黈』巻一に「世俗に孤負の語有り。孤は以て酬対する無きを謂い、負は虧欠する所有るを謂う。而るに俚俗は孤を変じて辜と為す。辜は自り罪と訓ずるに、乃ち以て孤負の孤に同ぜんとす。大だ義理無し」（世間に「孤負」という語がある。「孤」は期待に応えない、「負」はそむくという意味である。しかし無学者が「孤」を「辜」に変えて使い、それが流行っている。「辜」はもともと「罪」の意味で、それを「孤負」の「孤」と同じだとするのであるが、まったく筋が通らない。中華書局、学術筆記叢刊、一九九五年）。「孤負」は「期待にそむく」、「せっかくの好き条件を無駄にする」義の同義複詞、「孤」と「辜」は同音（古胡切）。元代では「虧欠」が「孤負」の意味であったということであり、本段はその早い例である。無著道忠『臨済録疏瀹』は「伊を虧欠せずとは、僧俗、凡聖、善悪、邪正を択ばず、凡そ進前し来らば、其の見解を識得するなり」と、文脈から説明している。

「来処を識る」とは、参問者の意図を見抜くこと。「来処」は、相見のさいにまず、「近くは什麼処をか離る？」（このたびはどちらからおいでか？）、「甚処よりか来る？」（どこから来たのか？）などと問うことによって知られる参問者の問題意識のこと。参問者のさまざまな機根、境位にどう対応すべきか？　師資が問答によって真理を確認することが、この時代の禅宗の課題であったから、義玄は「示衆」でしばしばそうした主客応対の型に言及している。

「〈あるがままで来る〉のは、失ったも同然、〈あるがままで来ない〉のは、みずからを縛るもの。いかなる時もむやみに忖度してはならぬ」という「与麼来る」（そのように来る）とは、当時の禅林の行語（業界用語、陰語）で、現実のいまかくあるわれこそが佛性のそなわれる〈本来の自己〉に他ならぬ、現実の自己の外に〈本来の自己〉はないとする馬祖禅の主張する立場を指す。臨済は評して言う、「それはじつは自己を失っているようなものだ」。「与麼来らざる」（そのように来ない）とは、それに反対する立場で、現実の自分を本来性に安易に同定しない。臨済は評して言う、「それもじつは見えない縄で自己を縛るものだ」。すなわち、「現実性か本来性か、自己をあれこれとみだりに規定しようとしてはならぬ」。ここに述べられるのは、馬祖禅とこれを批判する薬山系の禅（すなわちのちの臨済禅と曹洞禅）の対立を不毛と見る思想的立場である。雲巌曇晟と尼僧の対話にいう、

　師は尼衆に問う、「汝の爺は還た在すや？」対えて曰く、「在す」。師曰く、「年多少ぞ？」対えて曰く、「年八十なり」。師云く、「个の爺の年八十なるに非ざる有るを、汝は還た知るや？」対えて曰く、「与麼来る底、是なるに莫是ずや？」師曰く、「這个は猶お是れ児子なり」。洞

山云く、「直饒い［与麼］来らざるとも、也お是れ児子なり」。（『祖堂集』巻五「雲巌章」）

雲巌は尼僧に問うた、「そなたのおとっつぁんはご健在か？」尼僧、「はい」。師、「おいくつかな？」尼僧、「八十になります」。師、「ほう。では八十でないもう一人のおとっつぁんがおいでだが、そなたは知っているか？」尼僧、「それは〈このように来る〉者のことではありませんか？」「いや、それは子どもだ」。弟子の洞山が評した、「たとい〈このように来ない〉者でも子どもです」。

この「年八十なるに非ざる爺」とは自分の根拠たる〈本来の自己〉（法身）を指し、尼僧はそれが「与麼来る底」だと言うのは、いまある現実の自分をおいて〈本来の自己〉はない、とする馬祖禅の考えかたに依拠しているのであるが、雲巌はそういう当時の流行思想に批判的なのであり、洞山良价はさらにその両者を相対的な二項対立の立場に立つものとして認めない。この構図はつぎの対話に表われている。

薬山和尚初めて石頭に参ず。石頭に問うて云く、「三乗十二分教は某甲粗ぼ亦た研窮めたり。曽て聞く、南方に〈直指人心、見性成佛〉有りと。実に未だ明了ならず。乞う師よ指示せよ」。石頭云く、「恁麼なるも也た得ず。恁麼ならざるも也た得ず。恁麼なるも恁麼ならざるも、総て得ず」。薬山契わず。石頭云く、「爾は江西に往きて馬大師に問取し去れ！」。薬山は教えに依って馬大師の処へ到り、前の如く問う。馬大師曰く、「有る時は伊をして揚眉瞬目せしむ。有る時は伊をして揚眉瞬目せしめず。有る時は伊をして揚眉瞬目せしむるは是し。有る時は伊をして揚眉瞬目せしむるは是からず」。薬山言下に大悟し、更に伎倆の呈すべき無く、但だ低頭礼拝するのみ。馬大師曰く、「子は箇の甚麼の道理を見てか便ち礼拝する？」。山曰く、「某は石頭和尚の処に在りて、蚊子の鉄牛に上るが如くに相い似たり」。馬大師これを然りとす。（『大慧語録』巻二二 法語「永寧郡夫人に示す」、大正蔵四七、九〇四上）

薬山和尚が初めて石頭和尚に参じて問うた、「わたくし、佛教の経典の学問はほぼ窮めました。南方では〈直指人心、見性成佛〉という教えがあると聞きましたが、まったく意味がわかりませぬ。どうか師よ、お教えください」。石頭、「〈このよう〉でもいけない、〈このようでない〉のもいけない。〈このよう〉でも、〈このようでない〉のも、すべていけない」。薬山はてんで歯が立たなかった。石頭は言った、「そなたは江西へ行って馬大師に問え！」薬山は指示どおりに馬大師のところへ行って、同じように問うた。馬大師は答えた、「ある時は揚眉瞬目させるが、ある時は揚眉瞬目させぬ。ある時は揚眉瞬目させるのが正しく、ある時は揚眉瞬目させるのは間違っている」。薬山はそれを聞いたとたんに大悟し、それ以上応酬する議論は必要なく、ただ礼拝するばかりであった。馬大師、「そなたは何がわかって、礼拝するのか？」薬山、「わたくしは石頭和尚のところでは、鉄牛に蚊がとまったようなものでした」。馬大師は薬山を認めた。

これは石頭希遷、薬山惟儼、馬祖道一が登場して、薬山が石頭を経由し、馬祖のもとで開悟するという物語であるが、この三者のいずれもが元来の思想からすでに修正を経た折衷的な思想になっている。こうした図式的構成をもつ話は、北宋の五祖法演（?～一一〇四）、圜悟克勤（一〇六三～一一三五）、大慧宗杲（一〇八九～一一六三）になって現われるものであり、その当時の見かたを反映している。

「失却」は「失ってしまった」。「～却」は動作の完成を表わす補語。「無縄自縛」は見えない縄でみずからを縛る、みずからの観念によって自由を失うこと。明の呆庵普荘（一三四七～一四〇三）の語に、「禅は参ずべからず、道は学ぶべからざるに、道を学び禅に参ぜんとするは、無縄自縛なり」（禅は参ずることができず、道は学ぶことができぬのに、道を学ばん、禅に参ぜんとするのは、無縄自縛である。『呆庵普荘禅師語録』上堂）。また無門慧開（一一八三～一二六〇）が「無縄自縛なること、蚕の繭を作るが如し」（『無門慧開禅師語録』巻下）というように「自縄自縛」と同じ。「斟酌」は酒を柄杓で杯に注ぐ義の同義複詞で双声語（章母）。量を勘案しながら注ぐところから忖度、思量の義に転じた。

「〈わかった〉も〈わからぬ〉も、すべて誤っている」。なにが〈わかる〉のかが伏せられているが、ここの文脈は「自己とはなにか」である。探究の結果「自己とはなにか」がわかったとしたら、現にある自己のほかに第二の自己なるものを作り出したにすぎず、「わからぬ」なら、やはり現にある自己を措いて別に探求しているに他ならない。晦堂祖心（一〇二五～一一〇〇）の語に「若し会と不会を言わば、尽く是れ三首二頭」（もし〈わかる〉、〈わからぬ〉と言うなら、いずれも三つのあたまと二つのかしら。『宝覚悟祖心禅師語録』上堂）という。偃溪広聞（一一八九～一二六三）も言う、「思いてこれを知るも、思わずして知るも、総て是れ二頭三首」（思惟してわかっても、思惟せずしてわかっても、みな二つのかしらと三つのあたま。『偃溪広聞禅師語録』巻下）。「二頭三首」は第二、第三の自己の譬喩である。

「眨剥」は、けなす義の双声語（幫母）。「一任」は他人のするままに任せる。「久立、珍重！」は

『禅門規式』に「其の闔院の大衆は、朝参夕聚し、長老は上堂陞坐し、主事、徒衆は雁立して側聆す」（禅院のすべての構成員が朝夕集まり、長老が法堂の座に坐して説法し、ほかの僧衆は列を成して立ち並び傾聴する。『景徳伝灯録』巻六）というように、大衆は上堂説法を立ったまま聴いていたから、長老は説法の終りに「長く立って聴いてくれてご苦労だった！」と挨拶するのが習慣であった。「珍重」は別れの挨拶の語、「お身体をお大事に」。本段は四字句を基調として、文字表現も整えられ、内容的にも宋代の視点が入っている。「示衆」と比較して考えるべき材料である。

第十節　上堂（二）孤峯頂上と十字街頭

上堂して云く、「一人は孤峯頂上に在って、出身の路無し。一人は十字街頭に在って、亦た向背無し。那箇か前に在り、那箇か後に在る？　維摩詰と作らず、傅大士と作らず。久立、珍重！」（『臨済録』【四〇】増補　上堂（六）「孤峯頂上と十字街頭」）

上堂して言った、「一人は高く聳える山の頂上にいて、救済の方便を持たぬ。一人は往来のはげしい十字路に院を建てて接化し、迎合も見捨てもしない。さて諸君はどちらが優れていると思うか？　わたしは維摩詰を気取らず、また傅大士をまねない。長らく立たせて、ご苦労！　おんみ大切にされよ！」

臨済が取りあげた二人とは誰か？　前の一人は孤高激越の禅者徳山宣鑑（七八二〜八六五）を指す。

徳山は龍潭崇信（生卒年未詳）のもとで開悟し、龍潭は評して「可中に一箇の漢有り、牙は剣樹の如く、口は血盆に似て、一棒もて打つも頭を迴らさず。他時孤峯頂上に向いて吾が道を立てん」（ここに一人の男がいる。歯は剣山の如く、口は血を注いだ盆のように、棒で打っても振り返らない。いづれは高い山の頂上でわが道を宣揚することであろう）と言い、のち潙山霊祐（七七一～八五三）に会って問答をすると、潙山は評して「此の子は已後、孤峯頂上に向いて草庵を盤結して、佛を呵し祖を罵り去らん」（このおひとは後に高い山の頂上に草庵を建て、佛陀も祖師も罵倒なさることであろう。『聯灯会要』巻二〇）と言った。「出身」は「解脱する」、「解脱せしめる」の二義があるが、本段は徳山悟後の接化について言うのであるから、後者の義である。徳山の法を嗣いだ巌頭全豁（八二八～八八七）は評していう、

雪峯問う、「従上の宗風、何の法を以てか人に示す？」師（徳山）曰く、「我が宗に言句無し。実に一法の人に与うる無し」。巌頭これを聞いて曰く、「徳山老人は一条の脊梁骨、硬きこと鉄に似て、拗り折れず。此の如しと然雖ども、唱教門中に於いては猶お些子を較う」。（『景徳伝灯録』巻一五「徳山章」）

雪峯が問うた、「禅宗では従来どういう教えを説いてきましたか？」徳山、「わが禅宗に言葉はない。教えるものはまったく何もない」。巌頭はこれを聞いて言った、「徳山老和尚は一筋の背骨だ。鉄のように硬くて、ねじり折ろうともびくともしない。そうではあるが、人を導くという接化においては、やや劣る」。

巌頭云く、「徳山老人は尋常只だ目前の一个の杖子に拠り、佛来るも亦た打つ、祖来るも亦た打つ。些子を較うを争奈んせん！」（同、夾注）

巌頭いわく、「徳山老和尚はいつも手許に置いた一本の杖で、佛陀が来ても打ちすえ、祖師が来ても打ちすえていた。あれはちょっと問題だ」。

「教えることは何もない」、そのことを知らしめるために、徳山は参問する者を棒で打って追い返した。これが「徳山の棒」と称された。

あとの一人は雪峯義存（八二二〜九〇八）を指す。「十字街頭」は街中の十字路（「頭」は名詞につく口語接尾辞）。雪峯義存は言う、「某甲は十字路頭に院を起て、如法に師僧を供養せん」（わたくしは将来、街の十字路に禅院を建てて、往来する行脚僧を作法どおりに供養したい。『祖堂集』巻七「雪峯章」）。また、香厳智閑の問答に、

師、楽普と同行し、相い別れんと欲得する時、楽普云く、「同行よ、什麼処にか去く？」師云く、「東京に去く」。普云く、「去きて什麼をか作す？」師云く、「十字路頭に庵を卓てに去く」。普云く、「庵を卓てて什麼をか作す？」師云く、「為人す」。普云く、「作麼生が為人す？」師便ち払子を挙起つ。（『祖堂集』巻一九「香厳章」）

師（香厳）は楽普とともに行脚して、別れることになった時、樂普が問うた、「きみはどこへ行くのか？」師、「東京洛陽へ行く」。「何をしに行くのか？」「十字路に庵を建てに行く」。「庵を建

て何をするのか？」「人を接化する」。「どのように接化するのか？」師は払子を立てた。

「向背」は正面を向くことと背面を見せること、そこから迎合と背棄、擁護と反対、服従と背叛などの義が生ずる。ここは「亦た向背無し」が「出身の路無し」と対になっているから、「接化の手立てを持たぬ」に対して、えり好みせず、誰をも相手にすること。「亦」は転折（しかし）を表わす。禅宗の接化というものはがんらい消極的なのであるが、する場合には、通常多くの修行者のなかから上根の者のみを択んで開悟への手だてを講ずる（夾山善会の語に「鬧市裏に天子を識取せよ」［衆人のなかから天子を見分けよ］という）。ここでは相手の機根を択ばぬことをいう。雪峯は胸襟広く、のちには千七百衆と言われるほど多くの修行者を受け入れた。

「諸君はどちらが優れていると思うか？」「那箇」は口語疑問代名詞で、ここは並挙した選択疑問。「前後」は優劣をいう。そう問うて、臨済はみずから二人の名を挙げる。「維摩詰を気取らず、また傅大士をまねない」。維摩詰は『維摩詰所説経』（鳩摩羅什訳）の主人公として有名な印度毘耶離城の長者居士。高度な思弁で名だたる佛弟子をやりこめたり、「諸もろの淫舎に入りては、欲の過ちを示し、諸もろの酒肆に入りては、能く其の志を立たしめ」（方便品）たりもする。しかしここではいわゆる「維摩の一黙」を意識している。「入不二法門品」に文殊菩薩ら三十二人が二項対立を超える弁証法「不二の法門」を提示したあと、維摩詰はそれらすべてに対して、黙することによって「文字語言有る無き」道を示した。中国における佛教は、士大夫階級がこうした維摩詰を理想とし、庶民階級が観世音菩薩を信仰したところに特徴がある（孫昌武『中国文学中的維摩与観音』高等教育出版社、一九九六年）。傅大士は梁代の散聖善慧大士傅翕。『景徳伝灯録』巻二七の伝記によると、昼は庸作して夜は行道し、泥棒が入って菽麦瓜果を盗もうとしたらわざわざ籠を出して籠ごとくれてやったり、妻子を売って無遮大会を営んだりした奇行の人で、梁の武帝や昭明太子と問答をして感服せしめ、寿光殿では宝誌の推薦で『金剛経』を講じて四十九頌を作り、婺州の宅を喜捨して双林寺としたという（生卒は四九七〜五六九）。

「孤峯頂上」の人が維摩詰、「十字街頭」の人が傅大士という配当であり、臨済の当時の対照的な禅僧のタイプとして徳山と雪峯をイメージしているのであるが、しかしそうした古人のタイプのいずれにもくみしないという。ただし、臨済みずからの姿勢の表明は、前段にいう、「但有そ来る者は、伊を虧欠せず、総て伊の来処を識る」と言っている。すなわち後者である。

第十一節　上堂（三）途中と家舎

上堂して云く、「一人有り、論劫に途中に在りて、家舎を離れず。一人有り、家舎を離れて、途中に在らず。那箇か合に人天の供養を受くべき？」便ち座を下る。（『臨済録』【四一】増補　上堂（七）「途中と家舎」）

上堂して言う、「ひとりはいつまでも途中にいながら、家郷を離れない。ひとりは家郷を離れず、また途中にもいない。さて、どちらのありかたが修行者として人天の供養を受けるのにふさわしいか？」答えを待たずに座を降りた。

「論劫」は「論劫数」、「劫」は印度の時間観念で、「一大城有り、東西千里、南北四千里。中に芥子を満たし、百歳ごとに諸天来り下りて、一つぶの芥子を取って尽きたるも、劫は猶お未だ尽きず」。また「一大石有り、方四十里。百歳ごとに諸天来り下りて、羅縠の衣を取って石を払って尽きたるも、劫は猶お未だ窮まらず」（『法苑珠林』巻一時節部引『楼炭経』）という。すなわち無限の時間。「論」はひとつひとつ数えあげる義。要するに永遠に終らぬこと。「論劫」は副詞的にもちいる。

「途中」と「家舎」。「途中」は旅の途上、「家舎」は帰りつくべき家。旅人は家郷をめざして旅の途上にある（「家舎」を離れて、「途中」に在る）、というのが通常の位置関係である。「家舎」を本来の家郷（法身としての存在、本来性）、「途中」を現実の存在（肉身としての存在、現実性）という譬喩による図式とみれば、馬祖禅の考えかたでは、人は本来的に悟りの世界にあって、日常的に言語動作しているのであるから、つまり「家舎」を離れることなく、常に「途中」に在って歩んでいる、と言ってよい。では、「家舎」を離れながら、しかも「途中」にはいない、とはいかなる形態か？　これは「家舎」があって、そこへ至る「途中」にいるという考えかたを否定しているのである。馬祖禅の考えかたに批判的であった薬山系のひとびとは、「家舎」と「途中」という図式に属さない。薬山惟儼は「渠（法身、本来人）は我（肉身、現実のわたし）に似ず、我は渠に似ず」（『祖堂集』巻四「薬山章」）と言った。洞山良价は溪水をわたったとき、水に映った自分の影を見て、そこに無常なる自身（我）を認めた瞬間、そのように見るものこそが真のわれ（渠）に他ならぬと気づいた。そのことを「渠は今正しく是れ我、我は今是れ渠ならず」（同、巻五「雲巌章」）と言っている。法身と肉身の関係については、「我は常に此に於いて切なり」（わたしはこの問題をいつも切実に受け止めている。同、巻六「洞山章」）と言った。

「このいづれが修行者として人天の供養を受ける資格があるだろうか？」の「人天の供養を受く」とは、印度で天上の神々と衆生から阿羅漢として賞讃されること。阿羅漢（修行の完成者）は「応供」と訳される。「合」は古代漢語では適合する義の動詞であったが、中古漢語で適合の副詞の用法が派生した。伊藤東涯『操觚字訣』巻三語辞下に「ベシ」と訓ずる条に、「合ハサフスルハズト云コト。「応」ノ「ベシ」ニ近シ。俗字ナリ」。

本段は、上堂して問いを投げかけただけで終わっているが、ふたつの型を挙げて、あとの方を是とする示唆である。大慧『正法眼蔵』巻中にこの上堂を引いて、大慧宗杲（一〇八九〜一一六三）が「賊身已に露わる」（意図が見え透いておる）と評しているのは、北宋のころにはふたつの型を代表する教団（つまり臨済宗と曹洞宗）が形成され、前者の思想（の庸俗的理解）を後者によって匡正しようとする動きがあったことを指している。「家舎」と「途中」の関係として禅の教理を説明する本段は、北宋のころから引用が現われるようになる。圓覚宗演が再編したときに加えた馬防（?〜一一二四）の宣和二年（一一二〇）の序には、ここのところを「常在家舎，不離途中」（古尊宿系テクストに拠る）に作っており、それでは本段の趣旨と合わないのであるが、そういうテクストもあったのである（たとえば『虚堂録』巻二の引用は「常在途中，不離家舎・常在家舎，不離途中」）。

第十二節　両手を展開す

師は僧の来るを見て、両手を展開す。僧語無し。師云く、「会するや？」云く、「会せず。」師云く、「渾崙にして擘き開けず。你に両文銭を与えん」。（『臨済録』【四二】増補「両手を展開す」）

師は行脚僧が来たのを見て、両手を広げて見せた。僧は無言。師、「わかるか？」僧、「わかりません。」師、「まったく手がつけられぬ。きみに二銭を恵んでやる。」

臨済院に行脚僧が来たのを見て、臨済は問われない先に両手をひろげて見せたのである。「展開両手」は、何も持たぬしぐさ。『祖堂集』巻一四「百丈政和尚章」にいう、

師、僧に向って道う、「汝我が与に開田し了らば、汝が為に大義を説かん」。僧云く、「開田し了れり。請う師よ、大義を説け」。師乃ち両手を展開す。

師は僧に言った、「寺田を耕作し終わったら、諸君のために〈佛法の大義〉を説いてやろう」。僧、「耕作し終わりました。さあ師よ、〈大義〉を説いてください」。師は両手をひろげた。

また同書巻一九「霊樹和尚章」にいう、

問う、「佛法畢竟の事は如何？」師は両手を展開す。

問う、「佛法の究極はどういうことですか？」師は両手をひろげた。

「（佛法の）大義」、「佛法畢竟の事」を問われて両手をひろげて見せるのは、説くべき法はないことを示すもの。佛法の究極も、禅の教えも、つまるところ、自己を知る（自己が佛なることを体得する）ことに他ならない。

「渾崙にして擘き開けず」の「手がつけられない」という義の「渾崙」は、「渾」の字を二音節に延ばしてできた熟語で、いわゆる聯綿詞である。「渾」（または同音の「混」）には「はっきりしない」、「渾然一体で分割できない」義があり、これを二音節にした「渾沌」（混沌）や「渾崙」の熟語ができた。後者は「渾」の音（『広韻』戸昆切）に「崙」（同、盧昆切）を加えて畳韻語にしたもの。音による生成であるから、第二音節は近音の文字を使って「渾淪」、「渾侖」、「渾圇」とも書かれる。『聯灯会要』巻九「臨済章」では「完圝」になっているが、これも「完」（まるい、完全、手を加える必要がない）を二音節化した聯綿詞で、「完」（『広韻』胡官切）に「圝」（同、落官切）を加えて畳韻にした語である。「擘不開」の「擘」は両手で引き離す、抉じ開ける義、「～開」は動作の結果離れる義で、ここは可能補語を構成し、「～不開」は不可能を表わす。したがって「渾崙擘不開」は「まるっきり手がつけられない」という意味になる。なお「昆侖」の「昆」も無限の意味で「渾」と通じ、同じく聯綿詞であり、崑崙山の語源でもあるが、ここは西域の崑崙山とは直接関係しない。

「きみに二銭めぐんでやる」とは、ここにきみの要求するものは何もない、これは駄賃だ、と追い返したのである。なお、この「両文銭」を室町以来の抄物は「草鞋銭」と見て、二銭で草鞋を買って、もういちど江湖を行脚してこい、と解釈している。唐宋時代に草鞋が二銭で買えたか、確実なことはわからないが、唐代西域トルファンの高昌出土文書には「細鞋壹量　上直銭壹佰文、次鞋壹量　上直銭玖□□（拾文）」（細い絹糸で作った鞋一足、上製品は百文。並製の鞋で上等品九十文）、また「鞋參下　各估壹拾文、靺肆下　各估壹拾文」（鞋三足で安物は各一足十文、靴下四足の安物は各一足十文）とある（王仲犖『金泥玉屑叢考』巻六　唐西陲物価考、中華書局、一九九八年）。また北宋時代に渡宋した成尋の日記『参天台五台山記』には、延久四年（宋熙寧五年、一〇七二）四月十七日に杭州で自分用の糸鞋一足を八十文で買い、翌日に弟子たちには一足四十文の糸鞋を買ってやったことを記している（藤善真澄訳注『参天台五台山記』上冊、関西大学出版部、二〇〇七年）。「糸鞋」は皮底、絹絲のくつであるが、「草鞋」に作るテクストもある。「草鞋」といっても、粗末な皮底のくつであって、日本のワラジではない。しかも、本段の義玄の意図は、外に求めまわるのをやめよ、というのであるから、ワラジを買ってまた行脚せよと勧めるものではまったくない。

第十三節　遷化時の上堂

師は遷化に臨みし時、上堂して云く、「吾が滅後、吾が正法眼蔵を滅却することを得ざれ。」三聖出て云く、「争んぞ敢えて和尚の正法眼蔵を滅却せん！」。師云く、「已後人有って汝に問わば、他に向って什麼と道うや」。三聖便ち喝す。師云く、「誰か知らん、吾が正法眼蔵者の瞎驢辺に向いて滅却せんとは！」。乃ち頌有りて曰く、「流れに沿って止まざるに如何と問う。真照は無偏なりと他に説似す。相を離れ名を離るるに人稟けず。吹毛用い了って急ぎ還た磨かん」。言い訖りて、法座上に於いて端然として示寂せり。時に咸通七年丙戌四月初十日なり。勅して慧照禅師と諡し、塔を澄霊と号す。（『臨済録』【四三】「遷化時の上堂」）

師は遷化せんとする時に上堂して言った、「わたしの死後、わが正法眼蔵を滅ぼしてはならぬ。」三聖慧然が出ていう、「和尚の正法眼蔵を滅ぼすなど、滅相もございません！」師、「では、のちにわたしの禅を問われたなら、そなたはどう答えるのか？」三聖はすぐに喝した。師、「やれやれ！　わたしの正法眼蔵がこのドメクラ驢馬のところで滅び去ったとは！」そして偈頌を述べた、「逝きてやまぬ水に流されながら、どうしよう、どうしようと問う手合いには、きみの真実の光は遍く照らしていると答えてやろう。真の佛は名前や姿かたちの束縛を受けないと言っているのに、たれも本気で受けとめようとせぬ。吹きかけた羽毛さえ斬れるわが利剣、ひと太刀したらすぐまた磨くだけだ。」言い終わるや、法座に坐したまま逝去した。時に咸通七年丙戌（八六六）四月十日であった。勅して慧照禅師と諡し、塔を澄霊と号した。

遷化に臨んでの上堂。『景徳伝灯録』巻一二、『宗門統要集』巻五、『祖庭事苑』巻二、『聯灯会要』巻九、『禅門拈頌集』巻一六にも収める。臨済義玄の遷化の地について、大覚（興化）存奨の塔銘「魏州故禅大徳奨公塔碑」（公乗億撰、『文苑英華』巻八六八）によれば、臨済が鎮州を出て蒲州蔣公の請に赴いたという消息を得た存奨は、滞在していた江西の仰山から急ぎ駆けつけて中条山で出あい、随侍して黄河の北岸白馬渡を渡ろうとしたとき、魏博節度使何弘敬が派遣した専使によって魏府観音寺江西禅院に迎えられ、臨済は一年を経ずしてここに遷化し、存奨が荼毘（火葬）の礼を尽くし、魏府の南の貴郷県薫風里に塔を建てたという。『続開古尊宿語要』以下の古尊宿系テクストに附された「塔記」には、義玄は鎮州城内の臨済院に移ったあと、「住して未だ幾ばくならざるに、即ち大名府の興化寺に来って、東堂に居う。師は疾無くして、忽と一日、衣を摂めて坐に拠り、三聖と問答し畢りて、寂然として逝く」という。すなわち大名府興化寺における臨済の最後の記録である。『祖庭事苑』巻二、『禅門拈頌集』巻一六には、このとき三聖慧然が江西禅院の院主だったという。大名府はもと唐の魏州の地、唐の建中三年（七八二）に節度使田悦が魏王を称して魏州を大名府と改名したのに始まる（河北省の南端、大名県）。

「正法眼蔵」は正しき法の眼目を蔵するところ、核心的真理のありか、すなわち心をいう。中唐の『宝林伝』（八〇一年）に叙述される西国二十八代、東土六代の伝法説において、「如来は大法眼を以て迦葉に付嘱し、展転し相い伝えて、今我に至る。我今此の正法眼蔵を将て汝に付嘱す。汝当に護持して断絶せしむる無かれ」（巻三「第九祖伏駄密多章」）という形式で言われる。この形式を承けて、「わたしの死後、わたしが伝えた釈尊以来の正法眼蔵を滅ぼしてはならぬ」と遺嘱した。

三聖慧然（生卒年未詳）は臨済の弟子。臨済院で義玄に師事したのち、南方を行脚して義玄の禅を伝えた。『景徳伝灯録』巻一二、『天聖広灯録』巻一二の伝記によると、河南の香厳山、湖南の徳山、茱萸山、道吾山、江西の洞山、仰山、福建の雪峯山をへて鎮州に帰り、三聖院に住した。

臨済から「わたしの禅をどう受け止めているのか？」と問われ、三聖はすぐに怒鳴った。「和尚の禅の真髄をこうだと体得しました」。佛性のはたらきを「喝」することによって示すもの（性在作用）。

義玄の本領は「喝」にある、と三聖は受け取っていたわけであるが、それは当時からすでに広まっていたらしく、三聖が香厳山に行くと、香厳智閑（?〜八九八）は「臨済の喝を持ってきたか」と問うている（『天聖広灯録』巻一二）。

「やれやれ、わたしの正法眼蔵がこのドメクラ驢馬のところで滅び去るとは！」臨済は「わたしの禅の眼目を見てとることができぬ愚鈍なやつだ」と三聖を罵り、絶望した。「瞎驢」は禅宗で使う、人を貶めるもっともひどい罵語。驢馬は人が前世の負債を返せずに、生まれ変わって債主に酷使され返済する哀れな家畜で、それが盲目で役立たずなのだから、救いようがない（「三脚瞎驢」とまで言う）。ここも「胡喝乱喝」を戒める意図であるが、この語は義玄の弟子たちのあいだでさかんに使われて広まった。

臨済の最期の偈。「沿流不止」は孔子が無常を歎いた「川上の歎」（「逝く者は斯の如きかな、昼夜を舎かず」、『論語』子罕篇）、「問如何」は「これを如何せん、これを如何せんと曰わざる者、吾これを如何ともする末きのみ」（同、衛霊公篇）をふまえた言いかた（ただし用いかたは逆）。臨済の語に「今日更に如何せん若何せんを用いず、便ち須らく単刀直入なるべし」（『禅林僧宝伝』巻三「首山伝」）。第二句「真照無偏説似他」の「真照無偏」は人の六根の作用を放光に譬えた「六道の神光は未だ曽て間歇せず」と同旨で、作用する自己こそが佛にほかならぬこと（『景徳伝灯録』は「無辺」に作る。「偏」と「辺」は近音）。「説似他」の原文は「説自他」に作るが、『景徳伝灯録』に拠って改めた（「自」は「似」の近音による誤り）。第三句「離相離名」は、「心法」は固定した相を持たず、言葉の規定を離れていること。「示衆」二（1）に「心法は形無くして、十方に通貫し、目前に現に用く。人は信不及して、便乃ち名を認め句を認め、文字中に向いて求め、佛法を意度るは、天地懸隔せり！」、「示衆」七に「道流よ！　真の佛は形無く、真の法は相無し。你らは秖麼に幻化の上頭に模を作し様を作す。設い求め得たる者も、皆な是れ野狐精魅にして、並えて真の佛に不是ず。是れ外道の見解なり。夫の真の学道人の如きは、並えて佛を取めず、菩薩・羅漢を取めず、三界の殊勝を取めず、迥然として独脱し、物の与に拘せられず」と言い、臨済が示衆で「自己の外に真理を求めてはならぬ」と、くりかえし強調したことである。「人不稟」は弟子たちがそのこと（「外に求めるな、言葉に執われるな」）をまっとうに受けとめない。第四句「吹毛用了急還磨」の「吹毛」は吹きかけた羽毛も斬れる、干将・莫邪のごとき利剣。「剣刃上に毛を吹いてこれを試すに、其の毛自ら断つは乃ち利剣なり。これを吹毛と謂う」（『碧巌録』第一〇〇則「巴陵吹毛剣」評唱）。葛藤を断ち切るはたらきをいう。「急還磨」は「還た急ぎ磨く」というべきを、平仄のため倒置した（南宋版『景徳伝灯録』は「急須磨」に作る）。利剣を使ったあと、急いで磨いておく意。賈島の「剣客」詩に「十年一剣を磨く、霜刃未だ曽て試さず」（『長江集』巻二）。

偈を述べおわるや、法座に坐したままの姿で逝去した。遷化の年について、本書と『祖堂集』巻一九、『宋高僧伝』巻一二、『景徳伝灯録』巻一二は「咸通七年丙戌（八六六）四月十日」とするが、『続開古尊宿語要』（天集、一二三八年）の臨済語要の末尾に附す小伝に「咸通八年丁亥（八六七）孟陬月（正月）十日」とする異伝がある。これはのち『古尊宿語録』（巻五、興化語録末尾、一二六七年）に「臨済慧照禅師塔記」と題して収められ、さらに単行本『臨済録』末尾に移されて引き継がれている。

諡号のことは他に徴すべき資料がない。「澄霊」は『祖堂集』、『宋高僧伝』では「澄虚」に作る

（「虚」は「霊」の俗写体の形似による誤り）。大名府の澄霊塔は失われたが、鎮州の澄霊塔は現存し、金代大定二五年（一一八五）に修築された八角九層、高さ三〇・四七メートルの塔である。近年さらに修理がおこなわれ、俗に「青塔」と呼ばれている（一二〇頁図版）。なお、元の至大二年（一三〇九）に日本人として初めてこの澄霊塔を拝したのは、鎌倉時代の雪村友梅（せっそんゆうばい）（一二九〇～一三四六）で、「臨済塔を拝す」という詩をのこしている（第一章参照）。

本段には成立上の問題がある。古いかたちをとどめる南宋版『景徳伝灯録』（四部叢刊三編）および金版（金蔵広勝寺本）には、上堂そのものがなく、したがって三聖との問答もなく、頌のみが「伝法偈」として収められている。一方、『天聖広灯録』の古いかたちをとどめる金版には「頌」（伝法偈）がない。すなわち、「頌」はあとから加えられたものであろう。上堂語と三聖との問答は、三聖への絶望を表明しているが、そのあとに「頌」が置かれることによって、三聖に対し最後の教誨を垂れた、すなわち三聖が遺弟となったという構成になるわけである。上堂・問答と頌は北宋版『景徳伝灯録』（東禅寺版大蔵経、刊刻は古いが本文は新しい）および開元寺版『天聖広灯録』（一〇三六年）になって組み合わされて収録されたのである。上堂語と三聖との問答がなければ、「伝法偈」と言っても誰に「伝法」したものなのか明瞭でないし、内容も「伝法偈」にそぐわない。しかしそもそも「山僧には一法として人に与うるもの無し。秖是（た）だ病を治し縛を解くのみ」（「示衆」九（2））と言っていた臨済が、死に臨んで「法を伝える偈」を作るというのも不可解である。こういう不自然さを臨済下第三世、第四世の南院慧顒（なんいんえぎょう）（生卒年未詳）と風穴延沼（ふけつえんしょう）（八九六～九七三）の師弟も問題として論じ弁護している。「（南院）問うて曰く、『汝は臨済将（まさ）に終らんとする時の語を聞くや？』。（風穴）曰く、『これを聞く』。曰く、『臨済曰く、誰か知らん、吾が正法眼蔵、這の瞎驢辺に向いて滅却せんとは、と。渠は平生師子の如く、見わば即ち人を殺せしに、其の将に死なんとするに及んで、何故にか膝を屈し尾を妥るること此の如き?』。対えて曰く、『密に付して将に終らんとし、主を全うして即ち滅せり』。又た問う、『三聖は如何ぞ亦た語無き?』。対えて曰く、『親しく承けて室に入る真の子は、門外の遊人と同じからざればなり』。南院これに頷く」(『禅林僧宝伝』巻三「風穴伝」)。これはいかにも法系を盾にした護教論的な結論である。また、弟子が臨済の禅の特徴を「喝」に見て、さかんにこれを模倣し、三聖慧然の批判の対象となったが、これを生前の臨済が批判するというのも、後代の「胡喝乱喝」を戒めるという主題であり、つまるところ、この遷化時の上堂の一段は後代の成立にかかる可能性が高いのである。興化存奨の塔銘「魏州故禅大徳奨公塔碑」と遷化に臨んで上堂し三聖慧然と問答をしたという、ふたつの伝承から、臨済の弟子に「興化派」と「三聖派」があったことが推測されるのである。

第六章　『臨済録』はいかに読まれてきたか

第一節　『臨済録』の版本と研究

『臨済録』テクストは臨済義玄禅師（?～八六六）圓寂ののちほぼ百年後、北宋初期に定型を成し、馬祖道一、百丈懐海、黄檗希運の語録とともに『四家録』に収録され、黄龍慧南の校訂（一〇八五）をへたのち、『四家語録』として伝わる系統と、さらにこれを圓覚宗演が整理増補し（一一二〇）、『続開古尊宿語要』（一二三八）、『古尊宿語録』（一二六七）に収録されて伝わる系統とに分かれる。さらに元代になって『古尊宿語録』中の臨済語録が大徳二年（一二九八）ごろに単行化され、これが日本にもたらされて数種の五山版『臨済録』が刊行された。このうちもっとも早いのが元応版（一三二〇）であり、永享版（一四三七）は『大正新修大蔵経』の底本となっている（詳しくは第七章参照）。

これらの五山版刊行を契機として、日本中世の禅林において研究講説がおこなわれていたことであろうが、その鎌倉・室町期における具体的な受容の情況はいまだ詳細には知られていない。

江戸初期（十七世紀）にいたって、戦国時代の疲弊荒廃した文化情況が一変し、京都を中心とする出版がにわかに活況を呈して、『臨済録』刊本が陸続と出版され、五山版に対する本文校訂もおこなわれた。これとともに鎌倉・室町以来の禅林における講説をもとに、『臨済録』の全体にわたる詳細な「抄物」と呼ばれる漢字またはカナによる注釈が公刊され、広く受用されるにいたった。これは佛教各宗に対して「宗派性を明確にせよ」という江戸幕府の宗教政策の指導によるもので、その結果、臨済宗は宗祖の語録として『臨済録』を重視するにいたったと言われている。曹洞宗における道元『正法眼蔵』研究のこの時期の隆盛も同じ事情であった。
無著道忠和尚（一六五三～一七四四）の校訂『臨済録』（刊本、一七二七年）と注釈『臨済録疏瀹』（写本、一七二六年）はその集大成の位置にある。この時代の主要な抄物十一種のひとつとして『臨済録疏瀹』が柳田聖山編『臨済録抄書集成』（禅学叢書　唐代資料編、中文出版社、一九八〇年）に影印収録され、いまや研究者に広く利用されるところとなっている。また、各地でさかんにおこなわれた提唱のうち、白隠慧鶴和尚（一六八五～一七六八）による提唱の一部は聴講した弟子の講本に書き留められ、抄写されて、以後の宗門内の『臨済録』解釈・提唱のよりどころとして長く影響を与えていることも注目すべきことである。

明治期（十九世紀末）になると、臨済宗老師がたが江戸期の抄物に依拠しておこなった提唱の記録が活字出版され、『臨済録』を読む一般のひとびとの参考に供せられた。ここから居士・学者による新たな解釈が発表され、『臨済録』はより身近な禅宗の古典となったのである。なかでも敗戦後に出版された鈴木大拙『臨済の基本思想』（一九四七年）と陸川堆雲『臨済及臨済録の研究』（一九四九年）は、第二次大戦後における近代的研究を刺激し、入矢義高（一九一〇～一九九八）・柳田聖山（一九二二～二〇〇七）両先生による、文献学・中国語学・歴史学の視野からの新しい開拓を生むこととなり、現在もその影響下に進展が見られる。

その新しい開拓の特色は禅の言葉と禅の思想史の研究というふたつの分野である。『臨済録』は臨済禅師の説法と対話の記録であるから、その言葉は「書写された口語」という性質をもつのであるが、日本では漢字で書写された文章を一律に「漢文」と称し、文語と口語を区別する意識がなく、歴代の口語に対する研究もなく、したがって口語辞典もなかった。臨済禅師の生きた唐末の時代は漢語史（中国語の歴史）の時代区分では中古漢語から近代漢語への過渡期にあたり、その時代の語法は現代漢語（今の中国語）の語法の枠組みが形成された時期である。ということは、『臨済録』は現代中国語の語感で読めるということであり、むしろそのように読んで初めて文脈を正確に読みとることができるのである。さらに研究環境が飛躍的に改善された現在、各種の検索データを利用することによって、禅語録語彙の用例収集が容易となり、語義を正確に理解することが可能となった。また、臨済禅を唐代禅思想史の展開という大きな枠組みのなかで、中唐に興起した馬祖禅洪州宗の唐末におけるひとつの頂点と位置づけ、唐末五代を宋代禅へと変化する転型期と見る思想史的視点が確立した。現在の禅研究は語録を正確に読解することを通して、思想変化の具体相を見出し、従来の枠組みを検討しつつ、全面的で詳密な禅思想史を構築してゆく段階にある。

第二節　主要な研究書

従来の研究書は本章末に附した「『臨済録』研究史年表」で一覧できるが、ここではそのなかから重要なものについて紹介しよう。古典的な注釈の代表として無著道忠『臨済録疏瀹』、近代の代表的な研究として鈴木大拙『臨済の基本思想』、またユニークな臨済論として忽滑谷快天（ぬかりやかいてん）『禅学思想史』、前田利鎌（まえだとがま）『臨済・荘子』、河上肇「宗教的真理について」、さらに出色の提唱録として山田無文『臨済録』を時代順に取りあげる。

（一）無著道忠『臨済録疏瀹』

無著道忠和尚は江戸中期の人（一六五三～一七四四）。妙心寺塔頭龍華院第二代住持。九十二年の生涯に二五三部、八七三巻という厖大な著述をのこし、①請われて臨済宗大本山妙心寺に三度にわたって住持に補せられた学徳兼備の禅僧であった。②

①柳田聖山「無著道忠の学問」（『禅学研究』第五五号、一九六六年）に掲げる数目。いまだ調査中の暫定的な数とことわっている。

②宝永四年（一七〇七、五五歳）、正徳四年（一七一四、六二歳）、享保六年（一七二一、六九歳）。

道忠和尚の学問的業績は、その晩年にみづから清書して完成した代表作『大慧書栲栳珠』一五巻（享保八年［一七二三］、七一歳）、『敕修百丈清規左觽』二〇巻とその附録『庯峭緒餘』五巻（享保一〇年［一七二五］、七三歳）、『臨済録疏瀹』五巻（享保一一年［一七二六］、七四歳）、『虚堂録犂耕』三〇巻（享保一四年［一七二九］、七七歳）、『五家正宗賛助桀』二〇巻（寛保元年［一七四一］、八九歳）、『禅林象器箋』二〇巻（寛保元年［一七四一］、八九歳）、『葛藤語箋』二〇巻（延享元年［一七四四］、九二歳）等は、現在においても他の追随を許さない禅学研究の最高峰である。③

③これらの諸書はすべて生前には出版されず、自筆稿本としてのこされていたが、『敕修百丈清規左觽』、『庯峭緒餘』、『臨済録疏瀹』、『禪林象器箋』、『葛藤語箋』が柳田聖山編「禅学叢書 唐代資料編」（中文出版社、一九八〇年）として、また『大慧書栲栳珠』、『虚堂錄犂耕』、『五家正宗賛助桀』、『葛藤語箋』が禅文化研究所編「基本典籍叢刊」（附索引、禅文化研究所、一九九〇年）として出版された。道忠和尚の生涯とその業績についての概略は、飯田利行『学

臨濟慧照禪師語録疏瀹第二卷

龍華嗣祖釋　道忠　撰

示衆

△師晩參示衆云有時奪人不奪境

[人境]　忠曰寶覺欽禪師録下卅丈擧此則畢曰汝等諸人畢竟喚什麼作人又喚什麼作境

○人夫眼耳鼻曰人若情量分別知見解會也境者萬法山河大地等又謂言句等也

○忠曰大慧普説下廿五丈問答　又同廿六丈擧克符頌一一剖判　克符頌云擬欲求玄旨思量反責麼驪珠光燦爛蟾桂影婆娑　師云驪珠云云蓋此兩句是境　云云思量擬議者人也

○風穴禪師録古尊宿七卷十二丈曰南院云臨濟道誰知吾正法眼藏向這瞎驢邊滅却　云云又問南院問汝道四種料簡語料簡何法對風穴曰凡語不滯凡情即墮聖解學者大病先聖哀之爲施方便如楔出楔

○忠曰凡情人也聖解境也故克符奪境不奪人頌云問禪禪是妄究理理非親此解者云向外覓禪究理皆是境也

○忠曰人境又可有淺深其淺者人凡情分別知見境者聖解或萬法也其深者仰山所謂信位人位也信位解猶在境古尊宿十一卷八丈即此境位也人位若滯則亦是大病故有奪也　又宗鏡録九十七卷十七丈曰牛頭云自身心性爲境此蓋亦是仰山信位也

[四料揀]　忠曰韓昌黎集十七丈註曰料量也張湛列子存且將料簡世所希有者此　以張湛爲此字本據

○又事苑七五丈曰料揀上音寮量也下與揀同分別揀之

○風穴録古尊宿録七卷十一丈曰南院問汝道四種料簡語料簡何法　此止又前引

○夾山鈔二廿三丈曰參鈔云後人名爲四料揀大鈔[illegible]臨濟祖師師唯向石火電光中示一機一境豈勞造作料揀哉唯容名臨濟四種境也

○忠曰四料簡目見于南院語豈鈍逼祖師哉大慧亦曰謂之四料揀此見普説下引

○古德曰南浦云四料揀實殊勝也只臨濟面前覺隨落矣丁寧大過而作冷頭説故　華叟云若知四料簡則須捨四料簡若捨四料簡則須用四料簡若用四料簡則到處當獲精力此評可尚矣

○忠曰此評最可實也三聖以四料簡撰入示衆語

1282

無著道忠『臨済録疏瀹』書影（禅学叢書 唐代資料編『臨済録抄書集成』）

聖『無著道忠』（復刊、禅文化研究所、一九八六年）、柳田聖山「無著道忠の学問」（『敕修百丈清規左觿』附録）、入矢義高「無著道忠の禅学」（『空花集』、思文閣、一九九二年）参照。

『臨済録疏瀹』五巻[④]は、著者識語によると、享保一一年（一七二六、七四歳）の一月から三か月を費やして浄書され、これをもとにその年の夏四月から五月にかけての一か月間にわたって八人の僧に講義をおこなった。和尚は「貞享二年乙丑（一六八五）の春、二三子の為に一講す。時に三十三歳」とも記しているから、若年より『臨済録』に親しんで沈潜し、その注釈を志して四十年後に完成したのである。[⑤]

④写本『臨済録疏瀹』は柳田聖山編『臨済録抄書集成』（「禅学叢書 唐代資料編」）に影印収録されているが、また花園大学国際禅学研究所からインターネットでも公開されている。
⑤寛文一二年（一六七二、二〇歳）に初めて『臨済録』を通読し（和尚の閲書記録『有眼裡塵』）、貞享四年（一六八七、三五歳）に大嶽祖清の『臨済録』講義を聴く（自定年譜『照冰紀年録』）。以上は加藤一寧氏の示教による。

『疏瀹』という題名は『孟子』滕文公篇上に禹の治水を叙べて、「禹は九河を疏し、済漯を瀹して諸を海に注がしむ」（禹は九つの大河を疏通せしめ、済河と漯河を治水して海に注がしめた。趙岐注に「瀹は治なり」という）というのにもとづく。要するに注釈の意味である。

本書の構成は、巻一にまず関説十条を引いて臨済評価の大略を示し、「馬防序」、語録の「上堂」、巻二〜四に「示衆」、巻五に「勘弁」、「行録」、「行状」の注釈を収め、附録には「語録拾遺」と「語録附記」に語録未収の事跡十一条を拾い、「緒餘」にその出典を補い、「徳巌存和尚臨済小考」三条を録し、「臨済録闕考」には待考事項を、「摘葉評訛」には『臨済録摘葉抄』の引証への批判数条を記すという、まことに周到な成果を示している。

本書は『臨済録』に対する漢文の注釈書であるが、その底本は道忠和尚がみづから校訂したテクストで、『疏瀹』浄書の翌享保一二年（一七二七）に『無著校訂 臨済慧照禅師語録』[⑥]として出版された。

⑥享保丁未（一二年、一七二七）初秋 京都臨泉堂中村治重新刻。また京都友松堂版も出版され、これが白隠慧鶴和尚の宝暦、明和、天明年間にわたる提唱の底本となっている。臨済禅師一千百年遠諱に際して、この道忠和尚の訓点を忠実に翻刻し、かつ当時の新しい研究成果であった柳田聖山『訓注臨済録』（其中堂、一九六一年）の訓読を配したテクストが、平野宗浄氏によって出版された（『無著校訂 臨済慧照禅師語録』、臨済禅師奉讃会、一九六六年）。

本書は『臨済録』抄物の集大成と言える注釈の位置にあり、その評価はすこぶる高い。そもそも『臨済録』のような禅宗語録という白話文献に、ほとんど一字一句の詳細な注釈を施すことは、中国においてはありえず、日本の臨済宗においてのみ可能であった。多くの抄物が著わされた江戸時代の類書中にあって、本書は最後に位置する集大成の意義をもっている。本書は著者による自筆稿本としてのこされ（妙心寺春光院蔵）、謄写本が二本（妙心寺大中院、京都大学図書館蔵）あるだけであったから、長らく知られることがなかった。ただ、白隠和尚の提唱を書き留めた「提州（だいしゅう）和尚講本」、「隠山（いんざん）和尚講本」などには『疏瀹』の注が随処に引用されているところから、白隠下では書写され参考にされていたらしい。[⑦]

⑦白隠が無著道忠の示教（『人天宝鑑』についての質問）に対する感謝を記した書翰（享保二〇年、一七三五）がのこっている（禅文化研究所蔵、陸川堆雲『考証 白隠和尚詳伝』第十四章「白隠和尚より無著和尚に宛てたる手紙について」、山喜房佛書林、一九六三年）。

その価値が再発見されたのは近代になってからで、戦後一九五〇年代にアメリカ人佐々木ルース夫人が大徳寺龍泉庵に組織した『臨済録』英訳班で、入矢義高氏とともに研究にあたった柳田聖山氏によるものであった。『臨済録』の注釈を試みていた陸川堆雲氏は柳田氏から本書の価値を教えられ、柳田氏の筆写本を借りて、『臨済録詳解』[8]に引用し、また鈴木大拙氏は入矢氏の斡旋で本書を撮影し松ケ岡文庫に収蔵したが[9]、広く知られるようになったのは柳田聖山編『臨済録抄書集成』に収録されてからであり、現代に流通している注釈・訳注は例外なく本書を重要な参考書として挙げている。

⑧陸川堆雲『臨済録詳解』、真禅研究会（長野県岡谷市陸川薫、一九五九年）。
⑨「鈴木大拙・入矢義高往復書翰（十四通の書翰の整理と解題）」（衣川賢次、『松ケ岡文庫研究年報』第二六号、二〇一二年）。

以下に本書の特色を「本文の検討」、「教理的背景の解明」、「禅録用語への注意」、「俗語への注意」、「語彙考証」、「未諦の条」、「古徳への批判と耕雲子『摘葉鈔』」、「〈無事禅〉批判」に分かって概略を述べよう。

【一】『臨済録』本文の検討

本書は著者自身が校訂したテクストに対して施した注釈であるが、テクストは五山版に由来する「旧本」を校改した「新版」すなわち美濃正法寺版（これがのち通行本となる）を底本としている。校訂とは定本を作成したということであるが、著者が力を注いだのは訓点を施す（正しく読む）ことであって、本文はほぼ「新版」に拠っている。ふたつ例を挙げよう。

（一）「下下作主」の注「忠曰・師家之言下言下，故云下下」（一三二四頁上）。本文の「下下作主」は師家が学人の持ちだす「境塊子」のひとつひとつを弁別し、主人公たるを発揮したという意味。道忠は文脈から理解しているが、「下」は回数を表わす量詞である。このあと、『四家録』及び新渡蔵の『古尊宿語録』はみな〈下下〉を〈了不〉としていて、〈前人弁得，了不作主，不受境惑〉となっている。わたくしは旧渡唐本の『古尊宿語録』二本も調べてみたが、いずれも〈下下〉であって、本録と同じであった。ゆえに〈下下〉が正しい」とつけ加えている。つまり明版と宋版の『古尊宿語録』とを比べたうえで、古い宋版（旧渡唐本）の「下下」を正しいと確認しているのである。

（二）示衆の「不如一念縁起無生，超出三界権学菩薩」（一三五七頁下）の「三界」は「三乗」の誤りである。この一句は李通玄『新華厳経論』巻一の語そのままであって、著者も当該部分を引証しているにもかかわらず、無理やりに「三界」でも解釈可能だとして、本文は改めていない。

【二】教理的背景の解明

『臨済録』の注釈には頻出する教理用語の解説が不可欠であり、多くの抄物は佛典を引いてこれの解明に主力を注いできた。しかし、臨済とその対告衆がいかなる教理を背景としているかを知るには、インドの佛典の原典（漢訳）ではなく、かれらが学修した当時の佛教教学から引証する必要がある。さらに臨済はこれらの教理学を克服する意図で使っているという視点での注釈が必要である。道忠和尚の注釈は従来の抄物を参考にしつつ、自身の驚異的な博学強記にもとづき、引証は経典と同時に禅語録の用例の両面にわたっており、余すところがない。しかも引用文にはみずから訓点を施し、正しい読みかたを示すという徹底ぶりである。この周到な方式は全書にわたる特色となっている。

【三】禅語録用語への注意

かつて宋代の睦庵善卿は『祖庭事苑』巻八「雑志」に禅林用語の解説を載せたが、道忠和尚は『盌雲霊雨』、『金鞭指街』等の漢文随筆にしばしばこれに対して批判考証を加えたが、本書においても、禅語録用語への注意を怠らない。「葛藤」（一二六八頁上）、「擬議」（一二六九頁下）、「一頓」（一二七三頁下）等。また用語の唐代禅宗史における文脈を知ってはじめて臨済の意図を了解できるのであるが、たとえば「莫作模様。…見神見鬼，好晴好雨」の注には、「宗門の〈模様〉（ものまね）には理由と来歴がある。或いは目を以て視つめ（百丈再参）、或いはまっすぐ上を見たりまっすぐ下を見たり（馬祖）、或いは指を立て（天龍）、或いは手でサッと一振り（仰山）した。然るに修行者は意図を正しく受けとめず、ひたすら〈模様〉をまねて、それが禅だと思って使っている。故に批判を受けたのである。臨済が喝を下したら、修行者もそれをまねして、東の廊下でも喝し、西の廊下でも喝し、これを興化存奨が叱ったのもこの類である」（一二九四頁上）とあって、これはそれまで誰も気づかなかったすぐれた思想史的注釈だと言える。

【四】俗語への注意

禅宗語録が白話文献であることは、従来の抄物では注意されることがなかった。語録は口語性の強い記述であり、一律に文語として訓詁を施すことは理解を誤るものである。本書が特に「俗」、「俗話」（すなわち口語）と記して注意を促しているところは貴重である。「阿誰」（だれ、一二六六頁上）、

「賺」（だます、一二六七頁上）、「瞞」（あざむく、馬鹿にする、一二六七頁下）、「勿交渉」（無関係、一二六七頁下）等みな正確な注である。道忠和尚の読書範囲は『水滸伝』のような白話小説にまで及んでいた。当時としてはまことに驚くべき博学である。

【五】語彙考証

従来の抄物において誤った理解がなされ、糾されることなくまかり通っている語彙には、本書は特に批判を加えて語義の記述をしている。「面門」（顔、一二七〇頁上）「草賊」（叛乱軍、一二七一頁下）等。これも本書の高い価値の存するところである。

【六】未諦の条

本書は精密な注釈として評価は高いが、当然のことながらなお完璧ではありえない。「出人」は人より抜きんでる、優れた（方法）という義であるが、著者はこれを「救抜人」（人を救済する）と解し、「古解には〈出人〉を出群抜萃の義としているものがあるが、非である。〈出人之路〉と言っている、下文の語勢をよく見よ」（一二八六頁上）と言うのは却って誤っている。ただしこれは従来の解釈を踏襲しているのであり、近代の諸注もみなその解釈に従っている。また「河府」は王氏の成徳節度使を「河北府」と称した、その略称である（河は滹沱河、鎮州の州治真定県はその北にある）が、本書では『天聖広灯録』の記載「河陽府」に拠って孟州河陽県だとしている（一二六八頁下）が、「河陽府」も河の陽（北）の義で、成徳節度使を指す。また「我不敢毀善知識怕生口業」は臨済が修行者の口ぶりをまねて言った語と解すべきであるが、著者は「我」を臨済自身と解している（一三一四頁下）等、今から見れば問題も少なくない。

【七】古徳への批判と耕雲子『摘葉鈔』

本書は従来の解釈の甚だしい誤りに対しては「非也」、「不是」と言って糾しているが、著者が特に意識していたのは、「緒餘」に「摘葉評訛」として掲げる耕雲子『臨済録摘葉鈔』であった。そこでは該書のもつ「ただ文字づらを見て、すぐに内典外典の書を引きまくって注としている。これは甚だ『臨済録』を汚すもので、愚蒙に近いと言うべきだ。たとえば〈真人〉に『荘子』を引くのがそれである」（一四〇二頁下）という点を挙げている。しかしながら、臨済の使った〈真人〉に『荘子』の用例を引証するのは必要な注釈であり、著者は「無位の真人」を『臨済録』の眼目として至高の評価を与えている立場から、道家の書『荘子』の引証が気に入らないのである。しかも、重要なことに、本書の引証は『摘葉鈔』を踏襲したところが甚だ多いのであって、もし大量の引証をいちいち『摘葉鈔』からの転引とことわるならば、わざと避けているのは、注釈書としては体をなさないほどである。糾謬においても、『摘葉鈔』の書名を掲げず、わざと避けているのは、謹厳をもって知られる著者に似つかわしからぬ態度である。ただし著者の踏襲のしかたは、まるうつしではなく、みずから原典に当たって確かめ、引用する際にはテクストの張数まで記入するというものであるが。著者は多く『摘葉鈔』に依拠しつつ、取捨の判断をし、なかには別解を立てているが、却って誤っているところもある。たとえば、「示衆」第五段「心心不異」は『摘葉鈔』が引く黄檗の『伝心法要』の語なのであるから、その文脈に拠って「祖師の心とわれわれの心が異ならない」と解すべきであるにもかかわらず、著者は「心心」を「念念」と解し、『入楞伽経』巻九を引いているのは、故意に別解を立てようとした失考と言わざるをえない。

【八】「無事禅」批判

同時代の白隠和尚が『臨済録』の提唱をしながら、「無事」の語に至ると口を極めて悪罵したことは有名であるが、『臨済録』の基調は馬祖以来の「無事」の継承であって、「無事」の部分を捉えて批判を加えることは、臨済禅師のすべてを批判するに等しい。道忠和尚も本書のなかで、同じ見解に立って、「今時無事禅の輩」に対して不満を表明している。

専心に法を求めることは、『法華経』の常啼菩薩を模範とすべきである。今時の無事禅の輩は、『わずかでも悟りを求める心を起こしたら誤りだ。もともと迷ってなどいないのである。どうして悟りを求める必要があろうか?』などと言うのは、やぶ医者が薬の処方を誤るようなものだ。(「真正見解」注、一二八五頁下)

『今のはたらきに何の欠けたるところがあるのか? どこを繕い、何を悟るのか?』と言うのは、佛祖の頂点に立った立場から言ったものであって、けっして悟りを目指して修行することを撥無する邪見に囚われてはならぬ。ここの前文に『法を得て始めて了る。未だ得ざれば、依前として五道を輪廻す』と云い、後文にも『是れ娘生下にして便ち会するにあらず、還って是れ体究練磨して、一朝自ら省せり』と云う。これが悟りを目指して修行することを撥無しているか!(「你説証何法,修何道?」注、一三一六頁上)

白隠和尚は『臨済録』の提唱で「真正の見解」(「示衆」第一段)に至ると、こう言ったと記録されている。「林才ガヲモシヤツテモ時節時節ガアル。林才ヲットキハ平常無事ガヨイデモアロウ。今時ハコンナコトハ大毒ジャ。三黄丸デモ呑デ下シテシマヘ、補薬アリ、瀉ザイアルガ如シ。ヲレハ、瀉ザイダ」(提州和尚手鈔講本)。これは白隠の公案禅の立場を駿河弁で言ったものであるが、むろん臨済の基本を「無事」と認めたうえで、江戸時代の亜流を批判の対象としているのである。それはその当時、播州で「無事」の「不生禅」を播州弁で説いていた盤珪禅師を暗に指していたのであろうか？道忠和尚は京都弁でどのように敷衍していたのであろうか？

(二) 忽滑谷快天『禅学思想史』の臨済論

忽滑谷快天(ぬかりやかいてん)(一八六七〜一九三四)は大部の『禅学思想史』(上巻本文七七四頁、下巻本文八三〇頁、玄黄社、一九二三、一九二五年／名著刊行会復刊、一九六九年)を著わし、印度、中国の禅思想を概括した。著者は駒澤大学の初代学長となった学僧で、多くの著述をのこし、姉妹編『朝鮮禅教史』(春秋社、一九三〇年／名著刊行会復刊、一九六九年)がある。

本書の「支那の部」は上巻の「準備時代」(後漢より六朝末の宝誌まで)、「純禅の時代」(達磨より慧能、神秀まで)、「禅機の時代」(牛頭、青原、南嶽より宋初五家まで)、下巻の「禅道爛熟の代」、前期(北宋)、後期(南宋)、「禅道変衰の代」(元より清初まで)より成る。序文のあとに「注意六條」があり、「一、禅家に未だ曽て思想史あらず。本書を以て嚆矢とす。是れ創見多く、また不完全なる所以なり」、「一、著者は洞門の人なりと雖も、史を草するに当りては、厳に史家の立脚地を取る。是れ一宗一派に党せざらんがためなり」等と言う。

著者の臨済論は「禅機の時代」中にあり、達磨より慧能に至る「純禅の時代」が「六祖以後、醇厚の宗風一変して棒喝の機用大に行はれ、竹頭接木の語、禅界に汎濫す」という、晦渋奇怪な言説に走る禅の下降時代に叙せられる（第二十章「臨済義玄の宗旨」）。

徳山宣鑑と時を同うして、亦其思想の極めて相類する者を臨済義玄となす。義玄は黄檗の希運に嗣ぎ、宣鑑は龍潭の崇信に嗣ぐ。前者は南嶽下にして後者は青原下なり。而して二者の門風、酷（はなは）だ相似たり。義玄は宣鑑の如く、無事休歇を力説し、一念心中に大光明を認めしむ。其要に云く、一念心上清浄の光、是れ即ち法身佛、一念心上無分別の光、是れ即ち報身佛、一念心上無差別の光、是れ即ち化身佛。人人祖佛と別ならず、何の欠少（かんしょう）かあらん、若し能く是（かく）の如く見得せば一生無事の人。これ義玄が法門の骨子なり。三玄三要、四料簡等、許多の閑名あり。後世此等の葛藤を認めて義玄が宗風と為すあり、一噱を発すべきのみ。玄の門徒を臨済宗と称す。五派随一にして、支那禅宗中最大なるもの。

以下に徳山との類似点を、（一）「無事休歇の力説」、（二）「経教の執を掃ふ」、（三）「釈迦佛を評するの語」、（四）「諸方の宗師を評する語」、（五）「禅道を学ぶべき無きこと」、（六）「神通変現等の語」の項を立てて両者の語を並挙して示し、その接触のあったことを『臨済録』の「侍立徳山」の段を挙げて証拠とする。また「臨済の根本思想は黄檗より得來る」として「一心」の思想を挙げ、「師資の語、一口より出づるが如し」という。また「臨済の閑家具」として三玄、三要、四料簡、四照用等は「極めて明晰を欠き、強いて穿鑿すれば則ち古人の真意を失ふ」と言い、「皆応機の方法を分類せるもの」、「門庭の施設にして本来確定せる意義あるにあらず。死活は其人にあり、何ぞ揣摩するを要せんや」と断ずる。

著者は臨済の思想の淵源は黄檗と徳山に由来し、独自の特色は「学人を接する法」の探求にあると見ている。また、喝を頻りに放ち、門人が胡喝亂喝に陥ったことを言い、「好晴好雨灯籠」は潙山仰山の家風を罵ったもので、勝峰大徹の『臨済録講義』（一九一一年）の理解を「典拠を知らざる悍なり」と批判し、また「五無間業」の解釈は「洞山録にも見ゆる所、当時宗師の常套語」であり、『楞伽経』に基づくと説くなど、みな首肯できる論である。著者の臨済論は短章中に臨済の思想の特徴をよく概括し、『臨済録』を熟読した学者であることが知られる。

（三）前田利鎌の臨済論

『臨済・荘子』（大雄閣、一九二九年／岩波文庫、一九九〇年）に収める「臨済」の一篇は、著者前田利鎌（一八九八〜一九三一）の「古代の偉大な自由人」への憧れを綴った哲学青年の十章より成る臨済論である。昭和三年（一九二八、著者三十歳）に書かれ、翌年大雄閣から『臨済・荘子』として出版された。著者は東京で岡夢堂について参禅して『臨済録』の提唱を聴き（本書所収「夢堂老漢」）、のち大正一四年（一九二五、二七歳）のころより、夢堂門下の学生に『臨済録』を講じたという（岩波文庫所収「前田利鎌年譜」）。三二歳で歿した著者の遺稿論文集『宗教的人間』（昭和七年［一九三二］、岩波書店）は漱石門下の松岡譲が編集し、当時のベストセラーとなった。

著者に関する評論には加藤二郎「漱石の水脈――前田利鎌論――」（『漱石と禅』翰林書房、一九九九年）があり、漱石の次男夏目伸六による印象を引用している。「利鎌さんは、父の門下では、確かに最末席の御弟子だったには違いないけれども、当時から私の眼には、彼が、他の御弟子中の誰よりも、一番人間の出来た男だったと云う気がして、思い出す度に、惜しい人を死なしたものだと、哀惜の念に堪えぬ思いがするのである」、「彼は来ると、いつも、既に主を失った人気の無い父の書斎に入り、書棚の洋書を、あれこれと取り出しては、終日、飽きる様子もなく、静かに、読み耽って居た」。

本篇の第一章は「懐疑」。「久しく近代の憂鬱な空気の中に呼吸していた」著者は『臨済録』に魅せられながらも、「伝統的な佛教全体に対する通俗的な先入観に支配せられて、禅門に対してもまた深い疑惑警戒の念」を抱いていたため、牽引と反撥の矛盾する感情のまま、「禅門の扉の前に低徊」していたのであるが、「精神的に生き詰まっていた自分の生活打開に要すべき秘鑰を奪取せんとする欲求が強く湧いて、門内に跳び込んだ」という。このあたり、著者は郁文館中学の生徒であったころより漱石の作品を愛読し、第一高等学校入学後は最晩年の漱石の門下に列していたから、小説『門』（明治四三年、一九一〇）に描写された雰囲気が漂っている。逡巡ののち、臨済の説法（示衆）を熟読して、これが「最大限度における生命の解放であり、最も高い自我の飛躍」であると見極め、「臨済禅の本質を究明してみたいと思う」ようになったという。

第二章「臨済の面目とその回点」では、「行録」に記録された臨済大悟の経緯を物語りふうに描写し、師の黄檗を平手で打った「臨済打爺の拳」を「彼の生涯における最大の回点」と位置づける。このところでは、著者は臨済が何を大悟したのかは、「元来黄檗佛法無多子！」を「元来、黄檗の佛法なんぞ屁でもない」と訳しているから、著者の理解は明瞭ではなく、大愚を拳で築き、黄檗を平手打ちしたことをもって大悟の標識（すなわち大機大用）としたのである。こういう理解では、臨済における黄檗の影響を見落とし、のちの示衆との関連が見失われるのであるが、これは当時おこなわれていた禅林の提唱にもとづくものであろう。

第四章「四料揀と四喝」において、「四料揀」は学人を接得する手段にすぎないが、主観と客観の対立を止揚する試みとして、「人とは主観であり、境とは客観である。即ち或る時は客観の一元、或る時は主観の一元、或る時は主客共に否定し、或る時は主客共に許容し」、「総てを通じて主客一如の三昧底が開ける」ものとするところは、哲学者らしい「明快な新解釈」（岩波文庫入矢義高解説）で、「四喝」も古人の批評著語にやかましい四種の異別にとらわれず、「純体験」、「活作略」と見ている。

第五章「主権の確立と偶像破壊」、第六章「偶像否定と現実肯定」、第七章「最後の否定と最後の肯定」、第八章「肯定の忘却と遊戯」の四章が臨済論の核心である。まず「臨済は学人のよるところ、跼蹐（きょくせき）するところを片っ端から破壊して、相手を自由の天地に駆り立てて行く。ここにおいて彼は飽く迄も徹底的な偶像破壊者となって現われて来る。かの四料揀にせよ、四喝にせよ、要するに学人の依るところ、執着するところを殺戮して行く破邪の剣である」。「己れを確立して自由な自然児になるためには、人惑迷執を惹き起こす一切の偶像は破壊されねばならない」。そうして「外に向って馳求している自己を返照して、その聴法底人を識取せよ」。ところが、こう言うと忽ち聴法無依の道人という自我の偶像に捕われてしまう。この自我は実は何の実体もなく、ただ活潑潑地の作用のみであり、作用の主体というものはないのである。「自己を知る」とは自己の実体なきことを知るということである。「万般を照燭し、世界を酌度する人というのは、結局、個我を超越した意識一般というべきもので、何らの実体もない無形、無相、無根、無本の単なる作用にすぎない」。「超個人的純粋自我はただ虚なる意識形式として、実在界の異名に外ならない」。しかし、「かかる純粋自我は〈求著すれば即ち転た遠く、求めずんば還って目前にある〉――然るに目前とは何ぞやとなれば、花は紅、柳は緑の表象そのものに外ならない」。われわれが生きる無常流転の三界は、個物が対立しつつ互いに相俟つという万法相関、事理無礙法界として成立している。こうして一切の迷執から解放された自由人にあっては、行住坐臥、己れの欲するまま、「ただ刹那刹那に展開する境と共に、過去を忘れ未来を忘れて、純一無雑」に活動する遊戯三昧、「随処に主と作り、立つ処みな真」、「一生無事の人」となる。これが解脱における究極であるという。

第十章「結語」は「臨済は旧来の思想、――特に佛門における伝統的な一切の反生命的偶像の破壊者、従って人間生命の徹底的解放者であった。そしてその破邪顕正の剣は、最強力な論理、即ち最も深刻な体験そのものである。……それは臨済の血涙によって把握された智慧である」と結んでいる。

著者の臨済論は「無事」の思想に至る過程を、（一）自己を確立して偶像を破壊し尽くし、（二）その主体として措定された個我を超越した純粋自我（佛教用語では「佛性」のこと）とは、実体なき作用であり、これへの迷執を去ることによって、（三）現実生活においては遊戯三昧の無事の人となる、という歴程として構想している。「遊戯三昧の無事の人」という究極は荘子の「物化」、「遊」の思想（本書所収「荘子」）が背景にあるが、骨子を取り出せば、見事な概括である。しかもこれを「四料揀」によると、（一）自己確立と偶像破壊は「奪境不奪人」、（二）主體たる純粋自我の否定は「人境倶奪」、

（三）遊戯三昧の無事の人は「人境倶不奪」という、臨済に内在するロジックに依拠した展開として論ずるのである。これが単なる頭で考えられた理論なのではなく、臨済自身の「体験」から生み出された、「臨済の血涙によって把握された智慧である」として、理論の背景にある実践の裏づけを想定している。この「血涙」とは白隠の提唱に、「三度問佛法大意」を「血滴滴」と評するところを承けているであろう。鈴木大拙は『臨済の基本思想』において見聞覚知の主体を「人」と称して実体視したのであるが、前田利鎌はあくまで実体なき作用とした点は、馬祖禅を継承した臨済の意を得たものと言える。

（四）河上肇の臨済論

河上肇（一八七九～一九四六）は一九三五年（昭和一〇年）に小菅刑務所の獄中で問答体の「宗教的真理について」という文章を執筆し、その中で『臨済録』にふれている。

『臨済録』には「你言下に便ち自ら回光返照して更に求めず、身心と祖佛と別ならざることを知つて、当下に無事なるを、方に得法と名づく」などと言ってありますが、ここに「回光返照」というのが即ち宗教的真理を把握するための方法でありましょう。それは意識自体を意識せよということなので、これを裏からいえば「外に向つて覓ること莫れ」ということになり、また外に向って求めないから「無事」ということにもなるのでありましょう。そして私の見る所では、その「無

> 事」なるものが、即ち真宗でいう所の「自力」の拋棄（ほうき）に当るのだと思います。「佛智不思議と信ぜさせたまひ候ひなば、別に煩はしくとかくの御計（おんはからい）あるべからず候。……他力と申し候ふは、とかくの計なきことを申し候ふなり。」（『末灯鈔』）という親鸞聖人の言葉が思い出されます。「無事」とは即ち「他力」のことです。（『河上肇評論集』二二二頁、岩波文庫、一九八七年）

河上によれば、人間は外界の事物にふれ、感官を通じて頭脳に投影するとき、知識が生ずるのであるが、それは心に映じた物の像について語っているわけで、世界の万物はことごとく心に映じ得ても、ただ心だけは例外で、心そのものが如何なるものであるかという問題は科学的真理の領域外に属さざるを得ない（心理学が取り扱うのは物としての心である）。意識（心、精神）は意識そのものを意識することはできないから、意識そのものの意識（我の自覚）を問題とするのは宗教的真理の領域である。したがって〈心とは何ぞや〉、〈我とは何ぞや〉、〈人生とは何ぞや〉という問題の解決、つまり宗教的真理の把握は「信」や「悟」といわれるものに依らざるを得ず、そのとき知識は何の役にも立たない。ではいかに把握せられるか、という問いに答えたのが右の引用である。

河上は「宗教的真理について」を書いた経緯を『自叙伝』（四）に叙べている（岩波書店、昭和二七年［一九五二］）。経済学者としてマルクス主義を奉じていた河上は、一九二八年（昭和三年）京都帝国大学の勧告に従い経済学部教授を辞任し、一九三二年（昭和七年）日本共産党に入党、翌年東京で活動中に治安維持法違反のかどで逮捕され、懲役五年の判決を受け（翌年特赦で四分の一減免）、小菅刑務所で服役していた。比較的自由な図書室勤務となったとき、検事から「何か研究して物を書け」と勧められ、「宗教は民衆の阿片なり」ということと関連して佛教の研究をすると約束をし、「宗教とマルクス主義（刑務所といへる特殊な環境の下に於ける一マルクス学者の思想推移の具体的なる個人的経験の記録）」を創作風に（すなわち問答体で）書いた。科学的真理の外に宗教的真理があり、これを最初に把握して説いた宗教的偉人たちの説は、のちには階級社会の諸関係のなかで光を喪うに至る、という枠組みの中に上記の論がある。「無事」とは浄土真宗の「他力」ということだとは、読んで意表を突かれる。なお、河上肇が晩年にのめりこんだ漢詩の創作は、読むとしみじみとした孤独と巧まざるユーモアが表われていて感動させられる（一海知義『河上肇詩注』岩波新書）。

（五）鈴木大拙『臨済の基本思想』

原題「臨済録の思想」、『哲学季刊』第五号［前篇一二五〜二二〇頁］、第六号［後篇二九六〜三六七頁］、大阪秋田屋書店、一九四七年／『臨済の基本思想――臨済録における「人」思想の研究――』、中央公論社、一九四九年／『臨済の基本思想』（『続鈴木大拙選集』第二巻、春秋社、一九五三年／『鈴木大拙全集』第三巻［三三七〜五六〇頁］、岩波書店、一九六八年。

本書ははなはだ読みにくい著作である。なぜか？　大拙は構想が熟して書いたのではなく、『臨済録』の基本思想が「個一者にして超個者たる〈人（にん）〉」だと思いついて、そのことをいかに論証するかの方法論がないまま書き綴り、脱稿後も十分な推敲はしなかったためである。かれの著作はほとんどそういう提唱か漫談のような書き方で、常に何かを書いていた多作の人だが、いったん書いたら、書き直しをしない人のようである。したがって著作は多いが、みな散漫で読みづらいのである。わたしも本書をかつて何度も通読しようとして中断挫折したが、本書が大拙の代表作だと言っている人でも、訊いてみれば、通読できなかったと告白している、まさに「読まれざる名著」である。

しかし、本書は大拙が全力で『臨済録』に取り組んだ、前人未到の研究である。執筆は戦前から戦後にかけての時代である（初出は一九四七年）。「敗戦前に完成していた」とも言われるが、たとい戦前にいちおう書きあげていたとしても、戦後になって補訂しなかったはずはない。戦前の『禅の思想』（一九四三年九月）、『日本的霊性』（一九四四年一二月）とは明らかに論調が異なるのである。ただ戦後の補訂が全面的ではなかったのであろう。たとえば、「平常心是道」について次のような戦争中の口吻をとどめる記述を放置しているのには驚かされる。いわく、「平常心とは、或る意味では神ながらの道である、また原始時代の民族心理である。漢意（からごころ）に煩はされず、まだ教壊の厄を蒙らぬ自然児の心理態である」（『鈴木大拙全集』第三巻三八〇頁。以下の引用はすべて全集版による）。臨済がこれを聞いたら驚くであろう。

大拙は上記の両著で戦前から展開してきた「霊性論」を、敗戦を契機に（あるいは敗戦を見据えて）「日本的霊性」とは別の問題として、すなわちこれまで抑下してきた「シナ人の霊性論」を新たに書こうとしていたと思われる。しかし当時は信頼できる中国禅思想史はおろか、まともな漢和辞典・索引さえもない、完全にひとりで暗中模索するしかない時代の、まったく孤独な研究であった。『臨済録』をあつかうのは禅宗の老師しかなく、その老師の提唱に満足できなかった大拙は、日本人による古い抄物や漢文の注釈をひとりで収集し、読みながら考え、考えながら書くという執筆であった。叙

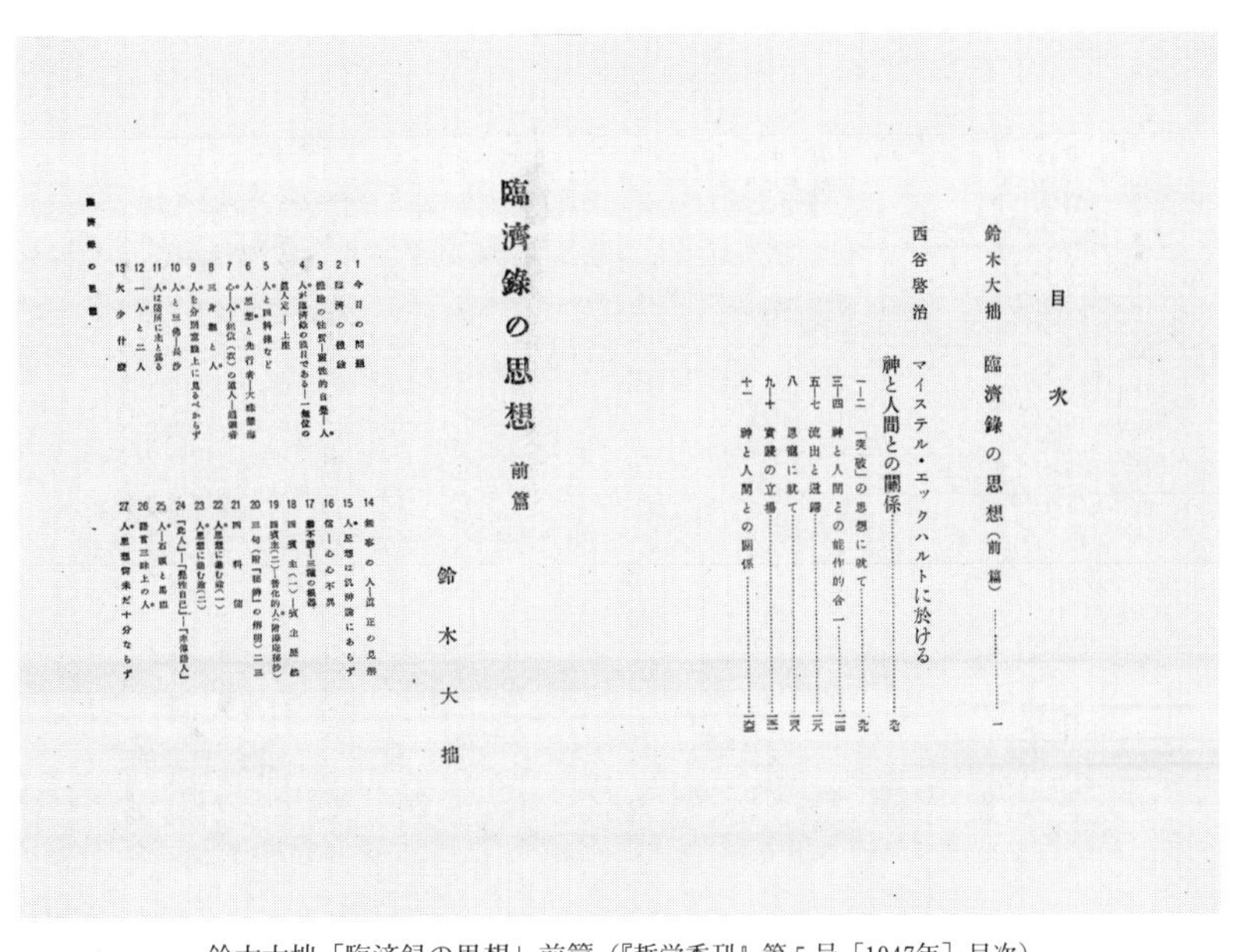

目次

臨濟錄の思想　前篇

鈴木大拙

鈴木大拙「臨済録の思想」前篇（『哲学季刊』第５号［1947年］目次）

述が散漫なのも、まことにやむを得ないことではある。

われわれ読者はまず自分なりに『臨済録』を読んだうえで、大拙の論を読むのでなければ、錯雑した叙述の帰趨するところを見失い、その雄弁な独断に幻惑されるばかりで、大拙が手あたり次第に使う殺し文句しか印象にのこらない結果に陥る。いまわれわれが大拙の著作を読むときに注意すべき第一の緊要事はこれである。読者は本書を読めば臨済の思想を理解できるとかんがえてはならない。まず自分なりに『臨済録』を読んでから、大拙が『臨済録』をどう理解しようとしたのか、どこでどう理解を誤ったのかを追跡するという読みかたをしなくてはならない。

またこの長篇評論は長期にわたって書き継がれたから、前後で基本的姿勢と用語に変化があることにも、注意が必要である。とりわけ本書冒頭から大拙が特段に力説していた「臨済は個一者にして超個者たる〈人(にん)〉を霊性的自覚によって体得した」という論は、本書後段では影をひそめるばかりか、以後かれ自身によって継承されなくなることも、考慮すべきである。たとえば、一九四七年の「『臨済録』講話」（全集第二八巻）、一九五四年の「『臨済録』講話」（全集第二九巻）はいずれも、本書のファナティックな調子とは打って変わった腑抜けたような話しぶりであり、晩年の「人――東洋の主体性」（一九六五年）、「無位の真人」（一九六六年、『新編 東洋的な見方』、岩波文庫、一九九七年）においても、かつての「個一者にして超個者」など一言も言わない。

「個一者にして超個者」という思想がどこから来たのか、この思想を堅持できなくなった原因はなにか、という問題も課題として解明されなければならない。本書は全三十八章、補遺二章から成る。大拙の所拠本は朝比奈宗源の岩波文庫旧版『臨済録』である。

【一】臨済の体験とその意義

冒頭にまず問題設定をする。（一）臨済は黄檗のところでどんな経験をしたのか？（二）それをどんな思想で展開したのか？　その前提は次の点であるという。

問ふに問はれぬほど、何か行きづまつたものがあつた。（三四四頁）

臨済は今日の看話禅者のやうに公案の工夫に行き詰つたわけではないことはわかる。今日の言葉で云ふ、人生の帰結とか、存在の理由とか、至上者観とか、世界観とか、真理の探究とかいふやうな宗教的・哲学的問題につきて、何となしに、別にこれとはつきりしたことなしに、不安の念に襲はれてゐたものであらう。このやうな漠然たる宗教的・哲学的不安の念は、何か定まつた極限せられた問題の形に転じて来ると、却つてより早く解決のつくものである。陳尊宿の睦州和尚はこれを心得てゐたので、臨済に「佛法の大意は？」と云つて、黄檗にぶつかつてみよと教へたのである。

（三四五頁）

そして三度問うて三度打たれた。

それで臨済は一度打たれるたびに、その究極の意義について深き反省を運らしたであらう。そしてその反省には固より分別意識上での往きつ戻りつがあつたであらう。併し、いくら往きつ戻りつしても、一たび分別意識の上を超え出ることができないと、到底解決のつくものではない。臨済は今までの漠然たる不安の代りに特定の問題を目の前につきつけられて、意識のはたらきは、

一定の方向（オリエンテーション）を獲得したが、行き詰り（アポリア）はもとの如くで、かはらない。（三四五頁）

そこで黄檗の指示で大愚のところへ行く。

　臨済は自分のどこにいけないところがあるのかわからなかつた。すると大愚は別に新たな指示を与へるでもなく、寧ろ黄檗の批評がましいことを喋舌つた。「黄檗はばかに老婆禅をやつてゐるのに、お前はわしの処へまでも来て、どこに過があるのか、ないのかなど云ふのか、この間抜けめ」と、怒鳴りつけた。これで臨済の胸に今まで鬱結してゐたものが遽かに爆破してしまつた。それで彼は叫んで、「黄檗の佛法なんて、何も大したものではないのだ」と曰つた。そしてそれからの彼の態度といふものは、前日と全くその趣をかへてしまつた。彼は今まで見なかつたものに目が覚めたのである。（三四六頁）

「臨済大悟」の一段を以上のようにたどって、つぎのように確認する。

　佛法の大意と云ふと、これは一つの思想的命題であるが、それと黄檗の「便打」との間には、何等論理的連絡は見えぬ。……してみると、臨済の悟りなるものは、論理的連続性を持たないと云はねばならぬ。論理的思惟が其間に容れられぬとすると、彼の悟りは直覚性のものでなくてはならぬ。論理的には何かの飛躍があつたものと云はなければならぬ。知性的に分別の過程を踏んで行つたものなら、佛法の大意は、「多子なし」でなくて、大いに「多子あり」でなくてはならぬ。分別的に意識的に論理の筋をたどつて、次から次へと進みつつ、遂に到るべきところへ到つたとすれば、今までの過程を顧みて、「ああ長い旅であった」とでも云ふべき次第であらう。然るに当面の場合では、「何だ、こんな事か」と云ふのである。（三四六頁）

臨済は佛法の大意を分別智の上で領会したのでなくて、直覚的に把握したのである。物事の領会といふものは最後は直覚である。……禅者の経験と一般知的過程を経ての領会との間には次元を異にしたものがある。それ故、臨済の直覚経験は、佛法の大意と云ふ知的に限定せられた命題に対してのものでなく、もつと根源的・具体的・最後的なものでなければならない。（三四七頁）

大拙はこういう理解であった（それは伝統的な理解でもあった）。ここの理解を誤ったことによって、大拙は臨済が「何を大悟したのか」がわからぬまま、「何かを直覚経験によつて体得」したと解したのである。

大拙は右のように『臨済録』の「臨済大悟」の記述の理解が不分明だったので、臨済が悟後にどう行動したかを見て理解しようとした。

黄檗も睦州も大愚も、今は臨済も、それぞれの立場で、何か知らず、分別智で固まった論理的思索以外のところに居て、そこから行動してゐる如く見られるのではないか。……さきに人から教へられて「佛法的的の大意」を恐る恐る先生に尋ね出た臨済、三度打たれても何が何やらわからなかつた臨済、然るに彼は今や師匠をも何とも思はずに一拳をも与へるほどの臨済になつた。彼がこの種の人格的転換は何によつて出来したものであらうか。彼は、どうしても、毘尼の厳守や経論の研覈から獲られなかつた何物かを、自らの存在そのものの裏（うち）から攫み取つたと云はなくてはなるま

い。彼の行動は思惟分別の上からの行動ではなく、彼が後に説くところの「全体作用」そのものではないか。（三四九頁）

彼と彼から出たものとの間には、思想とか思索とかいふものが介在してゐない、直接行動である（三五〇頁）

臨済が「一朝に自ら省す」と云ふのは普通の直覚ではなかつた。能所のある直覚ではなくて、能所を容れない自覚であつた。予はこれを霊性的自覚と云つて知性的直覚及び感性的なものと区別する。臨済の「自省」は、自が自を省するので、しかもその自は始めから分かれてゐないところのものなのである、霊性的自覚である。それ故に、全体作用が可能になる。臨済の言葉で云ふと、霊性は人である（「人」をすべて「にん」と発音す）。「一無位の真人」である。また「無依の道人」である。『臨済録』は、この人によりて説かれ、この人のはたらきを記録したものである。この人がわかると、この書を貫通してゐるものが攫まれる。彼はこの人を「自省」したのである。（同）

睦州に勧められて、「佛法的的の大意」と問ふことは問うたが、臨済自身に得たものは、佛法の大意でも教外別伝でも何でもなくて、個一者としての彼の存在の基体をなしてゐるところの人であつた。この人は超個者であつて兼ねて個一者である。換言すると、臨済は臨済であつて、また臨済ならぬものである。般若は般若でないから般若である。人は即非の論理を生きてゐるものである。（同）

黄檗を「築三拳」、「打一拳」したことを「体当りをやった」（三四八頁）、「全体作用」（同）、「直接行動」（同）だと見て、何かを知的分別で知ったのではなく、直覚的に把握した、いや、直覚したのでもなく、能所を容れぬ自省によって体得したのだ、それが「霊性的自覚」であり、「人(にん)を自省した」、すなわち「臨済は個一者にして超個者たる人(にん)を霊性的自覚の体験によって体得した」と理解した。

この論法は、まず大拙に「霊性的自覚論」があって、これを臨済の大悟にあてはめたというものである。後段「霊性的自覚――信」の章（第三一章）にいう、

ここで霊性的自覚といふことが考へられ得ると思ふのである。この自覚は知性的推究で達せられるのでない。知性的推究が極限に達して、どうしても一歩も進み得られぬといふとき、忽然として前面に展開するところのものである。この処は知性の領域を越えてゐるので、霊性と云ふのが最も適切だと思ふのである。（四八六頁）

臨済の所言のすべては、この霊性的自覚の上に立ってゐてのことであるから、これを了解するには、まづこの自覚の体得がなくてはならぬ。（四八七頁）

霊性的自覚なるものに到達するとき、人を体得する。『臨済録』の中心思想として既述した人は、実に霊性的自覚に外ならぬのである。（同）

人は霊性的自覚で、霊性的自覚は人である。それで人は超個者が個己の上にもつ自覚である。人は個己が超個者の上にもつ自覚である。（同）

ここでようやく明らかになった。大拙の「霊性論」は日本近世以来の臨済禅の公案参究がモデルで

あった。公案参究において知的追究が限界に達したとき、忽然と突破して袋小路が開け、自己を超えたものの存在を身近に感ずる。それが日本近世以来の臨済禅における悟りであるが、大拙はこれを「霊性的自覚」と呼び、このときの自己が「個一者にして超個者」である、すなわち「〈人〉たることを自覚する」とした。大拙は臨済の大悟をこのモデルで理解し、これを一般化したのである。

大拙は「臨済は思想の面で黄檗から受け継いだものはなかつた」（三六一頁）というが、そんなことはありえない。そのことは『臨済録』の示衆を読めば明らかである。大拙は臨済の独自性を〈人〉思想に見ているため、それが黄檗にない、と言っているのだが、それは当然である。大拙のいう〈人〉思想は、じつは薬山系の思想に近いのであって、黄檗は薬山系の思想の影響を受けなかったということであり、臨済も薬山系思想の影響を受けてはいないのである（後述）。

臨済の大悟とは、課題であった「佛法の大意」＝「黄檗の佛法」を悟ったのである。そのときの感興の語「元来黄檗佛法無多子！」の「多子無し」とは、「多子」（「多」の口語形）がない、つまり「一」（ひとつ）であること。それは黄檗が日常の説法でくりかえし説いていた「即心是佛」ということ、それこそが馬祖以来の唐代禅宗の核心「即心即佛」の教説にほかならない。臨済が三度「佛法的的の大意」を問うたのに対し、黄檗は三度とも、何も言わず、ただ打つだけであったのは、問うたその人こそが佛なること（即心是佛）、打たれて痛みを感ずる自己自身であることを、臨済みづからが省察するよう期待していたのである。それが大愚の言った「老婆心の切なること」の意味にほかならない。問うたその人自身が佛なのだ、というのが黄檗の佛法の核心なのであって、「個一者にして超個者たる人（にん）を霊性的自覚の体験によって意識した」というようなことではない。

【二】「無位の真人」の理解

大拙は「人が臨済禅の眼目である」として、つぎのように言う、

『臨済録』は、一部始終を通じて、この人を活躍せしめてゐると云つてよいのである。彼はこの人によりて黄檗の佛法に多子なきことを知つたので、彼は全力を挙げてこれを宣揚するに勉めるのである。これを十分に了得すれば、『臨済録』卒業と云つてよい。（三五二頁）

大拙は〈人〉を『臨済録』全体の基本思想と考えた。すなわち「無位の真人」の一段の理解の問題である。原文は以下のとおり。

上堂云：「赤肉団上有一無位真人，常従汝等諸人面門出入。未証拠者看看！」時有僧出問：「如何是無位真人？」師下禅牀把住云：「道！道！」僧擬議，師拓開云：「無位真人是什麼乾屎橛！」便帰方丈。

大拙は次のように理解している。

〈赤肉団〉は肉体そのもの、〈面門〉はすべての感官をいうとしておく。（三五二頁）

〈一無位の真人〉が人間の諸官能を通して働くのである。吾等が通常この身体と見、心意識と考へてゐる個者をして、その存在とその作用を全からしめるところの一物——これを「一無位の真人」と云ふのである、或は那一人——人人具足底の那一人——とも云ふのである。（同）

『臨済録』に展開せられる思想の中心は実にこの人の一字をめぐつてゐるのである。荷沢神会は知の一字に荷沢宗の中軸を置いたが、臨済は実に人の一字でその宗旨を確立させた。臨済宗の命脈は一に懸つて人に在りと謂つてよいのである。（三五三頁）

「無位の真人」の一段の解釈については第四章を参照されたいが、この有名な上堂は、格調高く切り出された「無位の真人」の説法が失敗に終わり、臨済は「無位の真人」の揚言を悔いつつ、不機嫌に方丈へ引きあげざるを得ず、以後、かれは二度とこの語を使わなかったのも、このような誤解を恐れたためである。大拙のようにたんに「無位の真人」の一語だけからその意義を推し量るのは、解釈の誤りというほかない。

人間の見聞覚知の感覚作用を佛性の発露とするのは、馬祖以来の唐代禅宗の基本的な考えかた（「性在作用」）である。馬祖は佛性に一切の形而上的・超越的なるものを排した。では、大拙の「個一者にして超個者たる〈無位の真人〉」という〈人（にん）〉思想はどこから來たのか？　それは馬祖禅への批判として登場した石頭・薬山系（のちの曹洞宗）の思想なのである。このことは皮肉なことに、大拙が〈人〉思想を検討するとして、以下に唐代禅の諸資料中に〈人〉思想の淵源を探る（第二三章以後）なかから明らかになる（後述）。

臨済の思想の核心を『臨済録』のどこに見い出すべきか？　大拙は「上堂」中の「無位の真人」の一段にそれを求めた（それが伝統的な見かたである）。『臨済録』テクストの成立論から言うと、「示衆」部分が早くからまとまったかたちで存在した（十世紀後半）が、いっぽう臨済義玄の伝記にかかわる伝承は、早い時期には知られず、臨済宗が成立する時期（十世紀後半〜十一世紀）になって宗祖の事跡を必要とした時、ひとつずつ加えられていったと推測される。『臨済録』のもっとも古い形態をとどめる『天聖広灯録』はこれを反映して、伝記にかかわる伝承をまとめて巻十に、「示衆」を巻十一に収録している（巻十一の末尾にはさらに後集の逸事数則を補う）。したがって、巻十に収録された記録（これはのち圓覚宗演によって「行録」、「勘弁」、「上堂」に分類される）は成立が晩く、その内容には臨済以後の思想が含まれる。ゆえに臨済自身の思想の核心を探るには「示衆」に拠るべきである。「示衆」は「真正の見解」とはなにかをめぐって展開される。これが臨済の思想の核心、すなわち「基本思想」である。

大拙の「無位の真人」の理解を以下に見てみる。

（無依は）一無位の真人が、赤肉団そのものをかなぐり捨てて、露堂堂として立つの義である。（三六二頁）

面前聴法底の人は「眼耳鼻舌身意」の個一者で、而してまた実に「無眼耳鼻舌身意」の超個者であるから、最も現実的具体性をもった実有なのである。（同）

ここでは大拙がはっきりと「無位の真人」を実体的にとらえている。これは臨済がもっとも恐れた誤解である。

無依（衣）の道人は、個即超個、超個即個である（三六三頁）

超個者は、いつも個一と共に有り、共に語つてゐる。（三六四頁）
超個者は個一によりてそのはたらきをはたらくことができる。（三六五頁）
人は超個者であつて、そしてそのまま個多の世界であるから、人人面前で説法聴法を解するものであり、それと同時に「諸佛の母」たることを得るのである。（三八四頁）

傍線部は大拙がはっきりと、「超個」の面を「臨済の面前で聴いている大衆」ではなくて、大衆の面前で聴法している「不欠少性の真人」（三八三頁）の意味で理解していることを示している。

ここで大拙が考えている「個と超個」の関係は、薬山系の僧たちの問答にもっともよくあてはまる。つぎの例を見よ。

薬山が雲巌に問う、「何をしているのか？」雲巌、「水を運んでおります。」薬山、「あれはどうした？」雲巌、「ちゃんとおります。」薬山、「そなたがうろうろしているのは、誰のためか？」雲巌、「あれに替って行き来しております。」薬山、「どうしてあれに一緒にさせぬのか？」雲巌、「和尚、あれを馬鹿にしてはいけませぬぞ。」薬山、「そう言ってはいけない。」そしてみずから言った、「あれは高貴だから水を運んだりしたことがない（と言うべきだ）」。（『祖堂集』巻四「薬山章」）

雲巌が茶を煮ていたとき、道吾が問うた、「何をしているのかね？」雲巌、「茶を煮ている。」道吾、「誰に飲ませるのかね？」雲巌、「飲みたい人がいるのだ。」道吾、「どうしてそいつに煮させないのかね？」雲巌、「さいわいおれがいるからな。」（『祖堂集』巻五「雲巌章」）

ここに現われる「あれ」、「そいつ」（原文「那箇」、「渠」、「伊」、「他」）はみな佛性の擬人化、大拙のいう「超個」にほかならない。がしかし、対話からわかるとおり、完全な一人二役、どこまで行っても一人なのであって、超越的主体の存在は排除されていると言うべきである。薬山系の人たちはしばしばこんな道化芝居のようなことを演じて、かれらの奉ずる「佛性の尊貴性」を確認していたのである。

大拙は自身の所論の根拠となっている『臨済録』の一段を引いている。まず原文を引くと、

大德！你且識取弄光影底人，是諸佛之本源，是一切道流帰舍処。是你四大色身不解説法聴法，脾胃肝胆不解説法聴法，虚空不解説法聴法。是什麼解説法聴法？是你目前歴歴底，勿一箇形段孤明，是者箇解説法聴法。

禅師がた諸君、まずは光を操っている人を見分けよ。それが佛のおおもと、どの修行者もそこへ帰りつく根源なのだ。法を説き法を聴くことができるのは、君という無常なる身体でもないし、内臓器官でもないし、また虚空の如き法身でもない。ではいったいなにか？　君という、わが目前に紛れもなく存在する者、しかも決まった形なく、ひとり輝いている、これこそが法を説き法を聴くことができるのだ。【四六】示衆一（3）「光影を弄する人」）

大拙は傍線部を次のように訓読している。

是れ你が目前歴歴底、一箇の形段勿くして、孤明なる、是れ這箇説法聴法を解す。（三七〇頁）

「你が目前」と読み、そして、次のような解説をしている。

> すべての名言、すべての衣裳は、みな是れ「光影」である。そしてこの光影を自在に使ひ得るもの、それが人である。この人が説法を解し、聴法を解するのである。が、これを你の色身、または「自の色身」そのものと解してはならぬ。これは個多の世界に属するものである。活物ではない、勝義における活物でない。人にまで向上させられたものでない。（同）

大拙の理解によれば、「説法、聴法を解する」ものが〈人〉（にん）であり、それは「色身」ではなく、「色身という個多の世界に属さない活物」であり、「向上させられたもの」である。佛教学では真理の説法ができるのは佛という「法身」であり、大拙もその常識を知っていたはずであるから、結局「法身」を〈人〉（にん）に置きかえているのである。が、臨済はここで、説法、聴法できるのは「色身」でもない、「虚空」（法身の喩え。「法身は虚空の如し」という）でもないと言う。佛は説法はしても聴法などしないのであるから、「法身」のことを言っているのではないことは明らかである。「色身でもない、法身でもない」、そういう佛教学に規定されないその者を、「今、わが目前にわが説法を聴いている你ら」と言っているのである。「光影を弄する底の人」は「色身でもない、法身でもない」、「君という、わが目前に紛れもなく存在する者、しかも決まった形なく、ひとり輝いている」者なのだと言っているのである。

「光影」は「光」を二音節にした口語、「弄」も一種の口語的代動詞で、ここでは（光を）「発する」、「放つ」という意味で用いられている。前の段に言うように六根の感覚作用を「六道の神光」を発すると言い、「六道の神光を発する佛としての你という、今わたし（臨済）の目前に法を聴いている」作用のことを指している。大拙は「光影を弄する」という語を誤解して、「名言、衣裳」などという臨済が持ち出すネガティヴな方便を想像しているが、そうではないのである。

そのことに関わって重要なのは、原文「是你目前歴歴底，勿一箇形段孤明」というときの「是你」が「目前歴歴底…」と語法的に同格なのであり、「目前」とは常に話者（すなわち臨済）の目の前をいうということである。大拙は「是れ你が目前歴歴底…」と訓んで、つまり「それがきみたちの目前で」と解しているのは、それが「無位の真人」であり、〈人〉（にん）であるというように超越的、実体的に受け取っているのである。この類の句の語法的検討は入矢義高先生の「禅語つれづれ」（一九六八年。のち岩波現代文庫版『増補 求道と悦楽 中国の禅と詩』、二〇〇一年）の「秖你」の項および「臨済録雑感」（一九八一年。同上）でなされており、柳田聖山「臨済義玄の人間観」（一九六九年。のち『臨済録』解説「臨済の説法」、大蔵出版、一九七二年）も覆講しているから、もういまさらの感があるが、『臨済録』の読みかたに、いまだに大拙の誤読の影響があるので、ここで復習しておくのも無駄ではない。以下は「秖你」、「是你」、「還是你」、「還是道流」の例である。

（一）你若能歇得念念馳求心，便與祖佛不別。你欲得識祖麼？**秖你面前聽法底**是。

きみがひたすらに求めまわる心を終熄したなら、そのときこそ達磨と変わらぬ。きみは達磨に逢いたいか？　他ならぬきみという、わが面前で説法を聴いている者こそが、それなのだ。

ここを大拙は次のように訳している。

君達は、祖師（佛でも人でもよい）とは、何だ、誰だと知りたいと云ふであらうが、彼は君達の面前に居る、そして今わしが云ふところを聞いてゐるものが、それである。（三八八頁）

これが大拙の「你欲得識祖麼？秖你面前聽法底是」の理解である。この訳ではどうしても「もうひとり」の人にならざるを得ない。

（二）是什麼解説法聽法？**是你目前歴歴底**，勿［原誤物］一段孤明，是者箇解説法聽法。若如是見得，便與祖佛不別。

ではいったい何が説法聴法できるのか？他ならぬ君という、わが目前にありありと存在する者、決まった形なくしてひっそりと輝く、これこそが説法聴法できるのだ。……

（三）你欲識文殊麼？**秖你目前用處**，始終不異，處處不疑，此箇是活文殊。

きみは文殊に逢いたいか？他ならぬきみという、わが目前の活動こそが、常に文殊と異ならず、どこにあっても疑う余地のない、これこそが活きた文殊というものだ。

（四）道流！**是你目前用底**，與祖佛不別。秖麼不信，更向外求。莫錯！向外無法，內亦不可得。

諸君、他ならぬきみという、わが目前で活動する者こそが、達磨と同じなのだ。……

(五) 世與出世，無佛無法，亦不現前，亦不曾失。設有者，皆是名言章句，接引小兒，施設藥病，表顯名句。且名句不自名句，**還是你目前昭昭靈靈，鑒覺聞知照燭底**，安一切名句。

世間にあっても出世間にあっても、佛や法などというものはない。われわれの前に姿を見せたこともなく、消え失せたこともない。たといあったとしても、みな分からず屋に聞かせる名前や文句、効能書き、宣伝文句だ。しかも名前はそれ自身で名前たりうるのではない。じつに、きみという、わが目前できらきらと活き活きと感覚をはたらかせ、ものを照らし出している者こそが、一切の名前をつけるのだ。

(六) 三界不自道：我是三界。**還是道流目前靈靈地照燭萬般，酌度世界底人**，與三界安名。

この世の三界は自分で、おれは三界だなどと名のりはしない。じつに、きみたちという、わが目前で活き活きと万物を照らし出して、その世界を品定めしている者こそが、三界に名をつけるのである。

上掲（一）の例は『景德伝灯録』巻二八に引かれるところでは「秖你」が「即你」となっているが、やはり主語を強く提示する用法で（周知のように「即心是佛」［心こそが佛である］がこれである）、敦煌変文のような口語文学にも会話中に頻繁に使われる口語的用法なのである。（三）の「秖你目前用處」を大拙は「你が秖目前の用処」（三七二頁）と訓んでいるが、この語の用法に関わって理解を誤る原因となっている。問題はやはり、こうした臨済の語る「わが（臨済の）目前のきみたち」が「個一者にして超個者」という含みで言われているか、という一点にかかっている。大拙の「個一者」とは色身、「超個者」とは法身を、近代的術語で言い替えたのである。

> 臨濟の云ふ人は、超個者に即した個一者の謂ひである（三七〇頁）
>
> 人は「一箇の形段勿くして孤明歴歴」たるものであるから、個一者ではあり得ない、個多の世界に居るものではない。併しながら個多の世界以外に居るものでもない。個多の世界以外に居るものは、名言のみで実有でない。最も豊富な具体性をもつ実有は、個多の世界に居て、しかもそれに転ぜられないところのものである。（三七一頁）

じつは大拙も「人思想は汎神論にあらず」（第一五章）と言って、〈個一者にして超個者たる人（にん）〉が超越的実在の神なのではないことをくりかえし説明しようとしている。しかしその説明じたいが不得要領で、つまり大拙自身の理解が曖昧で、肉体をもった個人が同時にそれを超えた神性をそなえた「真人」である、というのはいったいどういう関係なのか、説明に窮した大拙は、そこで「はたらき」ということを持ち出し、「目前（空間的）現今（時間的）聴法底人」の「聴法」が独自の「はたらき」だと言う（三八六頁）。そこからの連想で「全体作用」（示衆）の例文を引き、引きながら意味を理解できず、文脈を無視して、「〈全体作用〉は、人それ自体の全面がはたらき出ることを云ふのである」（三八七頁）などと雄弁に附会しているが、これでは説明にも論証にもなっていない。臨済が「聴法底の人」と言うのは、見聞覚知の作用こそが佛性の発露であるという馬祖禅の「性在作用」説にもとづいているのである。そういう禅思想史の脈絡を無視して、〈個一者にして超個者たる人（にん）〉を臨済独自の思想として突出させようとしたための破綻である。

大拙はこういう「人（にん）」の活動する描写として、下記の「示衆」を掲げて説明しようとするが、解釈を誤っている。

> 道流！山僧説法，説什麼法？説心地法。便能入凡入聖，入淨入穢，入眞入俗，要且不是你眞俗凡聖。能與一切眞俗凡聖安著名字，眞俗凡聖與此人安著名字不得。

> 諸君！　わたしの説法は何を説くか？　心という法を説くのである。たとい凡聖・浄穢・真俗二諦の世界に入ることができても、しかし心は凡聖・真俗となる諸君なのではない。心が真俗・凡聖などあらゆる観念に対して名前を付与するのであって、真俗や凡聖の観念がこの人を、そうした名前でもって枠づけすることはできぬ。

第一句の「便〜要且…」は「たとい〜だとしても、しかし結局は…」という譲歩の句型。主語は省略されているが「心地」である。「（心が）凡聖・浄穢・真俗の世界に入る」とは修行者がさまざまな精神世界を探求、体験することを言うにすぎない。「凡に入り、聖に入り…」という臨済の話は、「人（にん）」の自在な活動なのではなく、善財童子のような虚しき行脚遍歴を言っているのである。

大拙はここを、

> 凡聖に入り浄穢に入り真俗に入って、しかも凡聖にあらず、浄穢真俗にあらざるものが、人である。凡聖等に入りて、凡聖等の名字を安著するとは、この人が個多の世界を離れて在るものでない

が、また能くこの世界から超脱することのできるものであることを謂ふのである。個多の世界に居て、自らも一個の個者であるものは、凡聖等のために名字を安著し得ない、即ち個多の世界を超越することのできないものである。……人は個であると同時に超個であり、超個であると同時に個であるところの怪物である(三七一～三七二頁)

というような「人(にん)」の超越的な活動と解釈している。臨済は「示衆」でこの種の言いかたをくりかえし用いているので、以下にそのすべてを引いてみよう。

問:「如何是眞正見解?」師云:「你但一切入凡入聖,入染入淨,入諸佛國土,入彌勒樓閣,入毘盧遮那法界,處處皆現(案:當作見)國土成住壞空。佛出于世,轉大法輪,却入涅槃,不見去來相貌,求其生死,了不可得。便入無生法界,處處遊履國土,入華藏世界,盡見諸法空相,皆無實法。唯有聽法無依道人,是諸佛之母,所以佛從無依生。若悟無依,佛亦無得。若如是見得者,是眞正見解。學道人不了,爲執名句,被他凡聖名礙,所以障其道眼,不得分明」。

問う、「正しい見かたとは?」師、「きみがもし一瞬一瞬に凡聖、染浄の世界に入り、佛国土に入り、善財童子のようにあの弥勒の楼閣に入り、毘盧遮那法界に入ったとしても、どこでもその国土が生滅をくりかえすのを見るだけだ。佛陀は世に出て、法を説き、そのあと涅槃に入ったが、そこに生死去来の姿は見えず、求めてもありはしない。たといきみが無生滅の真理の世界に参入し、至るところの佛国土を経めぐり、蓮華蔵世界に入ったとしても、〈一切は空にして、実体はない〉ことを知るだけだ。ただ今ここでわたしの説法に聴きいっている〈無依の道人〉こそが、佛をうみだす本源だ。したがって佛は〈無依〉から生まれる。もし〈無依〉を悟ったなら、佛を求めることもないのだ。以上のように会得したなら、それが正しい見かたである。修行者はそこがわからないから、言葉に執着して、凡聖の名前に妨げられるために、結果、道眼をふさがれて、明確に見ることができないのだ」。

你一念心生三界，隨縁被境，分爲六塵。……一刹那間，便入淨入穢，入彌勒樓閣，又入三眼國土，處處遊履，唯見空名。

きみの一瞬の思念が三界を作り出し、縁にしたがい外境にふれて、六つの感覚対象となるのだ。……一刹那の間に、たとい浄穢の世界に入り、弥勒の楼閣に入り、また三眼によって現われた国土にも入り、あちこちを経めぐったとしても、そこに実体のない空なる名前を見るにすぎない。

道流，一刹那間，便入華藏世界，入毘盧遮那國土，入解脱國土，入神通國土，入清淨國土，入法界，入穢入淨，入凡入聖，入餓鬼畜生，處處討覓尋，皆不見有生有死，唯有空名。

諸君が一刹那の間に、たとい自在に蓮華蔵世界に入り、毘盧遮那国土に入り、解脱国土に入り、神通国土に入り、清浄国土に入り、法界に入り、浄穢の世界に入り、凡聖の世界に入り、餓鬼道・畜生道に入って、あちこちに尋ね求めたとしても、そこに生や死の姿はなく、あるのは実体のない空なる名前だけである。

ここに、「さまざまな国土に入る」と言うのは、ちょうど『華厳経』入法界品の善財童子のように多くの善知識にまみえてその教えを受け、思想遍歴をかさねること、一念を起こしてさまざまな思想的、宗教的世界を探求、経験することを指しているのであるが、じつはそれはただの観念上の、実体のない空しい名辞の世界を遍歴するだけにすぎないのだ、名辞に惑わされないのが無依の道人である、というのである（『華厳経』入法界品の教学的解釈では、善財童子が五十三員の善知識を段階ごとに訪うのを望ましい参尋としているが、これを空しい行脚と見るのは禅的解釈である）。ここは当時の修行者の行脚遍歴、学修ぶりを、臨済が皮肉な口吻で述べていることに注意すべきであって、外に求める行脚を早く切り上げるよう忠告しているのである。したがってこういう遍歴を「自由自在な無依の道人のはたらき」（柳田聖山の理解［佛典講座版『臨済録』九三頁の注］。また無著道忠の理解も同様である［『疏瀹』一二九六頁下の注「忠曰：你者呼無依道人，即心法也。此那一人能入真俗凡聖而不混真俗凡聖，其體無改變也」］）と取り違えてはならない。無依の道人はさまざまな名辞による観念世界、衣装に惑わされないゆえに無依なのだ。これは臨済の思想の重要な特色である。これを、「超個者にして個一者たる〈人〉（にん）」のはたらきとかんがえるのも、同様に誤りである。

大拙は一九五七年にエーリッヒ・フロム、リチャード・デ・マルティノとともにメキシコで開いた「禅佛教と精神分析（Zen Buddhism and Psychoanalysis）」会議における「禅佛教に関する講演」（Lectures on Zen Buddhism）で、自分が理解した臨済の「人」をthe Manと大文字で訳し、引用した『臨済録』の英訳においてもすべて、このGodを思わせるこの訳語を使用している。漢語の「人」をわざわざ自分の馴染んでいる日本臨済宗の読みくせの呉音で「にん」と読ませ、自分の特殊理解にもとづいてthe Manと訳すなど、大拙という人ははたして本当に「国際人」だったか、疑わしい（右の講演集には日本語訳がある。『禅と精神分析』東京創元社現代社会科学叢書、一九六〇年）。

大拙は「〈人〉の自主性と超絶性」（三七七頁）を一人が兼ね具えているとして、次の『臨済録』の「上堂」を引く。その解釈も問題である。

上堂云：「一人在孤峯頂上，無出身之路；一人在十字街頭，亦無向背。那箇在前，那箇在後？不作維摩詰，不作傅大士。久立，珍重！」

上堂して言った、「一人は高く聳える山の頂上にいて、救済の方便を持たぬ。一人は往来のはげしい十字路に院を建てて接化し、迎合も見捨てもしない。諸君はどちらが優れていると思うか？　わたしは維摩詰を気取らず、また傅大士をまねない。長く立ってご苦労であった。おんみ大切にされよ！」

大拙の解釈はつぎのとおりである。

これは公案の形になつてゐて、今日も実際に公案として用ゐられてゐるが、人を二つに分けたところが臨済の賊意だとも云へる。一人はどう、今一人はどうといふふうに話されてゐるので、孤峯頂上と十字街頭とを二人の上に見んとするのであらうが、その実は二人ではなくて、「乾坤只一人」

> である。但〻この人を測る角度の差からして二面に見られるのである。十字街頭に動くことが孤峯頂上に在ることであり、孤峯頂上に在ることが十字街頭に動くことである。「那箇か前……、那箇か後……」と云ふも同じ事である。人には前も後もない。維摩詰であると同時に傅大士であり、傅大士であると同時に維摩詰である。人はその置かれて在るところで働く、佛に入り、魔に入ると云ふのである。（三七八頁）

この解釈はおそらく「室内の公案」の取り扱い方から来ているのであろう。大拙の講釈も提唱のような調子である。写本『密参請益録』に「弁云、維摩ハ向上也。傅大士ハ向下也。向上向下トモ一致ニテアルト見テソロ」（柳田聖山編禅学叢書唐代資料編、『臨済録抄書集成』、中文出版社）というのと同じである。この一段は唐代禅宗史の問題として理解すべきである（第五章参照）。

【三】〈人〉思想の淵源

大拙は「超個の〈人〉を個一の上に明らめんとした努力の跡」を、池州杉山智堅、薬山惟儼、潮州大顛、水空和尚、趙州従諗、丹霞天然、龍潭崇信、道吾圓智、洞山良价とたどるなかで、

> 大体に云ふと、石頭・薬山系の禅者には人思想に触れたものが多いやうである。（四五四頁）
> 石頭・薬山・道吾・雲巌・洞山などといふ所謂る青原下に属する人〻には、割合に人思想に到るべきものを取り扱つた禅者が多いやうである。（四五九頁）

大拙は〈人〉思想の形成史をたどろうとして、このことを発見した。〈那一人〉、〈本来身〉、〈本来

人〉、〈主人公〉が、大拙のいわゆる〈人〉であるならば、それはがんらい薬山系のひとびとが、中唐馬祖禅の「即心即佛」、「性在作用」、ゆえに「無事」であればよいとした主張に満足できず、みずからが現実存在以上の何か（つまりは〈法身〉のことであるが）であることを希求して、その本来性を〈那一人〉、〈本来身〉、〈本来人〉、〈主人公〉などと呼んだものであり、唐代禅を二分する石頭・薬山系の禅はそのように形成されたのであった。そして晩唐五代に至って、馬祖禅の再検討ということが禅思想の中心的課題となり、それぞれに探究されて五家に展開してゆくのである。『臨済録』の「示衆」に述べられるのは、徹底した馬祖禅の思想であって、石頭・薬山系の禅の特徴たる〈那一人〉、〈本来身〉、〈本来人〉、〈主人公〉等の思想は見られない。臨済は「超個」などというものを認めないのである。上堂の「無位の真人」の段にのみその片影がうかがわれるが、上述のとおり、その超越的側面が誤解され、臨済はただちに取り下げねばならなかった。したがって、大拙が臨済に〈人〉思想を認め、これをその「基本思想」とかんがえたのは、まったく根拠のない誤解だったということになる。本書第三五章「霊性的自覚と知性的分別」のところまで来て、大拙の思索はようやく実のある解説をするようになった。「霊性的自覚と知性的分別」の関係を次のように言う。

　臨済の人思想を会するのは、上記の如く、霊性的自覚と知性的分別とを峻別するのが捷径である。……但〻知性そのものが自らを喪身失命するとき、霊性的自覚の体験が出る。自覚はどうしてもただ知性の捨身を要求する。これは知性の絶対的没落を意味するものでない。知性は却つて是れに由りて自らの根源に徹して、その運用に一段の正確性と活動躍進を加ふることになる。……

それが即ち霊性的自覚である。（五〇六〜五〇七頁）

しかし、「知性的分別の限界」、「知性的分別がどういうふうに、『臨濟錄』で批判されているか」の例として、次の上堂を引き、意訳を附しているところも問題である。

上堂云：「但有來者，不虧欠伊，摠識伊來處。與麼來，恰似失却；不與麼來，無繩自縛。一切時中，莫亂斟酌。會與不會，都來是錯。分明與麼道，一任天下人貶剝。久立，珍重！」

上堂して言った、「わたしのところに来て参問する者には、その意図を見抜き、期待に背かず対応してやる。〈あるがままで来る〉のは、失ったも同然、〈あるがままで来ない〉のは、みずからを縛るもの。いかなる時もむやみに忖度してはならぬ。〈わかった〉も〈わからぬ〉も、すべて誤っている。わたしの立場はこうであるとはっきりと言明しておく。江湖の評価など、どうでもよいことだ。長く立ってご苦労であった。おんみ大切にされよ！」

大拙の意訳と解釈は以下のようである。

何でもここへ出て来るものがあれば、即ち何とかかとか云つて来るものがあれば、自分は悉くそのものの全貌を観察することができる。彼はどんなところを根拠にして意見を樹ててゐるかを見抜くのである。もしかうだと云つて肯定的に出て来るものがあれば、全然さうでないとは云はぬまでも、何だか物足らぬ面があつて、本から失くしないものを失くしたやうだと云へる。それから今度

> は否定的態度で出て来るものがあるとすれば、それは元来否定も肯定もないものに対して自らの繋縛の縄を綯ふことになる。何れも思料卜度の跡を暴露せぬものはない。真正の見解はいつの時でも思料卜度（斟酌）の外に在る。会したとか会しないとか、かうだとかああだとか云つている限りは、すべて錯、錯である。真正の見解ではない。自分はこの点に対していかにもはつきりした考へを持つてゐるので、断然として自分の主張を述べる。世間の人達は「臨濟め、何を広言するか」とけなすであらうが、それは自分の関知したところではないのである。（五〇八～五〇九頁）

そしてこの主題を、「臨済がここで云はんとするところは、与麼と不与麼との両辺に堕ちざるを得ない知性的分別の立場に対して挑戦を宣言するのである」（五〇九頁）と解し、知性的分別一般の問題としたが、ここの「与麼」と「不与麼」というのは、唐代禅思想史においては馬祖系と薬山系の違いを言う術語（行語）であるということをふまえて理解すべきである（第五章参照）。

以下は第三七章「妙色身相から人へ」の記述である。

> 解脱は消極的言葉であるが、それは、この書で使ふ言葉に直すと、霊性的自覚といふことに外ならぬ。解脱は知性的分別の論理から離れる義で、この離脱の事実があれば、それはそのままで霊性的自覚の体得なのである。即ち人の全貌が脱体現成するのである。（五一二頁）
>
> それは「如来の妙色身相」といふことである。これは臨済の人に外ならぬ（五一三頁）
>
> 普遍がそのまま個己でなくてはならぬ。（五一四頁）
>
> 「你、祖佛を識ることを得んと欲するか。祇、你が面前聴法底是れ也」と云はれるとき、祖佛は

もはや吾等を離れて向う側に立つて居られる、有難き妙好身ではなくて、四大五蘊所成のこの身そのままといふことになる。これは固より何れの禅者によりても体取せられ行取せられたところであるが、それが一つの思想となつて、人といふものに道取せられるとき、臨済の臨済たるところがある。（五一四〜五一五頁）

霊知渾融の當体が人である。（五一五頁）

知性的分別が直ちに霊性的自覚に通じて、見聞覚知の個一が個一ならぬもの、そしてまた、その個一ならぬものが個一であるとき、所謂る見聞覚知の主人公が自覚せられるのである。この自覚は能所なき自覺であることは、前来屡〻繰り返したところである。（同）

このあたりになると、前に頻出していた「個一者にして超個者」という定義が言われなくなって、「見聞覚知の主人公」と言っている。じつはこれが大拙の論の根拠だったのである。第四章にも「一無位の真人、那一人――人人具足底の那一人」（三五二頁）と言っていたが、本書の後半になって、「人――本分の那一人」（三九四頁）と言っており、大拙のいう〈人（にん）〉とはいわゆる薬山系にいう「本来人」のことだったのである。最終の第三八章「人の成立」において、

霊性的自覚の上に成立する人は知性的分別の所産でないことを記憶しておかなければならぬ、……分別せられ、推理せられた自我は、どこかに対立性をもつてゐるので、自覚者ではない、本当の見聞覚知の主人公ではない。……人は分別では捉へられぬ、霊性的自覚を待たなければならぬ。（五一九頁）

聞かうと思うて聞いてゐるものは、本当の自分でない、不生でないと、盤珪は教へるが、その通りである。聞かうと思うて聞いてゐるものは、考へられた、分別せられた自分で、臨済の人と間違へられてはならぬところのものである。著者は今ペンで字を書いてゐる、不意に誰か後から錐で一寸背をつつく、痛いと云ふ、――この痛いと云ふものが、不生の当体、見聞覚知の主人公、臨済の人である。（五一九～五二〇頁）

達摩所伝の心無心は、慧能に至りて見性となつた、そしてここで明確に禅思想史上に一転機を劃した。神会は、「知の一字衆妙の門」と云つて、慧能の見を知に換へた、また一見識たるを失はぬ。馬祖に至りて用が唱へられた。馬祖の禅は大機大用の禅となつた。臨済は更に一転した、見と知と用とを綜合して人となした。人は甚だ示唆に富んだ概念である。（五二一頁）

と言う。この最終章に至って、大拙は〈人（にん）〉をさらに「見聞覚知の主人公」と再定義して、自分なりの禅思想史に臨済の〈人（にん）〉を位置づけた。そういうことであったのならば、たしかに「見聞覚知の主人公」は唐代禅思想史の一大問題であった。馬祖系の禅思想では「見聞覚知」のはたらきこそが、人人具有の佛性の発露なることの確認であって、それは作用としてのみ表われ、その実体的主宰者を認めなかったのであり、これに対して石頭・薬山系は「見聞覚知の主人公」という、肉身とは次元の異なる主宰者たる法身を重視したのであった。とはいえ、かれらにとって、法身と肉身とは一体であり、肉身とは別に独立した実体としての法身を立てたのではなかった。そうすると、大拙によれば、石頭・薬山系のいう「見聞覚知の主人公」にして、馬祖の大機大用のはたらきをなすものが、じつは臨済の〈人〉であったということになり、要するに大拙の臨済論はふたつの思想を折衷したということになるのである。「無位の真人」はたしかに「見聞覚知の主人公」の擬人化ではあった。しかし、臨済はそれを実体視していたかは、上述のとおりであって、平心に見れば、『臨済の基本思想』の構図は単純な、しかも俗流折衷論に帰するのである。

【四】もうひとつの功績

本書のなかで、大拙は時には次のような非常にまっとうなことも言っている。

> 全体作用とは人自体の生成的行為を云ふのであるから、根器などといふやうなものに滞つてゐるべきでないのである。下記、臨済は三種の根器を云云してゐるが、詮ずるに、閑葛藤にすぎない、老婆禅の至りと謂ってよい。（三九五～三九六頁）

> 三種の根器論、四種の主客相見論も、畢竟ずるに許多の誵訛にすぎない、人それ自体とは没交渉である。（三九七頁）

また「三句」、「三印三要」（第二〇章）、「四料簡」（第二一章）においては、これら『臨済録』中の禅的法数について、大拙ははじめは解釈しようとしてうまく説明できず、もてあまし、ついに投げ出して、抄物（『秘録』、『秘抄』、『秘弁』）を長々と引いて、結局納得がゆかず、最後にはこれらを「教相家の常套」、「甚だ禅的ならざるもの」（四三〇頁）と言い、伝統的解釈への不満を表明したのであるが、それなら無視すればよいものを、まだ引きずっているのである。これらの法数は、じつは臨済下の法孫によって附加された部分であって、そのことは『臨済録』テクスト形成史の問題として解決できることである。

さらに末尾の「附記」として、普化の段に出る「毛呑巨海」について抄物『密参請益録』などを引き、「これはまた別に研究すべき事項である」（五五八頁）が、日本江戸時代における抄物を、

当時の禅者はこのやうな概念を用ゐて公案の検討に資したものであらう。そしてこれは何時の場合でもさうであるが、彼等は却つてこれらの概念に囚はれて、公案の詮索を、その根本のところ、その本質のところで、しなかつたのである。これは禅者をして却つて教家の所為に倣はしめるもので、そこに、前者の堕落の第一歩を看取し得るのである。（五五九頁）

と評した。大拙は密参録の類の抄物から理解の手がかりを得ようとして、ついに役立たずだと判断し、抄物の価値をはっきりと見きわめた。これが『臨済の基本思想』のもうひとつの、あるいは唯一の功績である。

（六）山田無文『臨済録』

上下二冊、写真二葉［提唱者近影、揮毫「黄檗佛法無多子」］、「はじめに」五頁、目次、馬防序（訓読のみ）提唱録四四六頁［上堂、示衆、勘弁、行録］、河野太通「あとがき」二頁、索引、禅文化研究所、一九八四年／第二版、一冊本、二〇一二年／『山田無文全集』第五巻、二〇一二年。

本提唱は山田無文老師（一九〇〇～一九八九）が神戸祥福寺僧堂師家として、昭和二九年（一九五四、老師五四歳）の雨安居から翌年の雨安居にかけておこなわれたものである（山田無文老師の経歴は『無文全集』巻一六「自伝」参照）。老師は生涯四度にわたって『臨済録』を講ぜられ、これはその最初の提唱の録音であった。それから三十年後に、禅文化研究所編集部がこれを筆録し出版したのが本書である（あとがき）。

本提唱の特色は、まず第一に、提唱というものが、修行者たちに向かって、「禅とはなにか」、「修行するとはどういうことか」、「見性（悟り）とはどういうことか」を明らかにすることでなければならないという、提唱のあるべき範を示している点にある。提唱の性格について、柴山全慶『無門関講話』にはつぎのように規定している。「提唱とは、特定の公案について、師家が自分の禅体験または境涯を弟子たちに直接具体に直示し、且つ根源的な立場から公案を標唱するものであって、雲水の求道修行の方向を示唆し、且つその参究心を激発することを主眼とする。これに対して講義は、禅を教理的、思想的に説明して、学生にそれを知識的に理解させることを目的とするもので、一種の文化活動としての性格を持ち、実際の禅修行とは直接の関係はない」。この点から言えば、本書は「提唱」というものの本道を行く、もっとも高質の正統派である（以下の引用は一冊本による）。

你、諸方に言う、「道に修有り証有り」と。錯まること莫かれ。

世間の人は、禅宗では修行をして佛になる、修行をして悟りを開くのだと言うのであるが、とんでもない間違いじゃ。二十年や三十年修行して凡夫が佛になれるわけはない。修行をしてみたところが煩悩だらけだ。飯を食わねば腹は減る。寝ずにおるというわけにもいかん。

そうではない。人々は修行せんでも、ちゃんと立派なものを持っておると決定せねばいかん。悟りを開かんでも佛性はちゃんとあると徹底せねばいかん。ご信心をいただかんでも、如来さまはちゃんと救うておってくださると決定せねばいかん。そこが衆生本来佛なりということだ。修行してから佛になるのではない。悟ってから佛になるというのではない。オギャアーと生まれた時から、佛であり、みんなお助けをいただいているのである。そこを誤解してはいかん。（一五一頁）

生きておるものをたしかに知りにけり　泣けど笑えどただなにもなし

至道無難禅師の歌だ。それが見性だと言うのである。それを、何か泣いたり笑ったりするものがあるだろうと思うて、そこで一生懸命になって坐禅なぞをしておったんでは、こいつは分からんテ。そうかといって、動くところが禅ならば、犬も動いておるし、猫も動いておる。活潑々地に動いているが、そのものには根もなく幹もなく株もない。本來無一物のやつが活潑々地に動いていくと自覚しなくてはいかん。（二二六頁）

世間の宗教というものは、善と悪と、幸福と不幸と、金持ちと貧乏という対立の世界におって、良いほうを与えてやろう、そうして立派な人を取り込もうと焦っておるのだ。そういうところへ行って、喜んで感激しておるのが、世間の亡者どもだ。臨済はそういう対立した世界にはおらんのだ。凡人が出て来ようが、聖人が出て来ようが、金持ちが出て来ようが、乞食が出て来ようが、何ぞ差別はない。何ぞ相手に動かされるようなものは一つもない。それなら内に何か持っておるのかというならば、内、根本に住せず、だ。外に出て来るものには何ものにもとらわれず、それなら内に無字の根本なぞというものを持っておるかいうたら、そんなものも持っておらん。……
こういうのを真正の見解と言うのである、佛知見を開くと言うのである。禅というものは何も与えるものではない。何もありがたいものを示すのではない。みんなが目を開くということ、すべてを見ていく絶対主体性をみんなが開くということ、そういう目を開かせるということが臨済の宗教じゃ。（一〇七頁）

第二に、本提唱が従来のように伝来の「書入れ本」や「講本」に拠って講ずるのではなく、老師みずからの信念と研究にもとづいてなされた点に特色がある。本書が読者を圧倒する比類ない気迫に満ちているのは、まさにこのことに由来している。老師は提唱中でもこのことにふれて語っている。「示衆」の「大策子上に死老漢の語を抄し、三重五重の複子に裹んで、人をして見せしめず、『是れ玄旨なり』と道って、以て保重を為す。大いに錯まれり。瞎屢生、你、枯骨上に什麽の汁をか覓めん」という一節の提唱である。

大策子とはノートのことだ。大きなノートに、形だけ修行して悟りを開いたという役に立たん老師方の言葉を書き込んで、ごていねいに三重五重にも風呂敷に包んで、本箱の中にしっかりとしまい込んで、なかなか人に見せん。「わしのところには白隠の書入れのある碧巌録がある」とか、「わしのところには隠山の書入れ本がある」とか、「いや、わしのところには大灯国師の書入れ本がある」なぞと言ってみんなが大事そうにしまっておる。どこでもそうだ。ようやく修行ができ上って悟後の修行になると、その珍重してしまってある書入れ本を写させてもらうのである。二年も三年もかかって、白隠が何と言うたの、隠山が何と言うたのということを書き込ましてもらう。それが秘伝だ。やれ提唱だといえば、それを読んでいくのだ。三百年も、五百年も、六百年も前の人の言うたことを、一九五五年の今日なお、それを読んでいくのだ。

そんな提唱が何の役に立つかッ。現代の社会とどう関係するのじゃ。師家だの老師だのと言われる連中がみんなそれじゃ。何百年も前の老師方の言葉を書き込んで、珍重して、なかなか見せてくれん。絶対秘密だ。そしてそんな古臭い、黴の生えたような、死んだ人の言葉を珍重がって、それを読んで、これ提唱だと言うておる。また、みんながそれをありがたがって聴いておる。大いに錯まれ了れりだ。とんでもないことだ。禅なぞというものは、そんな古い本の中にありはせんッ。碧巌録そのものが古いではないか。大慧宗杲は焼いたではないか。その碧巌録の横の隅のほうに、虫眼鏡で見にゃ見えんような小さい字をいっぱい書き込んで、それを読んで提唱だ講釈だのと言うたって、何の役に立つか。原子爆弾の飛んで来るような時代に、そんな古い言葉を読みあげて、珍重がっておってどうするかッ。

瞎屡生（かつるせい）、你、枯骨上に向って、什麼（なん）の汁をか覓めん。

瞎屡生ッ。一人だって現代の言葉で、自分の言葉で提唱のできる和尚がどこにおるか。瞎屡生だ。そんな髑髏のような、味もシャシャリもないような古い骨をかじって、何の味があるか。什麼の汁をか覓めんだ。

なぜ、自分の言葉をしゃべらんか。なぜ、現代の言葉で禅が説けんか。クソの役にも立たんわいッ。みんなを指導していく老師だの師家だのという連中がそれじゃから、それをありがたがって聴いている雲水どもがみんなその真似をするのだ。高座の上では立派に碧巌を説くが、高座を下りたら、もう碧巌は分からんではないか。見台をたたいては立派に臨済録を説くが、元町の真中へ行ってコーヒー飲みながらになったら、もう臨済録はなくなるではないか。そういう、ニセ坊主のところでいくら修行をしても何の役にも立たんわい。（二四四〜二四六頁）

臨済宗の従来からの「書入れ本」、「講本」には隠山系と卓洲系があり、同じく白隠下でありながら、書き込みの内容にも相違があるとされ、無文老師は圓福寺、妙心寺、天龍寺で修行した隠山系の人であるが、祥福寺は卓洲系であって、住持になる時に異議が出たと言われる。老師のこの提唱の調子にもこういう事情が背景にあったかもしれない。

第三に、『臨済録』の「示衆」の主張は「無事禅」の高唱であるが、本提唱もこれに保留をつけることなく、臨済の思想として敷衍していることである。これは「無事禅」を批判した「白隠の書き入れ本」等に依拠せず、老師みずからの理解にもとづいた提唱であることによる。

第四に、本提唱のもつ魅力は『臨済録』の中心たる「示衆」の思想を、臨済になりかわって縦横無尽に説き明かすところにあるが、「上堂」、「勘弁」、「行録」というテクスト成立上に問題のある段は、勇ましいだけの立ち回りのように見え、提唱も「示衆」部分のような明快さを欠いている。唐代の禅僧の施為動作は唐代禅思想史の背景を説明しないと理解しにくい。唐代禅の思想史的な解明は近年になってようやく端緒に就いた研究である。無文老師は、「禅堂に一日もおったことのないやつが、やれ〈禅と哲学〉だの、やれ〈禅と科学〉だの、やれ〈臨済禅の性格〉だのと、本を読んだだけで何もわからんくせに、自分に分別、知恵で想像を逞しゅうし、西洋の哲学を考えるような気持ちで、禅を考えておるのだ」（二四六頁）と言われるが、それは当時には老師がたを唸らせるような優れた研究がなかったせいでもあろう。

附録　『臨済録』研究史年表

八六六　臨済義玄禅師圓寂（唐咸通七年）。

九～一一世紀　臨済下の児孫興化存奨（八三〇～八八八）、南院慧顒（生卒年未詳）、風穴延沼（八九六～九七三）、首山省念（九二六～九九三）、汾陽善昭（九四六～一〇二三）、石霜楚圓（九八六～一〇三九）の時代に臨済の語録が形成され、北宋初に単行本『臨済録』成書。これが『四家録』（馬祖、百丈、黄檗、臨済の語録）に収められる。

一〇三六　李遵勗編『天聖広灯録』に『四家録』を収む（巻八～巻一一）。

一〇八五　黄龍慧南、『四家録』を校訂す（楊傑序）。

一一二〇　圓覚宗演が黄龍慧南校訂『四家録』の『臨済録』をさらに補訂重開す（馬防序）。

一一三八　晦室師明、『古尊宿語要』を増広して『続開古尊宿語要』を編成し、宗演本重開『臨済録』を収む。

一二六七　覚心居士、『続開古尊宿語要』を増広して『古尊宿語録』を編成す。

一二九八　雪堂刻単行本『臨済録』（元大徳二年ごろ）
一三二〇　日本初刻『臨済録』（五山版、元応二年）
一三六三　師啓跋『四家録』（南京図書館蔵明版）
一四三七　日本永享版『臨済録』（五山版、永享九年。のち『大正新修大蔵経』第四七冊に収む）
一四九一　日本延徳版『臨済録』（五山版、延徳三年）
一六～一八世紀の『臨済録』刊本
明応九年版〔一五〇〇〕、慶長一八年古活字版〔一六一三〕、元和八年古活字版〔一六二二〕、寛永二年古活字版〔一六二五〕、寛永四年古活字版〔一六二七〕、寛永九年版〔一六三二〕、寛永一四年版〔一六三七〕、正保三年版〔一六四六〕、慶安元年版〔一六四八〕、慶安二年版〔一六四九〕、承応元年版〔一六五二〕、万治三年版〔一六六〇〕、貞享二年版〔一六八五〕、元禄一二年版〔一六九九〕、享保一二年版〔一七二七、無著道忠校写〕、享保一七年版〔一七三二〕等多種。
一六～一九世紀の『臨済録』抄物（注釈）
沢庵宗彭『臨済録抄・五逆人聞雷』、玉舟宗璠『臨済録直記』、古帆周信『臨済録密参請益録』、某氏『臨済録考』（寛永三年、一六二六）、某氏『臨済録抄』（漢字抄、寛永七年、一六三〇）、萬安英種（？）『臨済録抄』（仮名抄、寛永九年、一六三二）、『臨済録夾山鈔』（承応三年、一六五四）、見叟智徹『臨済録瑞巌鈔』（寛文一一年、一六七一）、晫同守信『臨済録拈古』（延宝八年、一六八〇）、鉄崖道空『臨済録撮要鈔』（元禄四年、一六九一）、某氏『臨済録考』（元禄一〇年、一六九七）、耕雲子『臨済録摘葉鈔』（元禄一一年、一六九八）、某氏『臨済録考』（享保七年、一七二二）、無著道忠『臨済錄疏瀹』

（享保一一年、一七二六）、『提州和尚手鈔講本』、『隠山和尚講本』（白隠和尚提唱の記録、一八・一九世紀）、象海慧湛『臨済録備考』（延享四年、一七四七）、某氏『臨済録鈔』（江戸中期）、某氏『臨済録聞書』（江戸中期）、誠拙周樗『臨済録密抄』（〜一八二〇）、某氏『臨済録梗概秘訣』（江戸末期）等多種。

二〇〜二一世紀の『臨済録』の注釈、講義、提唱、研究書

勝峰大徹『臨済録講義』（光融館、一九一二）、釈宗演『校訂臨済録』（森江書店、一九一八）、同『臨済録講話』（光融館、一九二四）、中原鄧州『提唱臨済録』（大阪屋号書店、一九二〇）、岡田乾児『臨済録贅弁』（真風会、一九二五）、前田利鎌『臨済・荘子』（大雄閣、一九二九）、間宮英宗『臨済録夜話』（森江書店、一九三二）、同『聖典講話 臨済録』（新興出版社、一九三五）、朝比奈宗源『臨済録』（岩波文庫、一九三五）、鈴木大拙『臨済の基本思想』（中央公論社、一九四九）、陸川堆雲『臨済及臨済録の研究』（喜久屋書店、一九四九）、同『臨済録詳解』（真禅研究会、一九五九）、足利柴山『臨済録提唱』（大法輪閣、一九五四）、古田紹欽『臨済録の思想』（春秋社、一九五六）、同訳『臨済録』（角川文庫、一九六二）、立田英山『臨済録新講』（誠信書房、一九五八）、足利柴山・高橋新吉『佛教の聖典 臨済録』（宝文館、一九六〇）、柳田聖山『訓注臨済録』（其中堂、一九六一）、大森曹玄『臨済録新講』（黎明書房、一九六四）、無著道忠『校訂臨済録』（平野宗浄整理、禅文化研究所、一九六六／『定本臨済禅師語録』春秋社、一九七二）、柴山全慶『臨済の禅風』（春秋社、一九七〇）、柳田聖山『臨済ノート』（春秋社、一九七一）、同訓注『佛典講座 臨済録』（大蔵出版、一九七二）、同訳注『世界の名著（続三） 禅語録』「臨済録」（中央公論社、一九七四）、同編『臨済録抄書集成』（禅学叢書唐代資料編、中

文出版社、一九八〇）、同訳注『臨済録』（中公クラシックス、二〇〇四）、秋月龍珉『禅の語録　臨済録』（筑摩書房、一九七二／『世界古典文学全集』「禅家語録Ⅰ」、一九七二）、張伯偉釈訳《臨済録》（中国佛教経典宝蔵精選白話版，佛光山宗務委員会、一九九七）、久松真一・西翁『臨済録』（青山書院、一九七八）、平田精耕『提唱臨済録』（柏樹社、一九八四）、山田無文提唱『臨済録』（禅文化研究所、一九八四）、春見文勝『自筆臨済録』（禅文化研究所、一九八八）、公方俊良『臨済録に学ぶ経営の活路』（産業能率大学出版部、一九八八）、入矢義高訳注『臨済録』（岩波文庫、一九八九）、和尚ラジニーシ『臨済録』（めるくまーる、一九九一）、Urs.App『臨済録一字索引』（花園大学国際禅学研究所、一九九三）、里道德雄『禅の真髄　臨済録』（日本放送出版協会、一九九五）、楊曾文編校《臨済録》（中国禅宗典籍叢刊、中州古籍出版社、二〇〇一）、沖本克己『臨済録』（禅語録傍訳全書、四季社、二〇〇二）、小川隆『臨済録　禅の語録のことばと思想』（岩波書店、二〇〇八）、町田宗鳳『生きてるだけでいいんだよ―〈臨済録〉自由訳による―』（集英社、二〇〇九）、衣川賢次訳注『臨済録』（新国訳大蔵経中国撰述部『六祖壇経・臨済録』、大蔵出版、二〇一九）。

第七章　『臨済録』のテクスト

この章では『臨済録』のテクストについて概説をするのであるが、『臨済録』のテクスト問題とは、（一）前章の「『臨済録』研究史年表」に列挙した諸本の系譜を作成すること、（二）諸本間の文字の異同を校訂して正しいテクストを確定すること、および（三）『臨済録』の形成を考えること、具体的には『臨済録』に収録された各則の弁偽、すなわち臨済義玄の事跡として伝承された話のなかに後世創作の有無を弁証することである。

第一節　『臨済録』テクストの系譜

『臨済録』テクストの系譜は、諸本を時系列に配してその源流、継承関係を検討することによって作成できる。『臨済録』テクストのもっとも早い形態は北宋の李遵勗編『天聖広灯録』（一〇三六年成書）に見られる。その巻一〇、巻一一の臨済部分は以下の構成をとっている。

『天聖広灯録』巻一〇

Ⅰ．江西黄檗山における大悟

【一】大悟

【二】栽松

【三】普請

【四】閉目坐睡

【五】鑊
【六】飯頭
【七】馳書
【八】相送
【九】超師

Ⅱ．河北臨済院（一）
【一〇】上堂（一）無位の眞人
【一一】什麼処よりか来る
【一二】払子を立てる（一）
【一三】上堂（二）喝

Ⅲ．河北臨済院（二）
【一四】普化（一）赴斎
【一五】普化（二）掣風掣顛
【一六】普化（三）驢鳴
【一七】普化（四）搖鈴
【一八】普化（五）全身脱去

Ⅳ．河北臨済院（三）
【一九】一老宿

【二〇】晩参示衆 四料簡
【二一】露柱
【二二】糶米
【二三】座主
【二四】德山三十棒

V. 河陽府王常侍請昇座
【二五】大悲千手眼
【二六】金屑
【二七】昇座(一)称揚大事
【二八】昇座(二)師承
【二九】昇座(三)佛性

VI. 増補(一)
【三〇】初祖塔
【三一】払子を立てる(一)
【三二】上堂(三)更に一頓を思得う
【三三】剣刃上の事
【三四】石室行者
【三五】杏山

【三六】趙州
【三七】龍牙
【三八】径山
【三九】上堂（四）与麼と不与麼
【四〇】上堂（五）孤峯頂上と十字街頭
【四一】上堂（六）途中と家舎
【四二】両手を展開す

Ⅶ．遷化

【四三】遷化時の上堂

『天聖広灯録』巻一一

Ⅷ．示衆

【四四】～【九五】

Ⅸ．増補（二）

【九六】龍光
【九七】三峯
【九八】大慈
【九九】華厳
【一〇〇】一尼

【一〇一】翠峯
【一〇二】象田
【一〇三】明化
【一〇四】一婆
【一〇五】鳳林
【一〇六】金牛

『天聖広灯録』はⅠ．「江西黄檗山における大悟」のあとに、河北での活動をⅡ．「河北臨済院（一）」、Ⅲ．「河北臨済院（二）」、Ⅳ．「河北臨済院（三）」、Ⅴ．「河陽府王常侍請昇座」という章立てをし、Ⅶ．「遷化」との間にⅥ．「増補（一）」の事跡や上堂、問答を補う構成になっている。『天聖広灯録』巻一一はⅧ．「示衆」ののちに、「師行脚時」以下十一段が附加されているのは、あきらかに後に収集された第二次の補遺部分（Ⅸ．「増補（二）」）であり、その最後の二段には潙山・仰山の問答が添えられていることから、江西仰山を発源地として補入された段であることがわかる。

臨済の説法（「示衆」）を記録した古い資料として、『祖堂集』巻一九「臨済和尚章」と『宗鏡録（すきょうろく）』巻九八に断片的な引用があり、『景徳伝灯録』巻二八「諸方広語」にはややまとまった「示衆」がある。

『宗鏡録』は永明延寿（九〇四～九七六）撰、北宋建隆二年（九六一）成書。

『祖堂集』の「臨済章」は五代南唐保大一〇年（九五二）に一巻本の序が書かれてより以後約一〇年のあいだに一〇巻に増広され、南宋には失伝したが、高麗に伝わった一〇巻本が、新羅・高麗資料を増補して二〇巻に再編され、高麗大蔵経再雕事業に際して刊刻（高麗高宗三二年、一二四五）、その版木は今も慶尚南道伽耶山海印寺に韓国国宝・世界文化遺産として保存されている。『祖堂集』の「臨済章」はその増広部分に属する。
『景徳伝灯録』は蘇州永安道原が編纂した『佛祖同参集』二〇巻を北宋景徳二年（一〇〇五）に上進し、楊億らの刊削改訂をへて大中祥符二年（一〇〇九）に『景徳伝灯録』三〇巻として刊刻宣布された。これらには唐末五代ないし北宋初期の古い記録、つまり臨済没後一〇〇年後の資料が収録されている。
『天聖広灯録』巻一一には「示衆」のすべてを収録している。

この四種の資料を対照させてみれば、それぞれの位置関係が明らかになる。この作業を通して、まず臨済没後一〇〇年後のころには臨済の「示衆」はすでに定型を成していたこと、また、『宗鏡録』、『祖堂集』、『景徳伝灯録』は『天聖広灯録』から抜粋して、それぞれの書物の性格に応じて文字の調整をはかったものであることがわかる。一見すると、『宗鏡録』、『祖堂集』、『景徳伝灯録』から『天聖広灯録』へ、簡から繁へと増広されたように見えるが、実はそうではなく、『天聖広灯録』から抜粋したもので、「祖本はひとつ、異文が派生した」と見るべきである。『天聖広灯録』は三書より成書が遅いから、三書は『天聖広灯録』がもとづいた「四家録」（馬祖、百丈、黄檗、臨済の語録の集成）から引用したのである。

明版『四家録』（南京図書館蔵）には北宋元豊八年（一〇八五）の楊傑の序があり、

古人は往（ゆ）けると雖（いえど）も、公案は猶お存す。積翠の老南は、頭（はじめ）より点検し、字字審的（しんてき）にして句句差（たが）わず。

古人は亡くなって久しいが、その遺された公案は今に伝えられている。積翠庵の慧南公はこれをはじめから丹念に点検され、一字一句慎重に誤りなく校訂がなされた。

と言っているから、黄龍慧南（一〇〇二～一〇六九）が「四家録」を校訂したことが知られる。かれが江西黄檗山の積翠庵に住したのは北宋治平三年（一〇六六）前後である。一方、北宋末宣和二年（一一二〇）の馬防の序をもつテクストが『続開古尊宿語要』（嘉熙二年、一二三八）に収録されている。それは福州鼓山の圓覚宗演が「重開」した単行本テクストで、馬防序は楊傑序を模して書かれているから、黄龍慧南校訂の「四家録」の臨済録部分（『天聖広灯録』がこれを収録している）を取って補訂再編したことがわかる。この再編はもとの編成に大幅な変更を加え、全体を、

「上堂」（臨済院における短い上堂説法と問答）、
「示衆」（臨済院における比較的長いまとまった説法）、
「勘弁」（臨済院で来参者と交わした対機問答）、
「行録」（諸方行脚時代の機縁問答）

に整頓し、さらに「小伝」を附し、『景徳伝灯録』等から八則を増補して、宋代編集の禅語録としての体裁を整えたものである。これが『続開古尊宿語要』に編入され、さらにより完備した唐宋禅家の語録総集『古尊宿語録』（南宋咸淳三年、一二六七）に受け継がれた。元代になって、『古尊宿語録』の臨済録部分をふたたび抽出して単行化し、また日本においても同じように『古尊宿語録』からの単行本が室町時代に五山版としてあいついで出版されるにいたった。これが現在日本で一般に読まれているテクストである（たとえば岩波文庫本の底本）。

臨済の語録の形成は、「示衆」部分が早くから定型を成していたのに比べ、「上堂」、「行録」、「勘弁」に相当する伝記資料はまとまったかたちでは存在せず、個別に散在していた資料が、のち臨済宗の形成期に宗祖の伝記が必要となって、諸資料から収集され、「上堂」、「行録」、「勘弁」に採録されていった。したがって、早く成立した「示衆」以外の則については、ひとつひとつの則ごとに個別にその来歴を考え、弁偽を加える作業が必要となる。

以上のことがらを、ひとまず『臨済録』テクストの系譜として図示してみよう（次頁。括弧内は現存しないテクストであることを示す）。

『天聖広灯録』に収める『臨済録』テクストが古い伝承によるものであることは、その用字法からも知られる（以下の引用は原文のままの正字を用い、校記を［　］内に記す）。

大愚云：「黄檗恁麼［『四家録』、『続開古尊宿語要』、『古尊宿語録』作「與麼」］老婆，爲汝得徹困。更來者裏［明版『四家語録』、『続開古尊宿語要』、『古尊宿語録』作「這裏」］問有過無過！」（『天聖広灯録』巻一〇）

大愚は言った、「黄檗はあんなに老婆心切に、おまえのためにくたくたになるまで対応してやっているのに、おまえときたら、ここまで来て、『わたしに誤りがあったのでしょうか』などと問うとは！」

【校記】『天聖広灯録』の「恁麼」を『四家録』、『続開古尊宿語要』、『古尊宿語録』は「與麼」に作っ

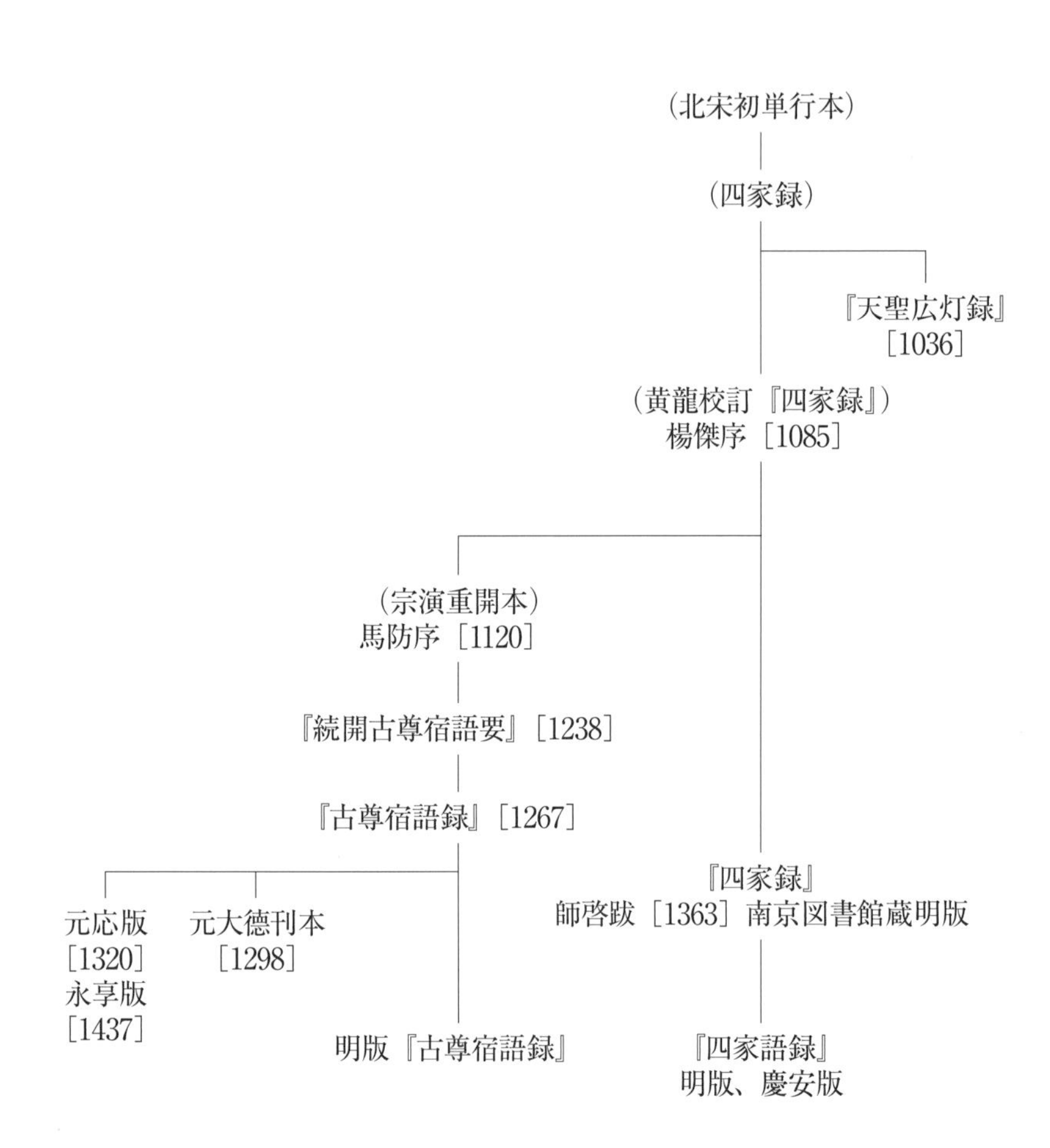
（北宋初単行本）
（四家録）
『天聖広灯録』
［1036］
（黄龍校訂『四家録』）
楊傑序［1085］
（宗演重開本）
馬防序［1120］
『続開古尊宿語要』［1238］
『古尊宿語録』［1267］
元応版
［1320］
永享版
［1437］
元大徳刊本
［1298］
明版『古尊宿語録』
『四家録』
師啓跋［1363］南京図書館蔵明版
『四家語録』
明版、慶安版

ている。「與麼」と「恁麼」は同義、いずれも中古漢語の近称の指示代名詞であるが、「與麼（摩）」は唐代から、「恁麼（任摩）」は五代から宋代以後に現われ、「與麼（摩）」は宋代に消失するが、同時並行的に使われた時期をへて、しだいに「恁麼」に収斂してゆく。「者裏」は明版『四家語録』および『続開古尊宿語要』、『古尊宿語録』は「這裏」に作っている。「者」も「這」も唐代になって出現した中古漢語の近称指示代名詞である。呂叔湘氏は「早い時期の文献中に見られる近称指示代名詞の表記は〈者〉、〈這〉、〈遮〉である。この三つのうち、『敦煌変文集』と『祖堂集』には〈這〉と〈者〉が多くもちいられ、〈遮〉は『祖堂集』には見られず、『敦煌変文集』には三例のみ、『景徳伝灯録』ではほとんど例外なく〈遮〉をもちいている。数種の単行の禅語録では〈者〉または〈這〉が多く、宋儒の語録、宋人の詩詞・筆記では〈這〉が多く、ときおり〈遮〉が見られ、宋元の平話と金元の曲になると一概に〈這〉だけとなる」（『近代漢語指代詞』、学林出版社、一九八五年）と言う。「者」は文語の連詞的用法（～者）としてもちいられることが多いため、指示詞としては独立性が弱く、まれに「赭」（敦煌写本『歴代法宝記』P. 二一二五）、「⿺辶者」（敦煌写本『双恩記』Φ〇九六）などの過渡的な表記が現われるが、混同を避けてしだいに「這」へと規範化されてゆく。したがって、『天聖広灯録』と『四家録』が「這」をもちいず、「者」で一貫しているのは、古い表記を留めているわけである。すなわち用語法から見て、『四家録』は『天聖広灯録』と明版『四家語録』および古尊宿系（『続開古尊宿語要』、『古尊宿語録』）のあいだに位置することがわかる。

第二節 『臨済録』テクストの校訂

つぎに、テクスト校訂の例を三則挙げる。本文の校記を［ ］で示す。

［一］是什麼解説法聽法？是你目前歷歷底物一段［『四家録』作「勿一箇形段」］孤明，是者［古尊宿系作「這」］箇解説法聽法。（『天聖広灯録』巻一一「示衆」）

では、いったい何が法を説き、法を聴くことができるのか？ まさにきみたちという、わが目前にありありと、しかし形もなくひとり輝いてあるもの、これこそが法を説き、法を聴くことができるのだ。

【校記】『天聖広灯録』の「是你目前歷歷底物一段孤明」を『四家録』は「是你目前歷歷底勿一箇形段孤明」としている。「物」は「勿」の誤りである。「勿」は無の義。もし「物」だと前の「歷歷底」につけて、「是你目前歷歷底物，一段孤明…」となるが、そうすると「你の目前にある物」ということになり（これが大拙のいわゆる「人（にん）」の思想である）、これでは臨済の意を得ない。「形段」は肉体をいう佛教語。後文に「無一箇形段，歷歷孤明，學人信不及，便名句上生解」（何の固定したすがたもなく、しかしありありと輝いているものを、修行者は信じきれず、言葉の解釈ばかりしている）とあるのに拠って、ここは『四家録』の本文を採用すべきである。また「即今識取聽法底人，無形無相，無根無本，無住處，活撥撥地。應是萬種施設，用處秖是無處所，［所］以覓著轉遠，求之轉乖，號之爲秘密」（今こそ法を聴いているその人を見よ！　それは姿たかたちなく、根もなく、きまった置き所もなく、活潑に活動し、どんな方便手立ても、それに対して施しようがない。ゆえに捉まえようとすれば、ますます離れてゆく。これを秘された真実と呼ぶ）と言っているのも、参考になる。

『宗鏡録』巻九八に引く臨済の「示衆」も「是箇什麼物？ 歴歴地孤明，勿箇形段，是者箇解説法聽法」であり、『景徳伝灯録』巻二八に引く臨済「示衆」も「是汝目前歴歴孤明，勿形段，者解説法聽法」である。『天聖広灯録』と同じく古いかたちの「示衆」を収録している大慧『正法眼蔵』巻上に引くところは、「是甚麼解説法聽法？ 是你目前歴歴底物一段孤明，是遮箇解説法聽法」となっていて、『天聖広灯録』と同じく「勿」を「物」に誤っている。

〔二〕大徳！且要平常，莫作模様。有一般不識好惡禿兵［古尊宿系「兵」作「奴」］，便即見神見鬼，指東劃西，好晴好雨。如是之流，盡須抵債，向閻老前呑熱鐵丸有日！（『天聖広灯録』巻一一「示衆」）

禅師がたよ！　まずは平常であれ！　人まねをするでない！　もののよしあしもわきまえぬゴロツキ坊主どもは、狐ツキをやって、あれこれ指さしたり、『よき晴れかな』、『よき雨かな』などとほざいておる。こいつらこそ借金を償うために、死んでから閻魔王の前に引き出され、焼けた鉄の玉を呑まされる日がくる。

【校記】ここに出る「不識好惡禿兵」は、後文の「不識好惡老禿兵」、「瞎老禿兵」とともに『天聖広灯録』と『四家録』の「示衆」が古いかたちを留める貴重な例として、柳田先生が力説されたところである（中公クラシックス版『臨済録』六頁）。古尊宿系（『続開古尊宿語要』、『古尊宿語録』、単行本）および明版『四家語録』、『聯灯会要』巻九「臨済章」はこれらをみな「不識好悪禿奴」、「不識好悪老禿奴」、「瞎老禿兵」に改めている。しかも『天聖広灯録』、『四家録』にも、「不識好悪老禿兵」と「瞎老禿兵」のあいだに一箇所「不識好悪禿奴」という、改めた文がはさまっているのは、すでに改変が始まっていたことをものがたる。古い示衆のかたちを収録する大慧『正法眼蔵』巻上の引用でも同じく、この部分は「禿兵」である。「禿兵」とは僧を悪しざまにののしる罵語であるが、あまりにひどい罵語であるため宗演に忌避されたのであろう。陶岳『五代史補』巻三「彭夫人怒報恩長老」の段に次のような話がある。

　文昭夫人彭氏，封秦國夫人，常往城北報恩寺燒香。時僧魁謂之長老，問曰：「夫人誰家婦女？」彭氏大怒，索檐子疾驅而歸。文昭驚曰：「何歸之速也？」夫人曰：「今日好沒興！被個老禿兵問妾是誰家婦女。且大凡婦女皆不善之辭，安得對妾而發！」文昭笑曰：「此所謂禪機也。夫人可答弟子是彭家女、馬家婦，然則通其理矣。何怒之有乎！」夫人素負才智，恥不能對，乃曰：「如此則妾所謂無見性也。」於是慚赧數日。

　楚の文昭王（馬希範）の夫人彭氏は、秦国夫人に封ぜられた。かつて長沙府の城北の報恩寺へ焼香のため参詣した時のことである。当時、僧の上首を長老と称した。報恩長老が問うた、「夫人はどこのおなごかな？」夫人は聞くや激怒して、早々に荷物をまとめさせ、馬車を飛ばして帰ってしまった。王は驚いて、「こんなにお帰りが早いとは何事か？」夫人「今日は面白くないったら、ありゃしない！　あたしがどこのおなごか、なんてゴロツキ坊主に訊かれたのよ。だいたい『おなご』みたいな失礼な言葉をあたしに向って言うなんて！」王は笑って、「それは、例の禅機というもの。そなたは『わたくしは彭家の娘、馬家の妻でございます』と答えれば、それで禅理にかなったのじゃ。なにも怒ることはあるまい。」夫人は平素から智慧者をもって自認していたが、長老の問いに答えられなかったのを恥じ、「そういうことなら、あたしはつまり見性の見込み無しというわけね」と、数日のあいだ落ち込んで、しおらしくしていた。

報恩長老は馬希範が帰依していた僧洪道、彭氏の没年は天福三年（九三八）である（『十国春秋』巻六八）。『五代史補』を収める『豫章叢書』校記によれば、清の顧広圻校本は「禿兵」を「禿賊」に改めているという。『続開古尊宿語要』巻四「応庵曇華和尚」の「徽禅人に示す」法語に、

到這裏，若無透脱處，秖是一箇無所知，盗常住飯劫賊，臨濟和尚謂之禿兵是也。

ここでもし透脱することがなければ、ただの無知蒙昧、寺の穀つぶしの泥棒にすぎない。臨済和尚が言った、例の〈ゴロツキ坊主〉だ。

という。応庵曇華は南宋の人（一一〇三～一一六三）。この人の見た臨済の語録は『天聖広灯録』（一〇三六）か、楊傑序（一〇八六）を冠した宋版の『四家録』だったのであろう。古くから俗に「好鐵不當釘、好人不當兵」（良い鉄は釘にならない、良い人は兵にならない）、つまり兵士（傭兵）になるのは世間からはみ出した悪党ばかりと言われる。当時にあって「兵」という語は人に恐れられる相当の極悪無法

者（＝無法無天」法律を無視する罰当たり）を想わせるものであった。したがって、ゴロツキ坊主を「禿兵」と罵るのである。「禿」はいうまでもなく僧に対する罵語、「兵」と「奴」はいずれも人を貶めていう（＝「奴」は物として売買され、良民の下に位置づけられる賤民）ので、「兵奴」と連用する例もある。

李紓侍郎好諧戯，又服用華鮮。嘗朝回，以同列入坊門，有負販者呵不避。李罵云：「頭錢價奴兵輒衝官長！」負者顧而言曰：「八錢價措大漫作威風！」（唐 趙璘『因話録』巻四「諧戯」）

李紓侍郎は冗談ばかり飛ばす派手好みの人だった。あるとき朝会の帰り、同僚と坊門に入ろうとして、物売りが無礼にも前を通って一行をさえぎった。李紓が「頭銭価の奴兵めが、大臣にぶちあたりおって！」と怒鳴ると、物売りもふりかえって、「八銭価の措大めが、いばりくさって！」とやりかえした。

ここでは物売りを「頭錢價奴兵」（ビタ一文のゴロツキ）と罵っている。宋陸游『老学庵筆記』巻一〇にこの語を引いて「頭錢，猶言一錢也」、一銭の値打ちしかない野郎という意味だという。禅僧に対する賤称としては佛典には「悪禿」、「禿婢」（比丘尼）、「禿瞎」、「盲瞎禿」、「禿瘦」など、禅録には「老禿奴」、「瞎禿奴」、「惡禿奴」、「禿屢生」、「老臭禿」、「禿物」、「禿厮」、「禿驢」などを検出できるが、いずれも会話に出る口頭語である。この種の罵語をさかんに使ったのは徳山宣鑑（七八〇～八六五）と臨済であって、臨済はあきらかに徳山の影響を受けている。宋代には公主が出家したことによって、僧尼に対し「禿」を以て呼ぶのを禁ずる詔敕が三度にわたって出されている。その最初

の例、

（大中祥符三年）勅品官無故毀辱僧尼，口稱禿字者，勒停見任，庶民流千里。（『佛祖統紀』巻四四）

大中祥符三年［一〇一〇］、勅令、官吏は理由なく僧尼を侮辱し、「禿」などという言葉を言った者は、拘引して職務停止処分とし、庶民は千里追放に処す。

「禿兵」とははなはだ強烈な罵語であったけれども、柳田先生が言われるような、唐末五代の河北という乱世の歴史地理を背景に生まれた特殊な語（「兵隊くずれのにわか坊主」と解する）であったのではなかろう。僧を賎称で呼ぶのは乱世に限らないが、唐末禅宗社会の大衆化にともなう現象を象徴する語ではあろう。

［三］約山僧見處，無如許多般。秖是平常，著衣喫飯，無事過時。你諸方來者，皆是有心求佛、求法，求解脱，求出離三界。癡人！你要出［古尊宿系有「三界」］，什麼處去？三界［古尊宿系無「三界」］、佛祖是賞繫底名句。（『天聖広灯録』巻一一「示衆」）

わたしの見かたは、あれこれ多くは言わぬ。ただ平常であれ。衣裳を着て飯を喰い、無事で過ごすということだ。きみたち他所から行脚に来た連中は、みな佛を求め、法を求め、解脱を求め、この三界を脱出しようという魂胆だ。馬鹿者め！　きみたちは三界を出て、どこへ行こうというのか！　三界や佛祖などと言うのは、きみたちが勝手に賞讃したり、自分を繋縛してつけた名辞に過ぎない。

【校記】この一段は「賞繫」という語の解釈で従来問題になったところである。『天聖広灯録』の「你要出，什麼處去?·三界、佛祖是賞繫底名句」の句、『四家録』は同じ。『聯灯会要』巻九、明版『四家語録』、『続開古尊宿語要』、『古尊宿語録』、單行本は「你要出三界，什麼處去?·佛祖是賞繫底名句」となっている。「你要出」の後の「三界」は、直前に「求出離三界」と言っているから、なくとも意味はわかるが、「什麼處去」の後の「三界」がなければ、つぎの「賞」に対応する「佛」と、「繫」に対応する「三界」のうち、「三界」を欠くことになり、「賞繫」の語の意味がわからなくなってしまう。語序は交差しているが、「賞」は人びとが賞讃し希求する「佛祖」を指し、「繫」は人々を繫縛する「三界」を指す。そして「佛祖」も「三界」もしょせん言葉にすぎないという文脈である。「賞繫」（賞と繫）は他に用例を見い出しがたく、おそらく臨済の造語なのであろう。テクストとしては『天聖広灯録』と『四家録』が優れる。

以上の文字の校勘を通じて、諸本の関係がほぼ明らかとなった。もっとも古い形態を存しているのは『天聖広灯録』であり、『四家録』はこれに次ぐ位置にある。『続開古尊宿語要』、『古尊宿語録』になると、宋版であっても（あるいは、宋版ゆえに）かなり文字表記の規範化を経ている。『四家録』、明版『四家語録』の配列は『天聖広灯録』に同じでありながら、文字は却って『続開古尊宿語要』、『古尊宿語録』の影響を受け、これに拠って替えられている場合が多い。単行本は、配列・本文ともに

『古尊宿語録』と同じである。これらをふまえて、『臨済録』の版本の問題を以下のように整理しておこう。

(1)『臨済録』の本文は北宋初の原単行本が早く失われ、叢書収録本として伝承された。配列から見て、叢書収録本は二系統に分かれる。第一は『天聖広灯録』および南京図書館所蔵本明版『四家録』、明版『四家語録』の系統、第二は『続開古尊宿語要』、『古尊宿語録』所収本である。単行本（元大徳刊本、日本五山版）は『古尊宿語録』所収本から抽出、単行せしめたもので、第二の系統に属する。『天聖広灯録』所収本がもっとも古形を存し、南京図書館蔵明版『四家録』本は一部分それを受け継ぎながら、古尊宿系テクストの本文に替わっているところがあるのは、おそらく『古尊宿語録』の影響が大きかったゆえとおもわれる。明版『四家語録』になると古尊宿系テクスト（『続開古尊宿語要』、『古尊宿語録』所収本、単行本）の本文とほぼ同一となってしまっている。

(2)「宗演重開」といわれることの実態を推測すると、まず黄龍慧南校訂の『四家録』の雑然とした配列を「上堂」、「示衆」、「勘弁」、「行録」に整理したこと、ついで文字表現の規範化をはかったこと、さらに若干の則を増補した作業だったとかんがえられる。これが『続開古尊宿語要』、『古尊宿語録』に受け継がれ、とりわけ『古尊宿語録』は完備した形態を整えたことによって広く読まれ、その結果『臨済録』部分を単行本として別行させ、また『四家録』の本文を『天聖広灯録』と比べて大幅に変容させることとなったと思われる。

第三節　『臨済録』テクストの弁偽

さいごに、『臨済録』テクストの弁偽について。まず柳田聖山先生の研究によって明確に検証されたいわゆる「臨済栽松話」取りあげよう。

［一］　師又栽松次，（黄）檗問：「深山裏栽許多松，作什麼？」師云：「一與山門作景致，二與後人作標牓。」道了，將钁頭打地一兩下。檗云：「雖然如是，子已喫我三十棒了也。」師又以钁頭打地兩下，「噓，噓！」。檗云：「吾宗到汝，大興於世。」

溈山擧前因縁，問仰山：「黄檗當時秖囑臨濟一人，更有人在？」仰云：「有。秖是年代深遠，不欲擧似和尚。」溈云：「雖然如是，吾且要知。汝但擧看！」仰山云：「一人指南，呉越令行，遇大風即止【讖風穴】」（『天聖広灯録』巻一〇）

また師が黄檗山に松を栽えたとき、希運禅師が問うた、「こんな山奥にたくさん松を栽えるなんて、どういうつもりかね？」師、「ひとつには、黄檗山寺の美化のため。ふたつには、後人の目印とするためです」と言って、クワで地面をコン、コンと打った。希運、「それはよいとしても、そなたはわしの三十棒を喰らったのだぞ。」師はもういちどクワで地面をコン、コンと打って、「シュッ、シュッ」とやった。希運、「わが宗はそなたの代になって、おおいに盛えるであろう。」

溈山がこの話をとり挙げて仰山に問うた、「黄檗希運がそのとき遺嘱したのは臨済義玄ひとりだったのか、それともほかにもいたのか？」仰山、「いました。ただし古い昔のことですから、和尚に申しあげにくいのです。」潙山、「そうかもしれぬが、わしもとりあえず知りたいのでな。さあ、言ってくれ。」仰山、「ひとりが南を指して行き、呉越でその教えが広まって、大風に遇って止まる。【風穴を予言する】」

この話は前半の臨済と黄檗のやりとりと後半の潙山と仰山の評語から構成されるが、後半はいかにも奇妙な問答である。「臨済栽松話」と称され、黄檗がのちの臨済宗の隆盛を予言したものとして重視されるが、しかしもっとも古い『景徳伝灯録』では「栽松」ではなくて「栽杉」であり、『宗門統要集』（南宋紹興三年〔一一三三〕序）になると「栽杉松」となっていて、おそらくは「杉」→「杉松」→「松」というように、話にも発展変化があったことがわかる。松は冬も凋まぬ、衰微せぬものの象徴である。法統の不断を暗示するものとして『天聖広灯録』において定着した。「一與山門作景致」とは黄檗山を美化し、「二與後人作標牓」とは後人への道標とすること、二句によって黄檗山が臨済禅の発源地たることを示そうとしたものであり、「打地一兩下」はそれこそがこの地であることを明示し、「噓！噓！」は黄檗に対して「超師の気概」を見せる、という構成になっている。潙仰の対話で、黄檗の「吾宗到汝，大興於世」という語に対し、潙山が「義玄の他にも遺嘱した人がいるか」などと勘ぐるのは、意図が見え透いたセリフで、黄檗の宗教は臨済の時代にはいまだ広まらず、その課題は後代まで持ち越され、臨済下第四世風穴延沼によってようやく実現したことをふまえているのである。

「栽松話」自体は禅の思想と何の関係も認められないものであるが、この話を載せる「行録」の成立に関わる問題を含んでいる。いったい「讖」なるものは謎めかした予言であり、謎（この場合は仰山の言う「一人指南，呉越令行，遇大風即止」）と謎解き（答えの「讖風穴」）は、同一人によって同時に作られるものである。すなわち潙山霊祐（七七一～八五三）の問いは風穴延沼（八九六～九七三）の存在を知っていて発せられた。それはあきらかに時代錯誤であり、あり得ぬことであって、この「栽松話」全体が風穴ないし風穴以後の創作ということになる。風穴延沼は臨済下第四世である。

「栽松話」は臨済と同時代の潙山・仰山の伝承のかたちをとっているが、その実風穴以後の人の創作にかかることは、柳田聖山先生の論文「臨済栽松の話と風穴延沼の出生」（『禅学研究』第五一号、一九六一年）で明らかにされたところである。すなわち『景徳伝灯録』（巻一一「臨済章」）に古いかたちが存し、それは、

潙山擧問仰山：「且道，黄檗後語，但囑臨濟，爲復別有意旨？」仰山云：「亦囑臨濟，亦記向後。」潙山云：「向後作麼生？」仰山云：「一人指南，呉越令行。」南塔和尚注云：「獨坐震威，此記方出。」亦云：「若遇大風，此記亦出。」潙山云：「如是，如是。」

となっている。つまり仰山の預言は「一人指南、呉越令行」だけであったが、その弟子の南塔光涌（八五〇～九三八）が「一人指南，呉越令行」の句に注をつけて解釈を示した。すなわち「獨坐震威」、つまり臨済の名声が上がって、臨済禅が南方へ伝播し、「若遇大風」、つまり動乱期に乗じて、呉越の地に振うであろうと予言したのだという。ただし風穴の名はいまだここには出現せず、『天聖広灯

録』になって明言される。すなわち仰山の語「一人指南、呉越令行」のあとに、南塔のもとの語に手を加えた「遇大風即止」の一句が加わり、そのあとに小字で「讖風穴」とその意が示され、この「大風」は風穴延沼の出現を予言するというのである。したがって『景徳伝灯録』（一〇〇九）から『天聖広灯録』（一〇三六）のあいだに、この最終的なかたちができあがったのである。この間の唐末から五代、宋初の時期に、臨済下の系譜につらなる、興化存奬（八三〇～八八八）――南院慧顒（生卒年未詳）――風穴延沼（八九六～九七三）――首山省念（九二六～九九三）――汾陽善昭（九四六～一〇二三）――石霜楚圓（九八六～一〇三九）らのひとびとによる活動があり、そこからさかのぼって臨済禅振興の予言としての「栽松話」が生み出された。つまるところ、「臨済栽松話」とは臨済下四世以後のひとびとが潙仰に仮託した予言を創作したということになり、禅の思想とは無関係なこの話が『臨済録』中に存するのも納得できるのである。

次に、臨済以後の問題意識が投影されたと思われる段がある。中唐の馬祖以後、晩唐五代期になると、禅宗内部に馬祖禅の再検討ということに関心が集中するのであるが、この思想的関心に呼応するものが臨済の語録中に「無事禅批判」として見いだされるのである。

「示衆」から知られる臨済の基本思想は徹底した「無事」の思想であるが、河北臨済院での事蹟の「一老宿」と「金屑」の段にはそれへの批判が臨済自身の言葉として発せられている。

〔二〕有一老宿参師，未曾人事，便問：「禮即是，不禮即是?」師便喝。老宿便禮拜。師云：「好箇草賊!」老宿云：「賊!賊!」便出去。師云：「莫道無事好!」首座侍立次，師云：「還有過也無？」首座云：「有。」師云：「賓家有過，主家有過？」首座云：「二倶有過。」師云：「過在什麼處？」首座便出去。師云：「莫道無事好！」後有僧擧似南泉，南泉云：「官馬相踏。」（【一九】「一老宿」）

ある老宿が師に参じたが、初相見の挨拶もせずに、問うた、「礼拝すべきでしょうかな？」師は一喝した。老宿はただちに礼拝した。師、「たいした草賊だな！」老宿は「賊だ！ 賊だ！」と出て行った。師、「無事でよいのだと思ってはならぬぞ！」首座がその場にいた。「今の対応に過失があったか？」「はい。」「客か、それとも主か？」「おふたりともです。」「どこが過失か？」首座は黙って出て行った。師、「無事でよいのだと思ってはならぬぞ！」のち、この話を南泉に話した僧がいた。南泉は評した、「みごとな官馬の対決だ。」

「無事」とは、自心が佛である以上、悟りを求めて看経坐禅することは不要、無修無証であって、むしろ作佛の意を起こすことこそ却って清浄心を汚すものとする、中唐以後の新興馬祖禅の基調思想で、大珠慧海、黄檗希運らが格調高く唱道した。義玄も基本的にその思想に遵い、『臨済録』にはここを除き一五回も「無事」の語を使用している。「無事是れ貴人」、「佛と祖師は是れ無事の人」、「山僧が見処に約せば、如許多般無し。秖是だ平常にして著衣喫飯し、無事にして時を過ごすのみ」等。しかしここの二例のみが「無事」に否定的で、老宿と首座の態度を「無事禅」とみて批判するのである。「無事禅」批判が高まるのは北宋初からであるから（そしてそれが宋代臨済禅の基調となる）、それが本段に投影されたものであろう。「無事」の思想は高らかな理想であって、禅宗が大衆化すると理解が庸俗化しやすい。早くも馬祖の弟子の時代から、そのことへの警告があった。例えば、「無為無事の人、猶お是れ金鎖の難」（「無為無事を標榜する人も金の鎖に繋がれている」、『祖堂集』巻一五「盤山章」）。

〔三〕　常侍一日訪師，同師於僧堂内，乃問：「者一堂僧還看經麼？」師云：「不看經。」侍云：「還學禪麼？」師云：「不學禪。」侍云：「經又不看，禪又不學，畢竟作箇什麼？」師云：「捴教伊成佛作祖去。」侍云：「金屑雖貴，落眼成翳，又作麼生？」師云：「将爲你是箇俗漢。」（【二六】「金屑」）

王常侍はある日、師を臨済院に訪ね、僧堂を案内されて、そこで問うた、「この僧堂の僧らは、いったい経典を学んでおるのか？　そのようには見えぬが」。師、「いえ、経典を学んではおりません」。王常侍、「では、坐禅を修しておるのか？　そのようにも見えぬが」。師、「いえ、坐禅を修してはおりません」。王常侍、「経典も学ばず、坐禅も修しておらぬと。では結局何をしておるのか？」師、「かれらを全員佛祖に仕上げるのです」。王常侍、「〈金の屑は貴重だが、眼に入れば病いとなる〉というが、どうだ？」。師、「あなたを無知な俗人だとばかり思っておりました。恐れ入りました」。

この話は王常侍が居士として禅的見識を具えていたことを示す一段である。ただし、古い『祖堂集』巻七「雪峯和尚章」および『景徳伝灯録』巻一六「雪峯義存禅師章」では、雪峯と鏡清道怤の対話として、ある老宿と俗官とのやりとりが引かれ、内容にも相違がある。『祖堂集』は、

師（雪峯）挙す、「古来老宿、俗官を引きて巡堂し云く、『這裏に二三百の師僧有り、尽く是れ佛

法を学ぶ僧なり』。官云く、『金屑は貴しと雖も、又た作麼生(いかん)？』。（老宿）対(こた)うる無し」。師拈じて鏡清に問う。鏡清代って云く、『比來(もと)もと〈塼(せん)を抛(な)げて玉を引ける〉なり』。

師はこんな話をした。「以前、ある和尚が俗官を禅堂に案内して言った、『ここには二、三百の修行者がおりますが、みな佛法を学ぶ者たちです』。俗官、『〈金の屑は貴重だが〉という諺があるが、どう思うか？』和尚は答えに窮した」。この老宿はどう答えるべきだったか、師は鏡清に意見を求めた。鏡清、「もともと〈貴殿の高見を引き出すために〉、わざと言ってみただけです」。

『祖堂集』では老宿は二、三百の修行僧を擁する大寺院の長老であり、「佛法を学ばせている」と庇護者の俗官におもねったところを、意外にも俗官は「禅的見識」を示して、「禅宗は違うはずですぞ」とやりこめている。『臨済録』では一歩進んで、俗官が見識を示したのは、「禅宗的教条」を戒めること、すなわち臨済を相手に〈無事禅〉への批判をしているのであるが、これは『祖堂集』より新しいかたちと思われる。

『祖堂集』に見られる、「揔て伊(かれら)をして佛と成り祖と作り去らしむ」という「成佛作祖」への意欲は、臨済が「示衆」にくりかえしいう、「佛を求め祖を求める」ことへの批判、「佛の求む可き無く、道の成る可き無く、法の得可き無し」、「你、祖佛と別ならざらんと欲さば、但だ外に求むる莫れ」など の一貫した「無事」の主張とは背馳するものである。したがって、臨済が俗官にやりこめられて、「なるほど、〈金鎖の難〉であった」と、「無事」の主張を撤回したように受け取れる本段は、後世に創作された疑いを抱かしめるのである。

ところで、『祖堂集』の鏡清の代語「比來(もと)もと塼(せん)を抛(な)げて玉(ぎょく)を引けるなり」は、俗官の俗諺〈金屑は貴しと雖も（眼に落つれば翳(かげ)と成る）〉に對して俗諺で答えたものであるが、この機転によって、老宿の失態を救い、問題の深刻さを軽減させた効果をもっている。おそらく鏡清はこう言って、雪峯と二人で笑ったことであろう。雪峯は閩の王氏の庇護を受けて雪峯山崇聖寺を維持していたから、俗官の機鋒はこたえたにちがいない。『景徳伝灯録』にはこのあとさらに法眼の別語を載せている。

法眼別云：「官人何得貴耳賤目！」

法眼の別語、「あなたはそんな俗諺に惑わされて、ご自分の眼をないがしろにしてはいけませんぞ！」

この別語は鏡清の代語の照れかくしに対して、むしろこう言うほうがよいというもの。〈耳を貴んで目を賎しむ〉も俗諺である。法眼文益（八八五〜九五八）も南唐李氏の帰依を受けて法眼宗を隆盛ならしめた。法眼も苦笑しながら言ったことであろう。

あとがき

『臨済録』はいまや万人の古典となっていて、日本語訳もすでに数種類出版されているが、わたしじしんの経験から言って、翻訳だけで読んでみても、意味がよくわからないところが多いのである。忘れもしない、学生であったころ、大学の生協書店で「世界の名著」と銘打ったシリーズものに『禅語録』の一冊があり、『臨済録』の翻訳が入っていたので、「これはありがたい、ひとつ禅なるものを教えてもらおうか」と買って（いま本に挟んだレシートを見ると一九八一年）、めくってみたが、何のことやら、さっぱりわからない。訳文も変てこで、とてもついて行けない。注を見ても何の役にも立たず、いよいよわからない。こういう場合、たいていは、自分の頭が悪いのだろうと、あきらめて放り投げるものだが、ちょうどそのころ訳者である柳田聖山先生が文学部で授業をなさっていたので、出てみることにした。道元の『正法眼蔵』がテクストで、わたしは岩波日本思想大系の二冊本を買って受講した。先生いわく、「これは日本語で書かれていますから、タテのものをヨコに直して、〈～なり〉を〈～です〉に置き替えたらわかります」などとおっしゃって、あのひねくれた本文の読解をすることもなく、話はあちこちに飛び、何の予備知識もなかったわたしにとって、一行もノートがとれないようなさんざんな授業だった。禅はわかる者にはわかる、わからぬ者には、説明もしないもののようだという印象であった。

その後いろいろな縁があって、禅の大学に就職してからは人文科学研究所の先生主催の研究会（覚範慧洪『禅林僧宝伝』)、学内にある禅文化研究所で先生が入矢義高先生と主催された研究会(道元『真字正法眼蔵三百則』、大慧『正法眼蔵』)や、さらにまた入矢義高先生の研究会(『馬祖語録』、『玄沙広録』)にも誘われて出るようになったのであるが、そこではいつも『臨済録』が話題にのぼり、つまり何のテクストを読んでも、話は『臨済録』に帰っていって、禅の語録と『臨済録』をフィードバックさせるのが常であった。わたしは『臨済録』という本はそういう位置にあるらしいと感じて、いつかきちんと通読してみたいと思うようになった。ちょうどそのころ胃潰瘍になって入院せねばならなくなり、ようやくその機会を得た。病院とは朝起きて着替える必要もなく、三度の食事も心配のいらない気楽なところだと初めて知った。佛典講座版『臨済録』(大蔵出版)は同じ著者とは信じられないほどで、これには熱中し、僭越にもつい書評まで書いてしまった。悔其少作! その後、入矢義高先生の岩波文庫版『臨済録』が出版された時は、思わぬ交通事故でまた入院し、これ幸いとばかりに病床で通読して、これにも感激し、またもや書評を書いた。こうして『臨済録』をくりかえし読んで、ついにはわたしの愛読書となったのである。

一九八五年、入矢義高・平野宗浄・小野信爾・真継伸彦らの諸先生がたと閩浙旅行に行った帰途、わたしは柳田先生の依頼を受けて、上海からひとりで夜行列車に乗り、南京へ初めて行って、当時は南京図書館古籍部と称していた南京市中央部の古い建物で、『四家録』を閲覧調査したことがあった。出発のとき先生はご自分で作成された、中段に宋版『天聖広灯録』を置き、上段に和刻本『四家語録』、下段に続藏本『古尊宿語録』を配した対照テクストのコピーをわたされ、これで作業するよう配慮してくださったものの、そのころはこの書にどういう価値があるのか理解しないままであったから、二日間かかって、馬祖、百丈、黄檗の部分まで異同を調べたのだが、先生がもっとも知りたく思っておられたのはそのあとの臨済の部分であって、報告には失望されたことであろうと後になって知り、今から思えばなんとも間の抜けた次第であった。『四家録』の不十分な校勘記を報告書に書いて、人文科学研究所の先生の研究室に報告にうかがったとき、先生はお礼を渡されようとなさったが、それはお断りして、先生が編集出版された「禅学叢書唐代資料編」を頂戴し、両手に抱えて持って帰り、これ以後、禅語録の勉強がはかどるようになった。先生は数年後、湖南・広東につづいて江西の禅跡を旅行されたおり、再び通訳として同行させてもらい、江西を一周したあと九江から船で南京まで下り、もういちど南京図書館古籍部で、今度は先生と一緒に『四家録』を閲覧したのである。

禅語録の研究会は、出席者が順番に訳注を担当するルールで、担当が当たれば、前の晩はいつも徹夜だった。禅僧の対話は通常、情況説明が一切なされず、一読しても、いかなる問題意識のもとに、何が主題となり、問答によって何が明らかになったのかさえ、わからないことが多い。表面的に訳することはできても、意味するところがわからないから、落ちつかないのである。必要な語彙は辞書ですべて調べ、手もとの索引の類にはすべて当たっても、かんじんの用例さえ見つからない場合が多く、一晩じゅう苦いコーヒーを何杯も飲み、タバコを山になるほど吸って、天井を睨んで夜が明ける。いつももうこのままどこか研究会のない国へ逃げ出したい思いであった。やむなく、自分でも訳のわからぬ訳注稿をコピーして出すと、そこはさすがにこれまで殆んどの禅語録を読んでこられた柳田先生は類似した問答を次々に挙げられ、入矢先生がそれをひとつひとつ明快に解釈されると、ようやくわたしの視界は豁開し、何日間かの胸のつかえが一挙に解消して、見ると、自分の原稿は訂正の真っ赤な血の海に沈んでいたが、研究会が終わったあとは気分爽快で、また次回の研究会に出ようという気になっていた。むろんこれは理想的な場合であって、問題解決にいたらず、一同が頭を抱えたまま、次回送りになることもしばしばであったが。研究会の頼みの入矢義高先生が一九九八年に、さらに柳田聖山先生が二〇〇六年に逝去されたあとは、この先どうなるか不安であったが、のこったメンバーで会読を続けるしかなかった。そうして暗中模索しているうちに、徐々にではあるが、自分たちで解決できるようになり、禅の対話の意味するところがわかるようになったのは、初めて研究会に出るようになってから二十年たっていた。両先生がいてくださると、「わたしがわからないのは当然だが、あとは何とか解決してくださるだろう」という甘えがあったのであり、その甘えが断たれてようやく自力で読めるようになったのである。そのころにはすでに二十年の苦心惨憺たる蓄積もあり、コンピュータによる用例検索も可能になった。浩瀚な大蔵経・続蔵経、さらには世俗文献からの語彙の用例が自在に検出でき、ある語彙が出現する文脈もわかり、語彙の当該文脈における意味が確定され、そのニュアンスまでもが知られ、これをおぼろげながら見えてきた禅の思想史的脈絡に位置づけると、対話の意味はほぼ完全に理解できるのである。禅の対話の訳注には、正確な訳文をつけ、注釈ではもっとも適切な用例を挙げ、思想史的な解説ができる時代に、二十一世紀になってようやくたどりついたのである。

数えてみると、わたしはこれまでに『臨済録』に関わる論文・書評・札記・訳注の類をいつの間にか十二本も書いていた。

「臨済録札記（書評 柳田聖山『臨済録』佛典講座版）」（『禅文化研究所紀要』第一〇号、入矢義高教授喜寿記念

論集、一九八八年）
「書評 入矢義高訳注『臨済録』（岩波文庫）」（『花園大学研究紀要』第二一号、一九九〇年）
「『景徳伝灯録』巻十二鎮州臨済義玄禅師章訓注」（『景徳伝灯録』第四冊、禅文化研究所、一九九七年）
「徳山と臨済」（『東洋文化研究所紀要』第一五八冊、二〇一〇年）
「臨済録テクストの系譜」（『東洋文化研究所紀要』第一六二冊、二〇一二年）
「河北正定に臨済禅師の遺跡を訪ねる」一～四（『禅文化』第二三四～二三七号、二〇一四、二〇一五年）
「禅学札記」（『花園大学文学部研究紀要』第四八号、二〇一六年）
「喝のフィロロジー」上、中、下（『禅文化』第二四四～二四六号、二〇一七、二〇一八年）
「臨済録の形成（改稿）」（臨済禅師一一五〇年遠諱記念国際学会論文集『臨済録研究の現在』、禅文化研究所、二〇一七年）
「臨済義玄禅師の禅思想」（『禅文化研究所紀要』第三四号、二〇一九年）
『臨済録訳注』（新国訳大蔵経中国撰述部、『六祖壇経』と合册、大蔵出版、二〇一九年）
「臨済曰く、生死、去住、脱著自由なり」（『禅文化』第二五七号、二〇二〇年）

いま『臨済録』は、中国の中世から近世に推移する時期にあたる晩唐五代を、唐宋変革の転型期と位置づける視野のもと、佛教における唐宋変革として唐代初期に新佛教たる禅宗が興起し、中唐期の馬祖の洪州宗が打ち出した禅思想の基調が、晩唐にいたって再検討を迫られ、この探究を通じて宋代の五家七宗、文字禅と看話禅へと展開するという禅宗史の段階のひとつの典型として、読むことができる。

本書 唐代の禅僧シリーズ『臨済』は、こうした長い助走の基礎のうえで、なるべく多くの関連の資料を援用し、臨済義玄禅師の人と思想の輪郭を晩唐という時代相のなかにくっきりと浮かび上がらせる試みとして書かれた。

本書に挿入した図版のうち、中国禅宗史上の祖蹟の写真は、一九八〇年代より三十年にわたって巡拝を続けてこられた臨済宗国泰寺派管長澤大道老師の所蔵アルバムをお借りして選択掲載させていただいた。また一部の図版の撮影と処理は小宮山岱元氏の助力を得た。おふたりに心よりお礼を申しあげたい。また本書の原稿は、いつも禅文化研究所の研究班で議論している西口芳男氏と久保讓氏に読んでもらい、指摘によって誤記を改めることができたことも、感謝にたえない。

本書の叙述には、なおテクストの誤読や思い違いがあるかも知れない。読者がお気づきの点をご示教くださることを、心から願っている。

二〇二〇年一二月一八日　衣川賢次　記す

衣川 賢次（きぬがわ・けんじ）
1951年兵庫県生まれ。1982年京都大学大学院博士課程単位取得（中国語学、中国文学専攻）。現在花園大学文学部特任教授。主要著書、『文選李善注引書考証』（共著、研文出版）、『景德伝灯録』第三册、第四册、第五册（共著、訓注、禅文化研究所）、『神会の語録・壇語』（共著、訳注、禅文化研究所）、『祖堂集』（共著、点校、中華書局）、『一山一寧墨蹟集』（訳注、静岡県帰一寺）、『禅宗思想與文献叢考』、『禅宗語言叢考』（中国語論文集、復旦大学出版社）、『六祖壇経・臨済録』（共著、訳注、大蔵出版）、『禅についての十五章』（翻訳、東方書店）。論文「感興のことば—唐末五代轉型期禅宗における悟道論の探究」、「竹篦子の話—禅の言語論」（『東洋文化研究所紀要』第166、176册）。

臨済（りんざい）　外に凡聖を取らず、内に根本に住せず　唐代の禅僧8

二〇二一年八月三十日　初版発行

著者　衣川賢次
発行者　片岡敦
印刷 製本　亜細亜印刷株式会社

発行所　606-8204 京都市左京区田中下柳町八番地
株式会社 臨川書店
電話（〇七五）七二一-七一一一
郵便振替　〇一〇七〇-二-八〇〇

落丁本・乱丁本はお取替えいたします
定価はカバーに表示してあります

ISBN 978-4-653-03998-3　C0315　©衣川賢次 2021
〔ISBN 978-4-653-03990-7　C0315　セット〕